U0895608

中亚高寒山区公路地质灾害立体监测与综合防控技术

林达明　包卫星　任玉环　蔡明娟 等　著

科 学 出 版 社
北 京

内 容 简 介

作为拥有166万km^2——约占我国1/6国土面积的新疆，与中亚周边国家有着约5600km的边境线，其还拥有天山、阿勒泰山和昆仑山等山脉，是世界上主要的高山冰川分布区。

本书以穿越天山山脉的G217和穿越阿勒泰山脉的S226的道路地质灾害立体监测为研究内容，利用遥感技术对依托工程G217和S226进行岩土类型识别及空间分布研究，通过遥感手段判读圈定地质灾害孕育背景、规模及形态特征，并对目标区域内已发生的地质灾害点或隐患点进行系统全面调查，评价其可能的影响区域及对象。在此基础上进行现场验证和调查，确定地质灾害点并进行地面监测，然后应用卫星监测系统（北斗系统、GPS）对边坡位移、应力应变及含水率等技术参数进行监测与传输，结合统计岩体力学和数值模拟，适时进行预警信息与防治措施发布，实现边坡动态立体监测预警。研究成果对于中亚道路建设运营安全具有典型示范作用，对于全球高山防灾减灾也具有重要的借鉴作用。

本书可供地质工程、道路工程、土木工程、水利工程、地理信息系统和防灾减灾等领域的工程师、科研人员参考，亦可作为水利、交通、工程地质、测绘等相关专业研究生的参考书。

图书在版编目(CIP)数据

中亚高寒山区公路地质灾害立体监测与综合防控技术／林达明等著．—北京：科学出版社，2020.4

ISBN 978-7-03-061938-9

Ⅰ.①中… Ⅱ.①林… Ⅲ.①寒冷地区-山区道路-地质灾害-监测-中亚②寒冷地区-山区道路-地质灾害-灾害防治-中亚 Ⅳ.①U419.92

中国版本图书馆CIP数据核字（2019）第153761号

责任编辑：张井飞 韩 鹏／责任校对：杨 赛

责任印制：肖 兴／封面设计：耕者设计作室

科学出版社 出版

北京东黄城根北街16号

邮政编码：100717

http://www.sciencep.com

三河市春园印刷有限公司 印刷

科学出版社发行 各地新华书店经销

*

2020年4月第 一 版 开本：787×1092 1/16

2020年4月第一次印刷 印张：14 1/4

字数：338 000

定价：198.00元

（如有印装质量问题，我社负责调换）

本书主要作者

林达明　包卫星　任玉环

蔡明娟　孙　燕　杨成连

王开洋　李　响　邓伯科

李　宁　张中俭　黄　勇

许江波　关晓琳

序

习近平总书记指出："丝绸之路是历史留给我们的伟大财富。'一带一路'倡议是中国根据古丝绸之路留下的宝贵启示，着眼于各国人民追求和平与发展的共同梦想，为世界提供的一项充满东方智慧的共同繁荣发展的方案。"中国是"一带一路"的倡导者、推动者，在发挥"中国智慧"方面负有特殊的使命，拥有独特的优势。

"一带一路"倡议道路联通需要在中国西北地区平均海拔4000～5000m的青藏高原以及中国西部其他的高大山系布局交通网，通过新疆的天山山脉、昆仑山脉和阿勒泰山脉将新疆和中亚五国紧密连接起来。这些地区是中国境内的主要高寒区，也是全世界主要的高山冰川分布区。这些地区地质条件及环境复杂多变，地质灾害频发，给这些区域实现稳固的道路联通、公路交通建设和维护造成了严重的威胁，也威胁着沿线人民群众的生命财产安全。因此，研究中亚高寒山区公路地质灾害立体监测与防控技术，提高高寒山区公路地质灾害的监测与防控水平显得十分重要。

遥感、导航技术等现代信息技术的加速发展，为地质信息监测及防控提供了更全面、更快捷、更智能、更精确的多元化技术手段。遥感作为空间数据获取的现代信息技术手段，能够动态、快速提供多平台、多时相、不同空间分辨率的观测数据，已经广泛应用于资源普查、灾害监测、工程规划及建设等研究与应用的各个领域，成为重要的数据获取手段。

北斗卫星导航系统（简称北斗系统）是中国自主建设、独立运行的卫星导航系统，是为全球用户提供全天候、全天时、高精度的定位、导航和授时服务的国家重要空间基础设施。随着北斗系统的建设和服务能力的发展，相关产品已广泛应用于交通运输、水文监测、气象预报、测绘地理信息、救灾减灾、应急搜救等领域，逐步渗透到人类社会生产和人们生活的方方面面，为全球经济和社会发展注入新的活力。

高寒山区公路地质灾害往往多发生于交通、通信不便的地区。遥感技术可以不受交通与通信的限制，实现大范围的数据采集，获取宏观的地质灾害监测与评估信息；基于北斗系统的定位和短报文通信能力，进行现场调查验证，能够获得重点区域地质灾害的精确、定量的位置信息。

中亚高寒山区公路地质灾害立体监测与综合防控技术将遥感技术宏观、动态监测与北斗系统地面实时、精确监测的优势相结合，实现山区地质灾害"天-空-地"立体监测，在极大地提高工作效率的同时，能够获得地质灾害更精确的定量信息，成为公路地质灾害监测与防控不可或缺的先进手段。该技术的研究与深入应用，对于减少中国乃至全球高寒区地质灾害引起的人员伤亡和经济损失具有重要的意义。

该书是作者近年来致力于中亚高寒山区公路地质灾害监测研究及其成果的集中体现，也是作者多年来从事高寒山区地质灾害调查、公路边坡防灾减灾、遥感信息提取、遥感应急响应等领域的工作结晶。我之所以愿意为该书作序，是因为该书的内容涉及我目前所关注的研究领域，同时，我敬佩作者从满足国家需求的角度出发，长期工作在艰苦的科研第一线，总结研究结果并提升为理论与实践相结合的资料。该书将为相关领域的科技工作者和高等院校的学生提供高水平的资料。我相信，该书的出版将在提升高寒山区公路地质灾害监测水平，推动高寒山区公路地质灾害立体监测技术更广泛、更深入应用方面发挥重要作用，为顺利推动“一带一路”建设做出贡献。

中国工程院院士
国际欧亚科学院院士
中国科学院空间中心研究员
国家“863”计划航天领域专家委员会顾问
中国载人航天工程应用系统副总指挥
绕月探测工程副总设计师

2019 年 4 月于北京

前　言

中亚一般是指亚洲中部地区，中亚国家包括五国，即哈萨克斯坦、吉尔吉斯斯坦、塔吉克斯坦、乌兹别克斯坦、土库曼斯坦。本书所指“中亚”地区除了中亚五国，还包括中国的新疆和西藏、巴基斯坦和阿富汗等区域。作为拥有 166 万 km^2——约占我国 1/6 国土面积的新疆，与中亚周边国家有着约 5600km 的边境线，使得新疆作为丝绸之路经济带的核心地位无可撼动。中亚区域的天山山脉、阿勒泰山脉、昆仑山脉和喜马拉雅山脉是全世界主要的高山冰川分布区，而这些区域在新疆基本均有分布。

中国是世界上中低纬度冰川最发育的国家，有着千万条冰川。北疆阿勒泰山脉跨越中国、蒙古国、俄罗斯和哈萨克斯坦部分领土，西部的山体最宽，越向东南越狭窄，高度亦渐低下；自西北向东南山势逐渐降低到 3000 ~ 3500m。阿勒泰山前有西北大断裂，向南西逐渐下降到额尔齐斯河谷地，呈四级阶梯，山地轮廓呈块状和层状；只在高山地区有冰蚀地形并有现代冰川，是中国最北端的现代冰川分布中心。

天山是世界七大山系之一，位于欧亚大陆腹地，东西横跨中国、哈萨克斯坦、吉尔吉斯斯坦和乌兹别克斯坦四国，全长约 2500km，南北平均宽 250 ~ 350km，最宽处达 800km 以上，是世界上最大的独立纬向山系，也是世界上距离海洋最远的山系和全球干旱地区最大的山系。天山冰川条数在中国各山系中位列第一，占中国的 19.61%。

新疆作为联通中亚、西亚乃至欧洲的“新丝绸之路”，地位越来越突出。近年来，新疆公路建设在国家援疆政策的大力支持下，已经取得巨大发展，公路里程不断拓展的同时，工程建设复杂性也在不断增大，研究新疆高寒山区公路地质灾害防治对于中亚道路建设运营安全具有典型示范作用，对于全球高山防灾减灾也具有重要的借鉴作用。

本书以穿越天山山脉的 G217 和穿越阿勒泰山脉的 S226 的道路地质灾害立体监测为研究内容，利用遥感技术对依托工程 G217 和 S226 进行岩土类型识别及空间分布研究，通过遥感手段判读圈定地质灾害孕育背景、规模及形态特征，并对目标区域内已发生的地质灾害点或隐患点进行系统全面调查，评价其可能的影响区域及对象。在此基础上进行现场验证和调查，确定地质灾害点并进行地面监测，然后应用卫星监测系统（北斗系统、GPS）对边坡位移、应力应变及含水率等技术参数进行监测与传输，结合统计岩体力学和数值模拟，适时进行预警信息发布，实现边坡动态立体监测预警。

本书的 G217 和 S226 两个依托工程大多位于交通、通信十分不便的山区，依托工程的地质灾害监测采取北斗短报文技术进行大范围的数据采集和传输，避免了通信和交通的限制，弥补了遥感监测精度低和受天气制约的缺点，为地质灾害预警和综合防控提供依据。

本书共有三篇。第一篇为中亚高寒山区公路复杂地质特征——以新疆为例，主要介绍新疆北疆和天山山脉高寒深切的山区公路特征。第二篇为基于遥感的高寒山区公路地质灾害宏观监测与评估，主要介绍通过遥感自动解译等算法，实现山区地质灾害智能解译。第三篇为基于北斗系统的高寒山区公路地质灾害监测预警，主要介绍在遥感宏观解译和现场地质调查的基础上，通过北斗系统对重点的单体边坡进行监测，实现山区地质灾害“天-地-空”立体监测。

本书是在国家自然科学基金项目（41302254）、交通运输部交通建设科技项目（20140176）和国家科技支撑计划项目（2014CB732001）联合资助下开展的相关研究。感谢中国工程院院士姜景山为本书撰写序言。本书在研究撰写过程中得到交通运输部科技司、交通运输部西部项目管理中心、交通运输部公路科学研究院等单位的关心；得到新疆维吾尔自治区交通运输厅和新疆维吾尔自治区交通建设管理局、新疆维吾尔自治区交通通信信息中心、奎屯公路局独山子分局等多位领导和同行的帮助；得到研究生谢涛、赵飞、李响等在数据计算和内容整理方面的大力支持，谨此致以衷心的感谢。

本书撰写期间，恰逢作者以中共中央组织部、共青团中央第 19 批博士服务团成员的身份在新疆生产建设兵团交通运输局挂职锻炼，得到了新疆维吾尔自治区人民政府副主席赵冲久、中共中央组织部第 9 批援疆干部丁彦昕和李斌等多位领导的关心支持，在此也向所有援疆干部人才的家国情怀致敬。

本书对中亚高寒山区公路地质灾害立体监测与综合防控技术开展深入研究，虽然罗列了诸多参考文献，但难免挂一漏万，在此向所有被引用作者深表感谢。另外由于作者的研究水平有限，书中不足之处在所难免，敬请读者批评指正。

林达明

2019 年 7 月于乌鲁木齐

目　　录

第三篇　基于北斗系统的高寒山区公路地质灾害监测预警

第1章 绪 论

中亚一般是指亚洲中部地区，中亚国家包括五国，即哈萨克斯坦、吉尔吉斯斯坦、塔吉克斯坦、乌兹别克斯坦、土库曼斯坦。本书所指“中亚”地区除了中亚五国，还包括中国的新疆和西藏、巴基斯坦和阿富汗等区域。作为拥有 166 万 km^2——约占我国 1/6 国土面积的新疆，与中亚周边国家有着约 5600km 的边境线，使得新疆作为丝绸之路经济带的核心地位无可撼动。天山公路（又称独库公路）G217、乌尉高速公路、富蕴—可可托海S226、中巴经济走廊等大工程的建设使得新疆高寒山区道路建设运营面临着重大挑战，本书以新疆为例来研究中亚高寒山区公路地质灾害立体监测与防控技术。

中国是世界上中低纬度冰川最发育的国家，又是世界荒漠区和贫水国中冰川最多的国家。中亚区域的天山山脉、昆仑山脉、喜马拉雅山脉和阿勒泰山脉是全世界主要的高山冰川分布区，而这些区域在新疆基本均有分布。天山山系呈纬向分布，是中亚地区最大的山系，天山冰川条数在中国各山系中位列第一，占中国的 19.61%。新疆北疆阿勒泰山脉发育有现代冰川，西部的山体最宽，越向东南越狭窄，高度亦渐低下；从东北部中国国境线，自西北向东南山势逐渐降低到 3000～3500m。山前有西北大断裂，向南西逐渐下降到额尔齐斯河谷地，呈四级阶梯，山地轮廓呈块状和层状；只在高山地区有冰蚀地形并有现代冰川，是中国最北端的现代冰川分布中心。

公路建设是一项较为强烈的改造自然工程，对地质环境的影响很大，特别是在山区，地质环境较为复杂，无论是已有公路还是在建公路，人为开挖坡角、削坡修理或建设等工程活动，都易引发地质灾害，从而威胁沿线人民群众的生命安全和交通运输建设，同时也会对公路施工人员及管理人员的安全构成极大威胁。

地质灾害是指在自然或者人为因素的作用下形成的，对人类生命财产、环境造成破坏和损失的地质作用（现象）。地质灾害的表现形式多样，如滑坡、崩塌、泥石流、地面塌陷、地裂缝和地面沉降等。我国地域辽阔，地理条件错综复杂，是地质灾害发生较频繁的国家之一。国土资源部发布的《全国地质灾害通报（2016 年）》显示，2016 年全国共发生地质灾害 9710 起，其中滑坡 7403 起、崩塌 1484 起、泥石流 584 起、地面塌陷 221 起、地裂缝 12 起和地面沉降 6 起，共造成 370 人死亡、35 人失踪、209 人受伤，直接经济损失 31.7 亿元。我国地质灾害分布范围广泛，中南地区地质灾害发生数量最多，新疆等高寒山区也有大量地质灾害发生。据统计，2016 年，由地质灾害造成的损失约占整个自然灾害损失的 35%，其中滑坡、泥石流、崩塌等地质灾害带来的损失超过 55%。

地质灾害对公路具有极强的破坏作用，尤其在每年的汛期，山区公路的地质复杂路段经常发生滑坡、泥石流、崩塌等地质灾害，对沿线人民群众生命财产、交通运输及公路施工人员的安全构成很大的威胁（崔鹏等，2007）。滑坡、崩塌往往形成大量塌方，导致路面掩埋、路基沉陷、公路设施破坏等，直接威胁公路的安全运营。泥石流属于典型的灾害地貌现象及地貌过程，是山丘地区公路建设过程中普遍存在且破坏作用极其强烈的公路水毁类型，我国公路每年仅泥石流断道造成的经济损失就高达50亿元之多（唐红梅和陈洪凯，2004）。特别是在我国的高寒山区，地形地貌条件复杂，每年发生大量的地质灾害，轻则造成交通阻塞或中断，重则造成车毁人亡，对社会经济产生严重的不良影响。

本书所指的立体地质灾害监测是指将遥感技术和传统地面监测手段结合的地质灾害监测手段，通过遥感手段判读圈定地质灾害孕育背景、规模及形态特征，并对目标区域内已发生的地质灾害点或隐患点进行系统全面调查，评价其可能的影响区域及对象，在此基础上进行现场验证和调查，确定地质灾害点并进行地面监测。

地质灾害遥感调查与监测主要通过对遥感影像图的目视解译及计算机辅助制图来实现。地质灾害大多具有明显的形态特征，并和背景岩石或地层有一定的色调差异和纹理区别，另外，地貌、植被、水系及景观生态等也可以为地质灾害的判定提供间接标志。地质灾害遥感调查即利用遥感数据，以人机交互目视解译为主，计算机图像处理为辅，并将遥感解译成果与现场验证相结合，同时结合其他非遥感资料，综合分析，多方验证，最终判读圈定地质灾害孕育背景、规模及形态特征，并对目标区域内已发生的地质灾害点或隐患点进行系统全面调查，评价其可能的影响区域及对象。在此基础上，选取灾害点，分析灾害形成机理，制定合理的监测方案，从变形、物理、化学场、地下水和诱发因素（气象条件、地震、人类工程活动）5个方面进行监测。

由于地质灾害体大多位于交通、通信十分不便的地区，立体地质灾害监测技术采取遥感技术可以进行大范围的数据采集和探测，避免了通信、交通的限制，在确定地质灾害点的基础上，进行现场调查验证，可以极大地提高工作效率，使遥感动态监测可以反映大范围和大尺度上的各种自然现象的变化，对灾区进行宏观上的把控，而地面监测手段可以及时反映各个灾害点的实时信息，也可以直观地反映灾害体的信息，弥补了遥感监测精度低和受天气制约的缺点，为地质灾害预警提供依据。由此可见，立体地质灾害监测将宏观把控和微观监测相结合，提高了工作效率，能更精确地获得地质灾害信息。

新疆作为联通中亚、西亚乃至欧洲的“新丝绸之路”，地位越来越突出。近年来，新疆公路建设在国家援疆政策的大力支持下，已经取得巨大发展，在公路里程不断拓展的同时，工程建设复杂性也在不断增大。研究新疆高寒山区公路地质灾害防治对于中亚道路建设安全具有典型示范作用，本书以天山山脉、阿勒泰山脉的道路地质灾害立体监测为研究方法，研究结果对于全球高山防灾减灾具有重要的借鉴作用。

1.1 遥感技术在地质灾害监测与评估中的应用研究现状

地质灾害监测的传统方式为地面调查，受地形和人类感知范围有限的制约，这种方式有很大的局限性，往往只见局部，不见整体，而且有些地方地形陡峻无法完成地面调查。而遥感技术具有宏观性、视域广、整体感强、信息丰富、时效性强等特点，可以克服地面观测的局限性，减少盲目性，增强外业地质调查的预见性，适用于大范围地质灾害及其孕灾背景调查和长期动态监测。尤其适用于公路地质灾害发生后，灾情的快速调查与损失评估，有助于有关部门快速、全面地了解灾情，及时、科学地部署应急救灾工作，有效降低灾害的影响。遥感图像包含了丰富的地质、地理信息，通过对多波段的遥感图像进行综合分析、对比及解译，同时结合数字图像处理技术，对遥感图像进行融合、增强、变换等处理，能有效地获取和识别公路、铁路等线路工程勘察和评价中的地质灾害信息，并能定性或定量地预测滑坡、泥石流等地质灾害的发展趋势、活动频度、变化规律，从而正确评价工程地质条件及区域地质环境，为线路工程路线布设、桥梁和隧道位置选取、不良地质体的治理等提供科学的依据，有效地指导线路工程勘察及设计工作，弥补常规地面调查劳动强度大、工期长、花费多的缺陷。

国内外利用遥感技术进行滑坡、泥石流、崩塌等地质灾害调查始于20世纪70年代，几乎与遥感技术的兴起同步。1976年美国基于卫星和航空遥感图像编制了1∶750万全国滑坡分布图，之后又编制了多个更大比例尺的滑坡分布图及滑坡敏感性图。日本利用遥感图像编制了全国大、中比例尺地质灾害分布图。欧盟各国在滑坡、泥石流遥感调查的基础上，指出了识别不同规模、不同亮度、不同对比度的滑坡和泥石流所需的遥感图像的空间分辨率。近年来，随着遥感传感器技术和图像处理技术的不断提升，尤其是国外高空间分辨率商业卫星的持续发展，推动遥感技术更加深入地应用于地质灾害的监测与评估（王龙飞，2014）。例如，法国地质矿产调查局、巴黎第六大学等利用多时相SPOT影像对法国、墨西哥等地的地质灾害进行了变化检测调查与评价。巴黎第六大学的Daniel Mege采用SPOT立体影像，通过对秘鲁的Colca峡谷地带的崩塌、滑坡和泥石流等地质灾害的研究，发现了大量新发育的地质灾害现象。Pradhan和Yousse（2010）通过航空像片对马来西亚卡梅伦区域的滑坡灾害进行分析。Wasowski在国际工程地质学报滑坡遥感与监测专辑中认为光学和SAR卫星功能的增强（高分辨率、立体影像和重访问周期缩短）以及对地观测数据处理能力的增强促进了遥感技术在滑坡灾害中的应用普及；欧洲空间局资助的SLAM（service for landslide monitoring）项目利用合成孔径雷达差分干涉测量（D-InSAR），永久散射体干涉测量（PS-InSAR），干涉点目标分析（IPTA）方法来获取毫米级精度的地表形变运动及传统的光学影像分析，利用地质分析方法开展滑坡敏感性、危险性制图。

我国地质灾害遥感研究是在山区大型工程建设以及大江大河洪涝灾害防治中逐渐发展起来的（邓辉，2007）。20世纪80年代初，我国先后在雅砻江二滩水电站、红水河龙滩水电站、长江三峡工程、黄河龙羊峡水电站、金沙江下游溪洛渡水电站、白鹤滩水电站及乌东德水电站库区开展了大规模的区域性滑坡、泥石流遥感调查，目的是为这些大型水电工程的可行性研究提供滑坡、泥石流灾害及环境基础资料（王治华，2012）。80年代中期起，我国通过对宝成、宝天、成昆等铁路沿线的大规模航空影像解译与判别，调查了铁路沿线周边的滑坡、崩塌以及泥石流分布及危害范围。80年代末期，通过获取川藏、滇藏（部分路段）、南昆、内昆铁路等新建路线的遥感影像，进行了滑坡、泥石流的遥感调查，为相关部门的地质灾害调查提供了丰富的信息源。90年代起，我国在公路选线、公路沿线防灾工程等方面也使用了地质灾害遥感调查技术。90年代末期，在全国范围内开展的“省级国土资源遥感综合调查”工作中，各省区都设立了专门的中小比例尺“地质灾害遥感综合调查”课题，主要是识别地质灾害微地貌类型及其活动性，评价地质灾害对大型工程施工及运行的影响等。21世纪以来，国土资源部门已经将遥感技术作为进行地质灾害调查和监测、评估的重要手段和方法之一。2006年中国地质调查局安排了“喜马拉雅山地区重大地质灾害遥感调查”，指出了重大灾害隐患部位，并初步探讨了其稳定性及发育的地质环境背景（童立强和郭兆成，2013）。中国地质大学（武汉）地球物理与空间信息研究所针对三峡库区开发了专门的地质灾害遥感监测系统（GeoDS），专门用于地质灾害领域灾害预测与防治的遥感信息处理。近年在杭州湾跨海大桥、象山港大桥等重大工程论证中，都开展了工程地质遥感调查工作。中国地质调查局于2015年12月发布了中国地质调查局地质调查技术标准《地质灾害遥感调查技术规定》（DD2015—01），用于规范地质灾害遥感调查的内容、程序、方法及要求等。

国内卓宝熙、王治华、赵晓峰、戴文涵等学者分别在遥感工程地质应用、数字滑坡、3S技术对滑坡灾害调查、监测和预警方面的应用进行了探索和深入的研究工作。国内学者在公路地质灾害遥感应用方面的研究主要集中在山区的地质灾害多发公路段。青藏高原地区地形起伏，存在较为严重的公路地质灾害，成为国内学者研究公路地质灾害的重点。李志中和赵长英（1998）沿川藏公路进行彩色红外航空摄影成像和解译，圈定出滑坡、泥石流及崩塌等灾害区域，进而完成灾害强度、活动性及其对公路影响的分析，并对灾害成因及治理方法提出了建议。牛宝茹等（2000）利用TM假彩色合成图像及全色航空像片的多时相图像进行对比，分析川藏公路沿线滑坡、崩塌和泥石流等大型地质灾害的发展演化趋势，并根据不良地质现象的类型和危害程度进行分段，为川藏公路改线及病害整治提供了基础资料。王治华（2003）基于遥感图像数据对进藏交通线地区地质环境进行了调查。张明华（2006）利用基于地学知识的遥感构造分析技术对南迦巴瓦峰地区的断裂构造特征进行全面解译和识别，查明了公路方案线区域内断裂构造的分布及发育特征。卢斌莹等（2008）通过对陕西境内的高速公路TM影像、ETM+影像、彩红外航片、QuickBird图像，提出了一套适合公路工程特点的遥感图像处理方法。

2008年“5·12”汶川特大地震、2013年“4·20”芦山地震等导致了大量次生地质灾害的发生，国内不少学者利用遥感技术对重灾区公路损毁情况进行了监测和评价分析（刘亚岚等，2008）。苏凤环等（2009）利用遥感技术手段获取了2008年汶川地震后都汶公路漩口—汶川路段地质灾害分布信息；庄建琦等（2009）利用遥感影像解译和野外调查数据，探讨了2008年都汶公路沿线地震崩塌滑坡分布规律；任玉环等（2009，2013a，2013b）探讨了汶川地震道路震害高分辨率遥感信息提取方法，开展了芦山“4·20”7.0级地震公路灾情遥感监测评估，研究并形成了基于灾后遥感影像特征的公路灾害检测方法体系。这些研究为公路抢通保通提供了及时的信息，有力地支持了抗震救灾，彰显了遥感技术适用于重大公路地质灾害应急的优势。

随着遥感新技术的发展及新的对地观测系统投入运营，不管是机载、星载或地面传感器都极大地提高了滑坡灾害研究所需的全天候、实时的数据获取能力，而且干涉雷达（InSAR）、D-InSAR、机载激光雷达（LiDAR），以及高分辨率卫星影像（SPOTS5、IKONOS、QuickBird）在地质灾害研究中得到了广泛的应用，这些技术不仅增强了地质灾害研究地形模拟（DEM①、DTM②等）和可视化能力，而且使地质灾害风险探测、识别、监测和预警的手段多样化。龙万学等（2009）根据贵州省的地质条件，确定地质灾害分

① 数字高程模型（digital elevation model，DEM）。
② 数字地形模型（digital terrain model，DTM）。

布、地形地貌、地层岩性、地质构造、河流水系、年均降雨量作为评价因子，采用黄金分割法确定各评价因子的权重，利用GIS技术和数学模型对贵州省地质灾害危险性进行评价，得到贵州省地质灾害危险性区划图。从而分析得知贵州省区域地质灾害的危险性主要处于中危险区，其次是低危险区和高危险区。

近年来，利用遥感（remote sensing，RS）技术开展滑坡灾害制图与风险评估，不仅在学术上，而且在国家科技规划层面上日益成为研究热点，美国地质调查局（United States Geological Survey，USGS）滑坡灾害5年计划（2006-2010）（LHP）中强调培养应用现代遥感方法（如根据InSAR和LiDAR分析地形特征等）对滑坡进行探测和填图的滑坡专家；中国“十一五”国家科技支撑计划项目“重大地质灾害监测预警及应急救灾关键技术研究”中尤为强调利用遥感、GIS技术开展滑坡灾害早期识别，监测预警和滑坡灾害风险评估与管理研究。

可见，地质灾害遥感调查正由示范性试验阶段步入全面推广的实用性阶段。随公路地质灾害的日益严重和对突发性地质灾害抢灾救灾工作的时效性要求，应用遥感技术开展公路地质灾害调查、监测和评价是极其必要的，是当代高新技术发展的必然趋势。

1.2 边坡监测研究现状

边坡变形监测是边坡安全监测最主要的内容，并且边坡变形监测具有结果直观、监测精度高的特点。随着电子和通信技术的发展，目前已形成了很多的边坡位移监测技术，主要可以分为边坡表面位移监测和深层岩土体的位移监测（许斌等，2005；高幼龙等，2004）。用于边坡表面位移监测的方法主要包括遥感图像识别、北斗[①]监测、大地测量法、全球定位系统（GPS）监测法和分布式光纤监测法。

对于滑坡泥石流的监测，美国、日本等发达国家已经做了很多工作，特别是单体滑坡已经达到真正实时监测的阶段，监测内容包括地面位移、裂缝、地下位移、地下水位（水压力）和水温、结构应力、应变以及地声监测等；监测手段更是多种多样，有电阻式传感器、电感式传感器、光纤光栅式传感器、磁栅式传感器、声发射传感器、GPS、近景摄影测量、时域反射监测法、合成孔径雷达等。国外滑坡监测开始的较早，1985年，美国地质调查局和美国国家气象局联合在旧金山湾地区建立了泥石流预警系统，通过统计降雨强度、岩土体渗透能力、含水量和气象变化与滑坡事件间的关系做出综合判断，并通过美国国家气象局发布预警结果（韩汝才和傅鹤林，2004）。

美国地质调查局2001年在华盛顿州皮吉特湾建立了一个包括降雨量、水压力、含水量等的远程滑坡监测系统；2006年其在波特兰的西部山区建立了一个滑坡监测站，用于监测降雨量、地下水压力、地应力、张裂缝等的变化特征以及它们之间的关系；2008年，为了研究泥石流的控制因素、动力特征，其在科罗拉多州建立了一个泥石流监测站；2009年其又在加利福尼亚州的帕萨迪纳建立了一个泥石流监测站。

在我国，近年来地质灾害的监测工作也取得了长足的进步。1999年，云南省国土资源

---

① 北斗卫星导航系统，又称北斗系统、北斗。

厅组织全省各地国土资源管理部门与民政、气象、水利等部门，共同构建起了省、地、县、乡、村五级地质灾害群测群防体系，对辖区内的地质灾害隐患点进行监测、预警。从1999年开始，香港也逐步建立了比较完善的基于降雨监测的地质灾害监测网络。

2001年，台湾研发完成了泥石流防灾应变系统。2001~2005年，中国地质环境监测院开展了国土资源大调查地质灾害预警工程计划，设立了“典型地区突发性地质灾害时空预警示范（试验区）建设”项目，该项目选择了四川省雅安市雨城区作为西南地区地质灾害预报试验区，采用20台SL1遥测雨量计构成试验区降雨观测网。2006年陕西省国土资源厅在安康市旬阳县部署的全省第一个地质灾害自动化专业监测站，该监测站布设有降水量、土层含水率自动监测点各1处，地下水、地表裂缝自动监测点共4处，深部位移监测点3处。2007年，成都地质矿产研究所和中国地质调查局探矿工艺研究所，在四川省甘孜藏族自治州丹巴县境内组织实施了“滑坡灾害GPS和INSAR综合监测技术示范”项目（范青松，2006）。2007~2010年中国地质环境监测院组织实施，福建省地质环境监测中心负责承担了“闽东南地区台风暴雨型地质灾害监测预警示范”项目。

邓卫东（2004）通过对边坡安全系数实际采用的情况、各规范间安全系数的比较、计算方法及土性指标对稳定性计算结果的影响等方面的分析得出，根据不同地基条件、不同分析工况，路堤稳定安全系数取值为1.20~1.45。龙万学等（2012）提出了从面到线、从线到点的公路地质灾害多层次综合预报方法，构建了方法概念模型、系统功能关系模型、数据模型及实现模型，从概念层、功能层、数据层及实现层建立了较为完整的公路地质灾害面线点多层次综合预报体系结构。该体系结构已应用于西部公路地质灾害监测预报系统，并取得较好的效果。

2003年1月~2006年12月，由中国地质调查局水文地质工程地质技术方法研究所承担并组织实施，建立了巫山县地质灾害预警示范站。示范站包括巫山县城区向家沟滑坡、玉皇阁崩滑体两处预警示范点，建立6处现场监测站，1处中心站。示范站运用了钻孔倾斜仪的深部位移监测、GPS地表变形监测、时间域反射技术（TDR）、孔隙水压力监测等监测手段，通过地质灾害监测技术优化集成以及多媒体网络远程传输①、监测信息互联网实时发布等预警关键技术的研究、示范运行，实现地质灾害监测数据的自动采集、处理、分析。

利用北斗系统来进行公路地质灾害监测已处于起步状态。2004年清华大学和中国地质环境监测院就开始利用“北斗一号”卫星系统在四川雅安地区进行滑坡自动化远程监测示范研究，并初步建成了一个集数据自动采集、传输、保存以及数据分析、管理等功能的滑坡综合监测系统。北京北斗星通导航技术股份有限公司、上海华测导航技术股份有限公司等单位已经初步研发出了基于“北斗一号”的接收机（后处理监测精度5mm）和监测仪器。清华大学与交通运输部公路科学研究所在福建山区开展卫星监测的研究，并运行良好。

① 以通用分组无线服务技术（general packet radio service，GPRS）为主。

1.3　中亚高寒山区公路边坡防灾减灾

天山山脉、昆仑山脉和阿勒泰山脉是中亚高寒山区的主要山脉，三大山脉紧密连接着我国新疆和中亚五国，我国新疆地质条件复杂多变，和中亚的哈萨克斯坦、巴基斯坦等国家具有一脉相承、紧密联系的地质条件。新疆的山脉与盆地相间排列，盆地与高山环抱，喻称“三山夹两盆”。北部为阿勒泰山系，南部为昆仑山系；天山横亘于新疆中部，把新疆分为南北两半，南部是塔里木盆地，北部是准噶尔盆地。G217、S226 两条公路横跨了新疆大部分区域，其地质灾害具有很强的代表性。

陈宁生和陈瑞（2002）对中尼公路泥石流的分布规律和特征进行研究；屈永平等（2015）进行了冰川降雨型泥石流的起动试验，对起动过程的孔隙水压和水位变化特征、最佳稳定的堆积坡度及水深和堆积厚度的关系进行了研究；魏学利和陈宁生对中国—巴基斯坦公路奥布段的滑坡型泥石流的研究，初步分析其形成机理和过程及泥石流特点，并提出治理方案；Alexander Strom 对中亚地区滑坡筑坝各种表现形式进行了讨论，包括帕米尔高原天然淤积成因的滑坡与冰碛解释，大型基岩滑坡的形成与地震活动性的关系，大型基岩滑坡的形态学和结构特征等；Teshebaeva 等（2015）研究了波段及 InSAR 时间序列对阿勒泰山脉在哈萨克斯坦境内的山麓地带南部地区高滑坡活动的有效时空识别和监测的影响；Havenith 等（2006）利用遥感处理卫星图像和建立数字高程模型，分析了梅鲁苏河谷滑坡灾害及其相关影响因素（滑坡易感性、滑坡活动的历史演变、规模-频率关系、明河与洪水），进而提出防治措施；Aisha 等采用数值反分析的方法，对巴基斯坦的喀喇昆仑公路边坡的地质条件、边坡几何形状和滑移质量进行了研究；蔡明娟等（2015）、崔纲和黄勇（2016）就曾经对 G217 开展高边坡施工中安全风险快速评估及支护优化研究，并针对公路雨雪防治技术、边坡锚固技术、盐渍土病害等深入研究，结合交通沿线的生态环境保护、公路地基承载力及水毁防护等提出了相应的研究指标，其中沙漠地区公路建设成套技术研究还获得了 2007 年度国家科学技术进步奖二等奖。

新疆公路建设逐渐向山区延伸，相关的高边坡工程占公路整体造价的$\frac{1}{4}\sim\frac{1}{3}$；同时这些边坡的稳定与否直接决定整个公路工程的成败，若其在施工与营运中出现问题，往往使整条道路中断，后果非常严重。新疆地区诱发公路地质灾害的关键因素可概括为“高、陡、寒、震、切”。

目前新疆已建成以自治区自然资源行政主管部门为指挥核心、自治区地质环境监测院为主体的自治区地质灾害应急反应指挥中心，初步建立群防群测系统，但地质灾害监测预警示范区建设较少，交通运输行业的地质灾害监测预警研究工作更是不足，且地质灾害研究主要集中在基础理论研究方面，如赵立冬（2007）开展天山公路边坡岩体质量分级研究，张晓光（2008）针对天山公路南段开展环境工程地质研究。

研究发现，在新疆复杂地质条件下的大范围内采用传统方式开展调查工作需要耗费大量的人力、物力、财力，且监测技术薄弱单一，缺少可参照的经验和技术体系。目前新疆地区越来越多的公路高边坡稳定性问题已成为公路建设中亟待解决的核心技术。能否在建设中远程、快速、有效地评判相关边坡的稳定性，并动态、及时制定相应特殊的防治技术，据此来科学服务边坡施工与营运，直接决定着新疆公路建设的成败。

遥感与遥测结合技术在公路地质灾害预警应用中研究较少。应用遥感技术进行宏观地质灾害评估在国内外已有不少研究，基于 GPS/北斗的遥测技术在单体边坡监测也有不少研究，但是两种方法相结合地开展地质灾害监测预警研究鲜有出现。目前随着信息化技术手段发展，尤其是卫星远程监测技术的成熟，两者如果能相互结合，将能实现“动静”结合的地质灾害监测预警，具有很好的研究前景。

对于中国这样灾害点分布广泛，财力、人力和精力等投入都相对有限的国情，地质灾害监测工作的经济合理是需要我们面对的一个大问题。除了要研制一些高端监测仪器和设备，更迫切需要开发一些能够进行大范围监测，同时安装和使用又较为简便，便于快速布设的地质灾害监测预警的技术方法和设备，实现对更多的灾害点进行监测。

借助交通运输部建设科技项目“基于遥感技术的公路边坡稳定变形监测应用技术研究”(2014318365110)，本书以新疆地区 G217 和 S226 公路为依托工程，利用遥感技术进行岩土类型识别及空间分布研究，提出依托工程区域公路边坡危险性等级分区，从宏观上对边坡危险性进行把握，服务依托工程边坡安全风险控制。应用卫星监测系统（北斗系统、GPS）对边坡位移、应力应变及含水率等技术参数进行监测与传输，开发公路边坡一体化智能化预警与辅助决策系统，适时进行预警信息发布，实现边坡动态监测预警。

第一篇　中亚高寒山区公路复杂地质特征——以新疆为例

第2章　阿勒泰高寒山区走滑构造特征

阿勒泰山斜跨中国、蒙古国、俄罗斯和哈萨克斯坦部分领土，从戈壁（沙漠）向西西伯利亚地区绵亘约2000km，呈北西-南东走向。西部的山体最宽，越向东南越狭窄，高度亦渐低下；自西北向东南山势逐渐降低到3000～3500m，是中国最北端的现代冰川分布中心。

阿勒泰山地槽带长期处于活动抬升区，加里东运动后，其成为复杂的北西-南东向褶皱带和断裂构造，并伴有沿构造方向侵入的花岗岩（黄珂，2013）。海西运动之后，阿勒泰山与山前额尔齐斯向斜带的中、晚古生代砂质砾岩、页岩加少量灰岩与火山岩等岩层发生不同程度的隆起，并遭受长期剥蚀夷平，发育成夷平面，后经喜马拉雅运动抬升，其遭受剥蚀，大量风化物质输送到准噶尔盆地堆积。

S226线富蕴—可可托海公路位于新疆维吾尔自治区东北部，地处阿勒泰山南麓，准噶尔盆地北缘，额尔齐斯河上游，隶属阿勒泰地区富蕴县（刘建民等，2009）。富蕴县北部以阿勒泰山与蒙古国为界，边界线总长达205km，东临青河县，西接福海县，南沿准噶尔盆地与昌吉回族自治州的奇台县、吉木萨尔县等毗邻。县境南北长约413km，东西宽约180km，面积5.43万km^2。G216线贯穿富蕴县南部，县城距离乌鲁木齐市约480km，距阿勒泰市约236km。富蕴县因“天富蕴藏”而得名，矿产、畜牧、水能、旅游等资源得天独厚。尤其是可可托海镇旅游资源、矿产资源极为丰富，2005年可可托海镇内的额尔齐斯大峡谷景区申报为可可托海国家地质公园，2012年可可托海景区被评为了国家5A级旅游区。

2.1　富蕴—可可托海S226工程地质条件

S226处于阿勒泰山脉的东段南坡及准噶尔盆地北缘地区，地势自东向西渐次倾斜，由北向南呈明显的阶梯下降。阿勒泰山脉绵亘富蕴北部、东部，山势雄伟，山峦重叠，自北向南相继降低，海拔1400～2000m，总体走向300°～330°，切割深，属于基岩裸露侵蚀强烈的中、低山区。南部处于准噶尔盆地的北部边缘，地势低平，主要为低山丘陵地形，海拔900～1162m。再往南地势相继降低，向乌伦古河倾斜，海拔800～900m，地形平缓，切割微弱，属于剥蚀堆积为主的丘陵地区（图2-1）。

富蕴—可可托海S226路线总体走向为北东向，S226项目起于富蕴县城南G216线与S226线交叉处，经富蕴县城、吐尔洪沟、野鸭湖，止于可可托海镇额尔齐斯大峡谷景区大门前，路线全长76.596km。全线采用二级公路标准建设，设计速度分别为80km/h、60km/h和40km/h，对应路基宽度分别为12m、10m和8.5m。全线设计汽车荷载为公路-Ⅱ级，设计洪水频率为大中桥百年一遇，小桥、涵洞、路基均为五十年一遇。

岩性为深变质的砂砾岩、片麻岩、片岩夹变质流纹岩、酸性凝灰熔岩、混合岩、变粒

图 2-1　阿勒泰山脉沟谷地质灾害

岩，底部有石英变粒岩，厚度 759 ~ 1108m。主要分布于线路里程 K29+520—K37+020 段。第四系（Q）分布在现代河床、阶地、坡麓等处，其成因类型主要有坡积、崩积、冲积、洪积等。

S226 沿线地下水，按其含水层性质、埋藏条件及水动力特征、水源补给条件等，可分为松散岩类孔隙水和基岩裂隙水。松散岩类孔隙水埋藏于第四系松散堆积层中，按补给条件及含水层特征又可分为两种类型。一种为第四系松散堆积物中的孔隙潜水，主要由砂砾石、碎石、砂以及粉砂、黏粒混杂堆积组成，厚度一般在 5 ~ 8m。主要受大气降水及基岩裂隙水补给，水量较小，水位水量受季节性影响较大，旱季多干涸。另一种为埋藏于河床砂卵砾石含少量漂石层的孔隙潜水，主要受河水及基岩裂隙水补给，水量丰富，含水层厚度约 5m，其渗透系数 K=30m/d 左右。属强透水层。基岩裂隙水可分为层状岩类裂隙水和块状基岩裂隙水，主要分布于中山、低山区的强-中风化岩体中，并受大气降水及河流补给，受季节和河水流量的影响，未见构造裂隙水以及承压水。

2.2　走滑构造运动特征

1931 年 8 月富蕴发生 8 级大地震，沿着可可托海—二台断裂形成了长达 176km 的地震断裂带（富蕴断裂带），总体走向 342°，倾角一般为 70°左右，断裂面普遍向东倾斜，断裂带线性特征明显，而最大宽度仅 4km。按断裂表现的运动性质和组合特征，可将整个地震断裂带自北向南分为三大段，①北部引张端，长约 46km，地震断裂连续性较差，主要为正断层和张性裂缝，并出现地堑式断陷，重力作用明显，断裂运动没有显著的水平位移；②主体走滑段，长达 110km，地震断裂连续性好，有极为显著的水平位移，主断裂性质在各部分略有变化，其北部以正滑为主，中部和南部地震断裂则为明显的逆走滑性质。该段还存在三个挤压上升的构造透镜体和各种断裂组成的地垒、地堑式构造；③南部末端破裂段，长 10km，断裂呈现分叉、拐弯现象，总体向南撇开，水平位移急骤衰减，末端为右旋雁列断裂沟槽（图 2-2）。

S226 沿线新构造运动是在区域地质构造背景下产生张性、扭性等多种类型的构造变形和复活，或者表现为差异升降，或者发生新的水平错动，形成大断层崖、层状地面、深

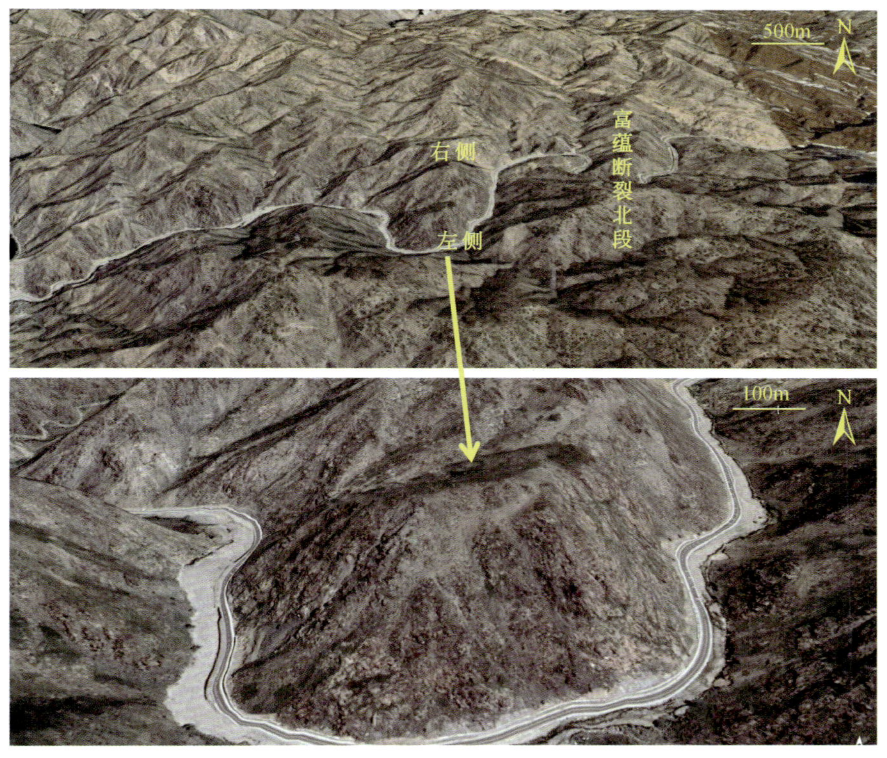

图 2-2　富蕴右旋走滑构造（2017 年 4 月）

切河谷、河曲发育、洪积扇偏斜、地震或泉水频繁出现等异常现象，表明该区的新构造运动相当活跃，而且时代还很新。巨大的右旋水平位移是富蕴断裂带的明显特征。在恰尔沟以南长达 120km 的地段，断裂切割山脊、冲沟、倒石堆和灌木丛，造成一系列断错脊、断头沟、断塞塘等地貌现象（图 2-3）。

1931 年富蕴地震断裂的位移量，最大出现在震中区南北两端；南端阿克赛依向南走滑移动，地震断裂主要从震源往南发展，同时牵动北端引张作用所造成的形变。地震断裂带的大水平位移为 14m，北端的白杨沟分水岭附近水平位移达 11m。

从震中区沿着断裂带往南北方向的水平位移衰减变化相差很大，往北骤然衰减，衰减率为 0. 59m/km；往南衰减具波状起伏，通常在断裂带包含构造透镜体的南部出现较大的水平位移峰值，总的衰减率为 0. 11m/km，垂直位移量很小，只有水平位移的 1/10。

从断裂槽揭露的多级活动面与多种结构物、断裂面上不同坡积、冲积物以及断崖面上倾角的显著变化等情况分析，可可托海—二台断裂自晚更新世以来产生过多次强烈运动，存在许多古地震标志，许多断错脊、小冲沟形成 20m 以上的右旋水平位移，这是断裂近代多次活动的综合反映。目前地表景观呈现的巨大断裂带，乃是可可托海—二台断裂带重新活动的结果（徐芹芹等，2015；蔺新望等，2015）。

地震断裂带受可可托海—二台断裂控制，它的北端发育在先成断裂带以内，南端超出了先成断裂。被可可托海—二台断裂切割的一些北西向区域性断裂，在其西侧相邻地段没

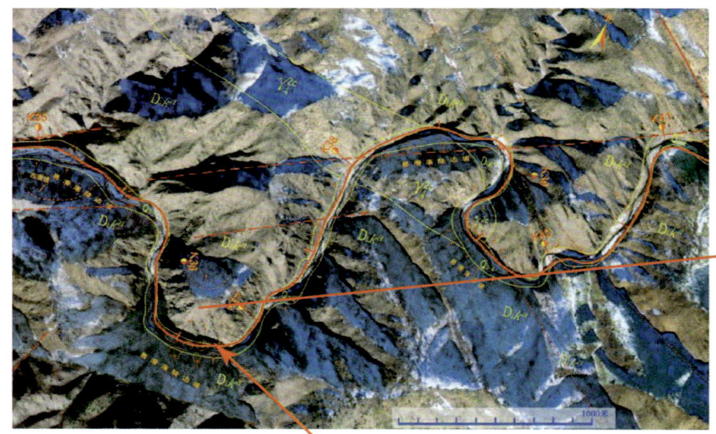
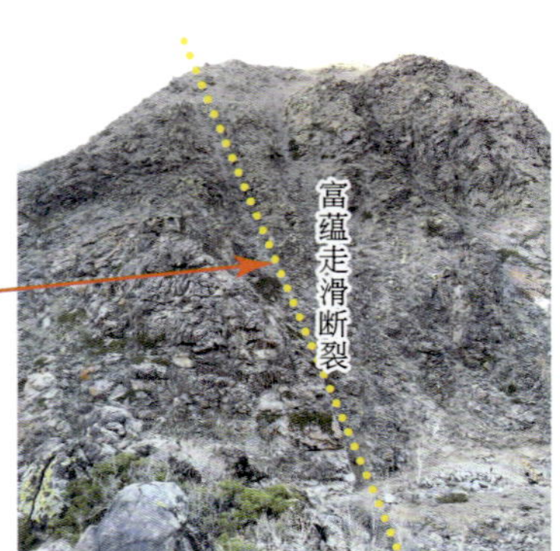

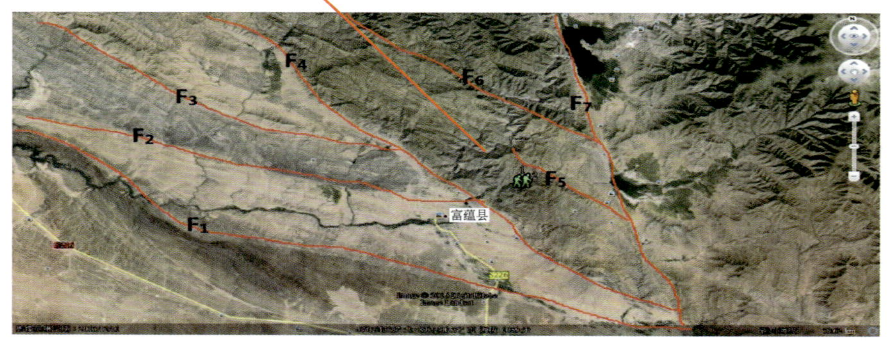

图 2-3　S226 走滑构造遥感增强解译

有发现受地震影响的痕迹；而在其东侧遭受地震影响，沿着北西—南东向发育着 3 ~ 5km 规模不等的地震断裂，它们与主断裂组合形成向南撇开的分叉。现代微小地震于地震断裂带东侧 20km 宽的范围沿断裂带集中分布，南端更为密集。

地震断裂带的平均应力方位为 13°、仰角 2°，张应力方位为 104°、仰角 7°，富蕴地震断裂带是在北北东向压应力作用下，可可托海—二台断裂东侧急剧往南段出现的多个水平位移高值点和高烈度点，意味着富蕴地震还存在“多点破裂”机制。

2.3　富蕴地区的冻融破坏情况

富蕴地区冬雪厚，积雪期长，境内积雪北多南少，深度随地势降低而递减。稳定积雪时间一般在 140 ~ 160 天；山区长达 200 天（马东涛等，2004）。2016rh 10 月 ~2017 年 5 月，富蕴县各月最大积雪深度见表 2-1。

表 2-1　2016 年 10 月 ~ 2017 年 5 月富蕴地区月降雪最大深度

月份	10	11	12	1	2	3	4	5
降雪最大深度/cm	12	30	54	50	8	48	20	1

吐尔洪沟段属剥蚀构造中山地貌，河流深切明显，地形陡峻，峡谷呈 V 形，相对高差约 200m，基岩裸露，当风雪流通过吐尔洪沟时，沟中部将产生较强的涡旋气流阻止雪的沉积，一般路段最大积雪厚度 0.8 ~ 1.0m。

S226 全线为季节性冻土，最大冻深为 2.0m。路线多沿阶地、山坡坡脚布设，地表物质组成多为角砾、砂砾、碎石、卵砾石等；局部为粉土、黏性土等，但地下水位较深。

在该地区，地形条件复杂，节理裂隙发育（图 2-4）。随着冻胀与溶解作用的循环发生，岩体的抗剪强度逐渐降低，同时山区公路一般从陡峭边坡的坡脚或斜坡地带通过，许多危险的岩石已经处于极限平衡状态，当岩石抗剪强度降低，在重力作用下就会沿着各种结构面发生变形位移，更强烈时就会导致滑塌破坏。冻融滑塌灾害的类型主要包括倾倒式崩塌、滑移式崩塌和各种形式的落石（艾力 · 斯木吐拉，2005；赵洪宝，2012）。

图 2-4　节理切割严重地

第 3 章　天山公路千米级冰川泥石流特征

冰川泥石流是冰川退化的结果。在全球气候变暖的大背景下，冰川不断退化，消融加剧，冰舌后退引发径流量增大，冰湖面积扩大，加之冰川退化，冰崩雪崩所带来的丰富冰碛物，寒冻作用产生的岩屑和沟谷及两岸丰富的松散固体物质，在自身陡峻的地形作用下，容易发生大规模的冰川泥石流（图 3-1）。

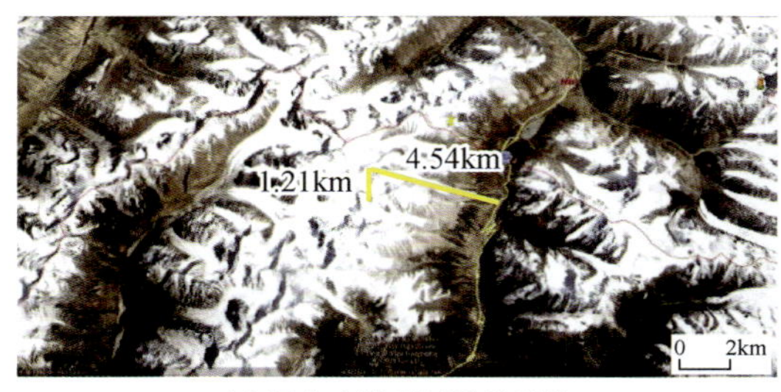

(a) 昆仑山脉(2017年10月)

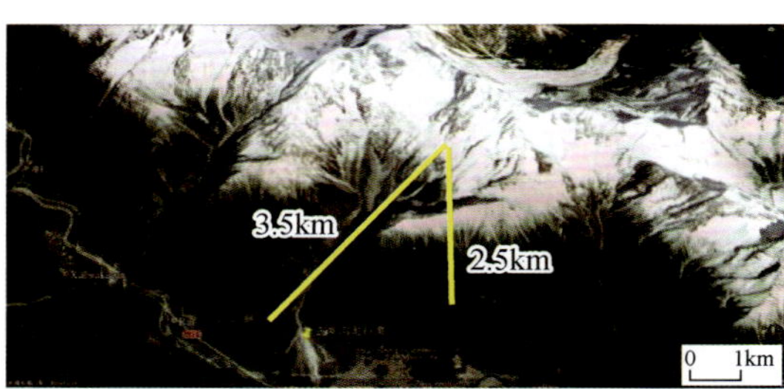

(b) 喜马拉雅山脉 (2014年12月)

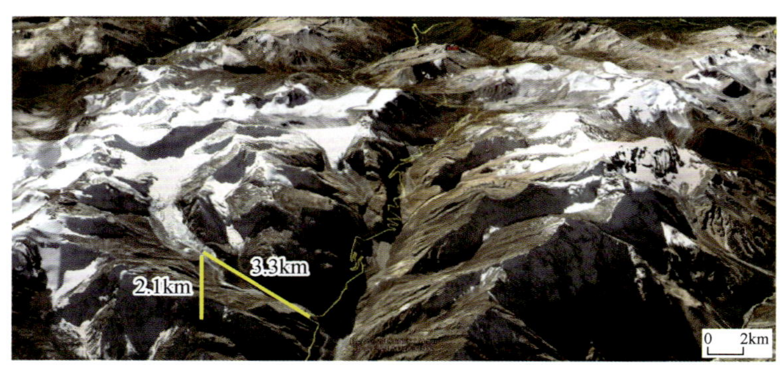

(c) 天山山脉(2013年10月)

图 3-1　典型千米级冰川泥石流环境

冰川泥石流的形成至少需要丰富的松散固体物质、充足的水条件和陡峻的沟谷地形 3 个条件，与一般的降雨型泥石流有着相似的形成过程，但是同时有自己的特点。处在冰川下方的冰碛区，其以大量的冰碛、冰水沉积物、沟岸两侧的崩滑堆积体为主要物质来源，以冰雪融水、冰崩和雪崩为水源条件，在暴发时以比同样冰雪融水大数倍的流量沿着沟床迅猛下泄，最后在沟外地势平缓处发生堆积，形成冰川泥石流堆积扇。与降雨型泥石流相比，冰川泥石流具有规模大、流动时间长、大冲大淤等特征，是现阶段最快速的地质地貌动力过程之一。

新疆的冰川泥石流、冰雪崩灾害主要发生在天山、帕米尔高原和西昆仑山地区。随着冰川不断退化，消融加剧，冰舌后退引发径流量增大，冰湖面积扩大，冰崩雪崩所带来的丰富的冰碛物、寒冻作用产生的岩屑和沟谷及两岸丰富的松散固体物质，在自身陡峻的地形作用下，容易发生大规模的冰川泥石流（表 3-1）。在全球变暖的大背景下，冰川泥石流的爆发来势凶猛，破坏力强，是现阶段最快速的地质地貌动力过程之一。对冰川区域的天山公路 G217、中巴公路、G216 等关系国计民生的重要结构物造成严重威胁。

表 3-1　新疆冰雪灾害的主要类型、成因和分布及其对气候变化的响应

冰雪灾害类型	主要成因	分布特征	对气候变化的响应
冰雪洪水	一般发生在夏季，少雨时段，持续的气温上升，使得高山雪线和0℃温层上升明显，冰川大部分处于消融状态，融冰水流汇集形成冰川洪水	主要分布在天山地区，尤其是天山南坡的塔里木河流域、伊犁河流域、天山北坡地区、帕米尔高原和喀喇昆仑山	雪线上升明显，冰川大部分处于裸冰状态，冰面上污化面发育，反照率降低，冰面消融增加，融水增加
冰川泥石流	一般发生在夏季持续高温过程，由冰雪消融引起的泥石流灾害	主要分布在帕米尔高原、天山地区、阿勒泰山及西昆仑山	强度和频次增加，尤其人类活动加剧其强度和范围
冰湖溃决洪水	由冰川阻塞和冰川退缩致使冰湖溃决形成的洪水	主要分布在喀喇昆仑山的叶尔羌河和天山的阿克苏河源区	气温升高引起的冰川运动加速堵塞河流及冰川冰温增加引发的冰坝变形，冰川退缩加剧冰湖库容增加，使得冰湖溃决洪水强度和频次增加
雪灾	大面积极端降雪形成的深厚积雪，引发的对牲畜食草和冻伤的灾害	主要分布在阿勒泰地区，北疆西段的塔城地区、博州地区，天山一带	极端降水事件在未来会增加，低温冷害事件将会增加
暴风雪	灾害性天气事件，一般和大范围天气过程有关，造成大雪和大风天气事件	主要分布在新疆北疆，尤其是天山西段、塔城地区、帕米尔高原、喀喇昆仑山	与极端天气事件有关，气候变化可能会引起事件强度增加
雪崩	山地斜坡积雪崩解引发的雪崩事件	主要分布在天山西段、西昆仑山、喀喇昆仑山	急剧升温，或是积雪降温，引发深霜，可促使雪崩频发
冰崩	冰川在坡度较大的坡面断裂，引起冰块崩解，滚落山下引发的泥石流、滑坡、石流和雪崩等灾害	主要分布在天山、帕米尔高原和喀喇昆仑山	气候变化引发冰体更容易脆裂和断裂，尤其冰川退缩到高山斜坡更容易发生冰崩，一般灾害强度大

新疆的冰雪洪水和冰湖溃决洪水灾害主要发生在天山、塔里木河流域的喀喇昆仑山以及昆仑山一带，融雪洪水灾害主要发生在新疆北部的阿勒泰地区、塔城地区和天山北坡一带，冰川泥石流、冰崩、雪崩灾害主要发生在帕米尔高原、天山西段和西昆仑山地区，风吹雪主要发生在天山中、西段地区。

随着全球气候变暖，尤其是从 1987 年开始，新疆的气候由暖干向暖湿的转型，冰川退缩加剧，融水量增大，冰川洪水和冰川泥石流灾害随着冰川融水径流的增加而增多；而融雪洪水、雪崩随着气候变化引起的冬季积雪增加和气温升高，其灾害强度持续增强；冰崩灾害随着气温升高引起的高山冰体崩解而呈增加趋势。天山褶皱系构造活跃复杂，冰川条数在中国各山系中位列第一。

天山地区冰川泥石流的发育程度主要取决于现代冰川作用和构造运动的山地侵蚀所造成的地形切割。该区冰川泥石流根据水动力条件大致可以分成冰雪融水型泥石流、冰崩雪崩型泥石流和冰湖溃决型泥石流三种类型，本书以天山公路的冰川泥石流作为样本开展相关内容研究，将主要聚焦于冰雪融水型泥石流。

通过调研发现天山地区存在大量搬运距离为1500～4000m，高差1000～2500m的冰川泥石流，这些千米级泥石流有一个共性就是发生概率高（平均每两年2～3次）、泥石流淤积量大（每次有5000～30000m^3冲毁路基），冰碛物颗粒大小差异较大。受制于沟谷的深切差异、搬运过程弯曲不一、冰川高温融雪机制与夏季降雨等因素，搬运过程磨蚀和沉积机制复杂。

作者通过多年调研发现天山冰川泥石流爆发频繁，其爆发时能量巨大，来势凶猛，破坏力强，难以预报，所到之处，横扫一切，造成了严重的人员伤亡和财产损失，引起了政府和社会的广泛关注。在这种背景下，研究千米级高差与搬运距离冰川泥石流的形成机理和活动规律，进行适当的防护措施，对减少人员伤亡、财产损失具有重要的意义。

3.1　天山构造与地貌特征

新疆新构造运动与印度板块向欧亚板块的俯冲、碰撞和挤压有密切的联系。天山地区新构造运动的水平运动强烈，垂直差异运动显著（图3-2）。水平运动主要反映为山前活动性褶皱和活动性平移断裂广泛发育。越往山前，褶曲挤压越紧闭，其分布方向均围绕着盆地和断陷边缘，基本与山脉走向一致，褶皱构造轴部多有活动断裂与之伴生。

天山山系是亚洲中部最大的山系，呈纬向分布。位于中国境内的天山处于整个山系的东部，称东天山，西起中国与吉尔吉斯斯坦边界，东至我国新疆哈密市以东的星星峡戈壁，全长1700km，占山系总长度的2/3，宽度一般为250～350km，山脊平均高度为4000m，拦截了大量水汽，是南北疆气候的分水岭。

天山褶皱系构造活跃复杂，冰川条数在中国各山系中位列第一，占中国冰川总条数的19.61%。众所周知，较大的形成区、陡峻的流通区、丰富的松散物质是形成泥石流的基本条件，而量大且强度较大的降雨或冰雪融水则是形成泥石流的动力条件。换言之，泥石流是地形、岩性、降雨等因子非协同异变耦合作用的必然结果。泥石流沟的形态及沟床比降是形成泥石流的地貌条件。宽大的形成区、狭窄的流通区和宽缓的沉积区是冲淤变动型沟谷泥石流典型的地貌特征（朱红春等，2012；褚胜名，2012；杨岩岩和刘连友，2014；王鲁男等，2015）。泥石流沟比降大于400‰，流域面积1～5km^2则容易诱发泥石流。

地貌问题涉及的介质多变、过程复杂、作用因子多、周期漫长使得对地貌的定量研究十分困难。天山大地构造部位属于天山褶皱系，其北为准噶尔板块，南为塔里木板块。天山地槽褶皱系地质构造复杂，断层、褶皱众多，岩石种类丰富。近年来许多地质学家运用构造变形分析理论和方法，对天山多期旋回构造演化进行了研究，总体上将天山分为三个近东西延长的构造带，即北天山主干断裂带、中天山构造带和南天山山前深断裂带（图3-2）。

天山山地现代地貌过程从山顶到山麓，依次为：

（1）常年积雪和现代冰川作用带。位于海拔3800m以上的冰雪覆盖的极高山带。据

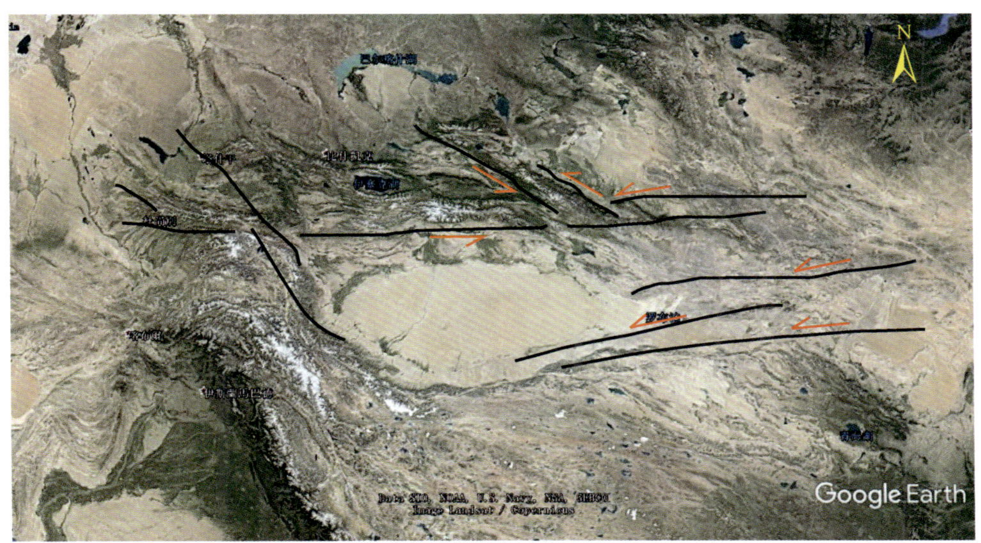

图 3-2　天山山脉新生代多期旋回构造纲要

统计，天山拥有现代冰川近 7000 条，面积达 1 万 km^2。

（2）霜冻作用带。位于海拔 2600m 以上的山区，堆积了大量古代冰川沉积物，并保留多种冰川侵蚀地形——古冰斗、冰槽谷、冰坎等。负温期长达半年，仅于盛夏解冻。

（3）流水侵蚀、堆积带。位于海拔 1500～2800m，河网密布，河谷阶地发育。

（4）干旱剥蚀低山带。北坡位于海拔 1300m 以下，年降水量 200～400mm，南坡位于海拔 1700m 以下，年降水量 100～150mm，外营力以干燥剥蚀作用为主，南坡尤盛。

天山山脉地势是西高东低，一般海拔在 3000～5000m（图 3-3），高峰终年积雪，多冰川，其中托木尔峰海拔 7443m，为天山山脉的最高峰，河谷海拔 1500～2000m，G217 沿线海拔也基本在 3000m 上下，科克铁克山为天山公路沿线最高海拔山峰。受印度板块向北运动影响，天山地区形成一系列山体以及山间和山前拗陷盆地，加之沿线现代冰川和水系发育、切割剧烈，地形相对高差较大，在地貌上表现为山脉与盆地相间排列的地貌组合格局。

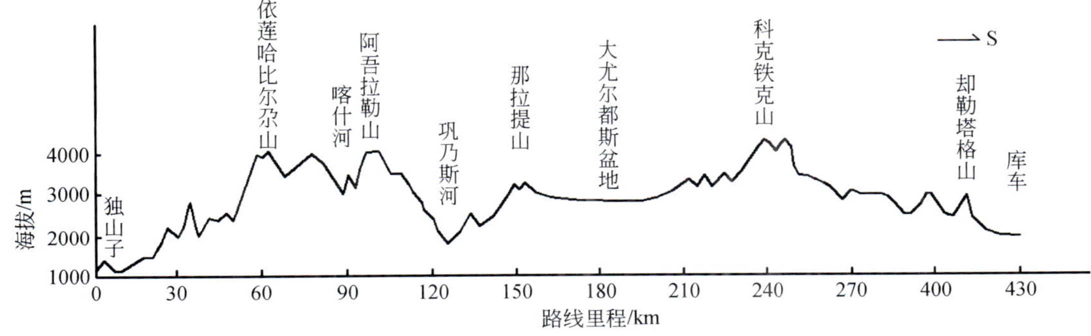

图 3-3　独库公路沿线海拔剖面

天山公路（G217 线 K577—K1090 段）纵贯新疆西部的西天山腹地，北始于天山支脉的依连哈比尔尕山北麓、准噶尔盆地西南缘冲积平原上的独山子，南迄天山支脉却勒塔格山的南麓和塔里木盆地北缘的库车河冲积平原的库车。路线由北向南纵跨天山中的哈希勒根（图 3-4）、玉希莫勒盖、拉尔墩、铁力买提四个达坂，乔尔玛、巩乃斯、巴音布鲁克三大天山草原以及奎屯河、喀什河、阿拉斯坦河、巩乃斯河、巴音郭楞河及库车河等河流，地理环境复杂。

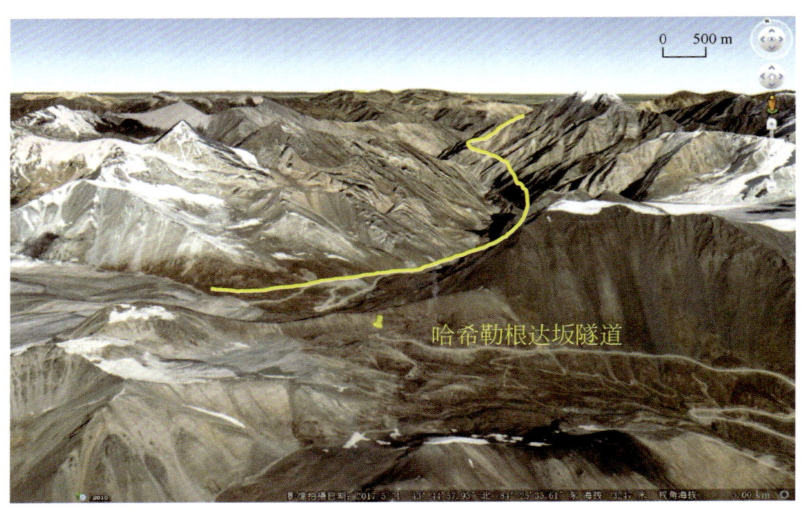

图 3-4　哈希勒根达坂附近北天山主干断裂带地貌

3.2　融冻泥流运动特征

在乌鲁木齐河源大西沟气象站（43°00′N～43°10′N，86°45′E～87°00′E；海拔 3545m），年均气温-5.34℃，年均降水量 430.2mm，平均每年气温在 0℃上下波动的次数为 100～130 次。据中国科学院天山积雪雪崩研究站（海拔 1776m）气象推算，哈希勒根达坂年均气温在-3.0℃，每年气温在 0℃上下波动的次数为 100 次以内。

融冻泥流作用是冰缘环境中活动层地貌过程的表现之一，在讨论融冻泥流作用时，很难排除寒冻蠕变（frost creep）作用的影响（Furuya et al.，1999）。融冻泥石流表面运动速率为 2.1～18.77cm/a，平均 11.14cm/a，天山海拔 3460～3540m 南坡（阳坡），坡度 10°～20°，活动层表面寒冻蠕变量为 0～2.4cm/a，平均 1.13cm/a。与融冻泥流表面速率相比，蠕变速率相比要小很多。全球其他冰缘融冻泥流作用引起的地表运动速率为 0.5～10cm/a。相比之下，天山融冻泥流表面运动速率较快，这是因为天山地区地形坡降较大，水分条件好和冻融作用频繁（陈玉超，2006；王加龙，2011；陈显春等，2011；刘义高，2015；乔国文等，2015；王丽黎，2016）。

随着融冻泥流进一步发展，冰碛物的物源补给量超过了沟谷或者坡体稳定范围，融冻泥流在深切沟谷和雪水融化的共同作用下将有可能发育成泥石流。

3.3　冰川泥石流几何特征

地形参数不仅对泥石流的形成发挥着重要作用，而且相互之间也有一定关联性。通常面积较小的流域，沟谷正处于地貌发育的初级或旺盛阶段，沟道长度较短，但流水侵蚀作用强烈，地形陡峻，沟床比降和山坡坡度均较大；较大的山坡坡度为松散碎屑物质向沟内汇集提供了良好的条件；而沟床比降大则使聚集在沟道内的固体物质更易在暴雨径流的作用下形成泥石流。

因此泥石流沟谷的高差与流域面积大小关系密切，流域面积的大小，大体能反映出泥石流发育的阶段性，也是评判泥石流活动强度的一个标志。一般来说，泥石流多数形成于流域面积较小的沟谷内，较小的集水区面积易于泥石流的形成与活动。随着流域面积的增加，沟谷发育越渐成熟，沟床比降和相对切割程度也随之降低，沟道长度的增加使固体物质的搬运距离增大，这些变化均不利于泥石流的发生，其泥石流的活动将逐渐衰退甚至趋于停止。因此在一定范围内，较小的流域面积比较有利于泥石流的形成。

以 G217 沿线的 K630、K636、K637 三条泥石流主沟沿线的高程变化、高差、坡降和阶地特征为研究对象（图 3-5）。为使得泥石流主沟的高程几何特征更加精细，作者把三条主沟细分成 16 或 19 个区块，表 3-2 ~ 表 3-4 分别显示了三条主沟的高程信息，可以得出这三条主沟从物源到路面的高差分别为 1570m（K630）、1543m（K636）和 1396m（K637）；三条沟谷的平均宽度为 1242m（K630）、1074m（K636）和 838m（K637）；三条沟谷的冰雪汇水面积分别为 2.45km^2（K630）、4.24 km^2（K636）和 5.16 km^2（K637）；平均坡降 0.54（K630）、0.56（K636）和 0.39（K637）。

图 3-5　泥石流主沟沿线的高程变化、高差、坡降和阶地特征

表 3-2　K630 沟谷冰川泥石流几何特征

编号	沟谷最低处海拔/m	沟谷左侧最高处海拔/m	沟谷右侧最高处海拔/m	最低处到左侧距离/m	最低处到右侧距离/m	沟谷两侧山峰距离/m	汇水面积/m^2	累计汇水面积/m^2	坡降
1	3948	4035	4026	476	358	812	65757	65757	0.86
2	3809	3959	3863	441	385	800	83004	148761	0.86
3	3710	3898	3793	400	439	813	85256	234017	0.59
4	3652	3851	3668	451	379	738	88266	322283	0.38
5	3561	3807	3597	534	215	666	128623	450906	0.41
6	3472	3778	3506	613	254	780	113123	564029	0.65
7	3382	3759	3416	795	177	856	99892	663921	0.65
8	3246	3730	3288	915	194	919	232859	896780	0.54
9	3157	3717	3222	941	208	952	237998	1134778	0.51
10	3072	3649	3214	992	373	1218	326247	1461025	0.53
11	2977	3572	3150	1077	415	1253	155551	1616576	0.43
12	2859	3522	3043	1223	462	1437	142905	1759480	0.43
13	2754	3485	2992	1513	474	1765	166851	1926332	0.37
14	2695	3485	2843	1750	663	2115	163244	2089576	0.32
15	2544	3493	2759	1855	645	2203	172767	2262343	0.51
16	2378	3571	2528	2301	683	2550	189398	2451740	0.53
—	—	—	—	—	—	—	总面积 2.45km^2	—	平均坡降 0.54

表 3-3　K636 沟谷冰川泥石流几何特征

编号	沟谷最低处海拔/m	沟谷左侧最高处海拔/m	沟谷右侧最高处海拔/m	最低处到左侧距离/m	最低处到右侧距离/m	沟谷两侧山峰距离/m	汇水面积/m^2	累计汇水面积/m^2	坡降
1	3899	4155	4066	560	348	778	207744	207744	1.09
2	3771	4003	3901	778	238	932	205300	413044	0.88
3	3617	3875	3747	824	255	1012	254263	667307	0.73
4	3475	3781	3660	793	296	995	185960	853267	0.66
5	3409	3740	3563	791	326	1010	251286	1104553	0.62
6	3335	3683	3489	805	396	1094	193197	1297750	0.52
7	3238	3624	3382	839	408	1108	220660	1518410	0.57
8	3152	3603	3253	901	433	1191	241526	1759936	0.46
9	3030	3576	3126	1135	397	1371	349711	2109646	0.49
10	2978	3449	3047	1038	481	1397	279212	2388858	0.40
11	2908	3356	3010	1171	334	1354	232720	2621579	0.52
12	2782	3220	2915	1113	338	1330	347053	2968631	0.47
13	2759	3064	2812	1070	349	1317	275013	3243645	0.46
14	2686	2898	2730	803	326	1043	275733	3519377	0.35

续表

编号	沟谷最低处海拔/m	沟谷左侧最高处海拔/m	沟谷右侧最高处海拔/m	最低处到左侧距离/m	最低处到右侧距离/m	沟谷两侧山峰距离/m	汇水面积/m^2	累计汇水面积/m^2	坡降
15	2611	2839	2648	760	261	946	187947	3707324	0.53
16	2557	2805	2602	739	264	894	165428	3872752	0.41
17	2477	2771	2554	731	290	884	118472	3991223	0.63
18	2394	2698	2498	717	264	867	140267	4131491	0.41
19	2356	2625	2468	669	328	889	107091	4238582	0.50
—	—	—	—	—	—	—	总面积 4.24km^2	—	平均坡降 0.56

表 3-4　K637 沟谷冰川泥石流几何特征

编号	沟谷最低处海拔/m	沟谷左侧最高处海拔/m	沟谷右侧最高处海拔/m	最低处到左侧距离/m	最低处到右侧距离/m	沟谷两侧山峰距离/m	汇水面积/m^2	累计汇水面积/m^2	坡降
1	3704	4015	4054	1107	848	1827	1128053	1128053	0.60
2	3456	3789	3883	1009	867	1712	883651	2011704	0.53
3	3356	3605	3621	831	601	1296	581502	2593206	0.40
4	3279	3491	3490	704	355	1090	387371	2980577	0.35
5	3208	3365	3415	600	519	990	290196	3270773	0.34
6	3087	3266	3296	435	610	949	299079	3569852	0.39
7	3037	3145	3213	312	665	913	166889	3736741	0.39
8	2984	3053	3125	284	593	814	176479	3913221	0.27
9	2938	3003	3058	398	398	716	142989	4056210	0.21
10	2792	2931	2918	508	243	758	215293	4271503	0.53
11	2685	2828	2838	357	373	643	182648	4454151	0.43
12	2628	2770	2746	366	297	590	133805	4587956	0.34
13	2571	2687	2683	374	259	551	112896	4700852	0.43
14	2508	2638	2635	342	302	565	99051	4799903	0.44
15	2456	2575	2549	303	324	567	104735	4904638	0.31
16	2433	2552	2491	347	249	562	71294	4975932	0.21
17	2392	2500	2456	341	219	508	63157	5039088	0.45
18	2332	2450	2394	299	196	463	74168	5113257	0.47
19	2308	2410	2350	287	159	400	44950	5158207	0.26
—	—	—	—	—	—	—	总面积 5.16km^2	—	平均坡降 0.39

根据李丽等研究，流域沟床比降和发育程度均与流域面积存在线性相关性，变化趋势一致。而且流域面积越大，泥石流形成区面积占流域总面积的比例就越小，形成区是泥石流形成所需松散固体物质的主要来源区。流域面积越大，流域内主要物源补给区所占比例就越小，在流域面积较大的沟谷内，松散固体物质的补给也往往较为集中，且一次补给量有限，在水源丰富的情况下，即使在支沟或中上游某区段形成泥石流，也可能被稀释转化成洪水（图 3-6）。

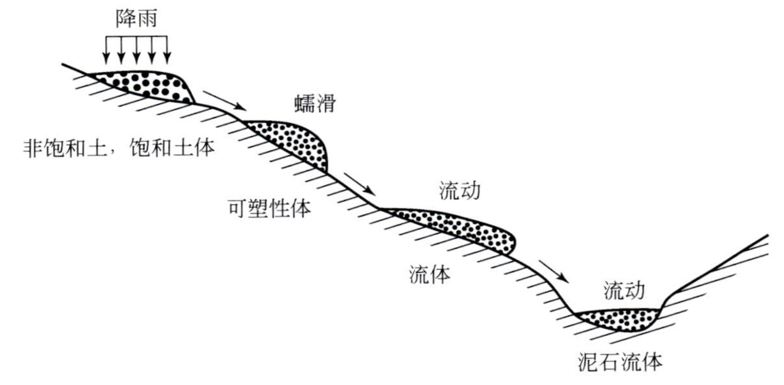

图 3-6　初始泥石流体形成过程

由图 3-7、图 3-8 可知，流域面积和沟床比降是极其重要的地形参数，对比 K630、K636、K637 三条泥石流沟，三条沟的汇水面积从高海拔到 G217 路面差异比较大，K636 平均宽度为 1074m，该沟宽度相比 K630 和 K637 变化幅度小，总体相对均匀，呈现出最高海拔和最低海拔两端宽度相对较小，中间宽度相对较大，冰雪汇水面积为 $4.24km^2$，在三条千米级高差的泥石流沟中汇水面积最小，加上 K636 的搬运距离较长，使得该沟沟底及两侧的颗粒粒径相对较小（以 15～20cm 居多），经常出现堵沟现象。

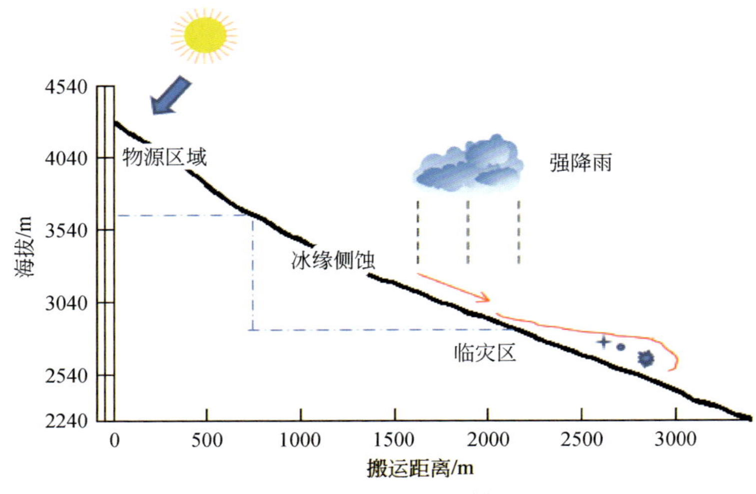

图 3-7　K636 泥石流沟剖面图

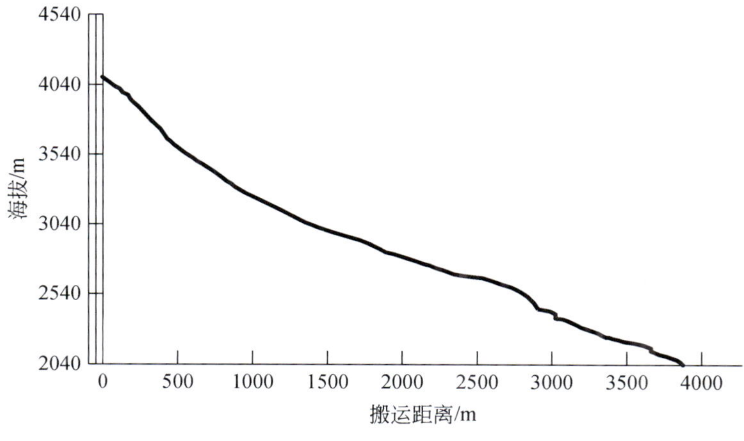

图 3-8　K637 泥石流沟剖面图

K636 的堵沟主要有两方面因素，一方面是来自沟床两侧崩塌和风化坡积物的下滑；另一方面是夏季冰雪融水和降雨形成的小股泥石流因动力不足停积在沟内的堆积物，下滑岩土体沿途铲刮、碰撞、剥离解体形成泥石流或下滑进入主沟道，在泥石流沟的水动力还未满足要求前，形成侧蚀堆积扇并堵沟（图 3-9）。在来年天气转暖，积雪、冰川融水和降水大部分渗入冰硬物和堵塞的固体物质之中，这一浸润过程可视为泥石流暴发的前期孕育过程。

K630 随着海拔的降低，汇水面积相对增大，因为沟谷走向是朝北，冰川末端表面很大一部分处于阴面，阳光辐射时间相对较短，所以主要水源还是冰川末端融化雪水和低海拔的夏季降雨。

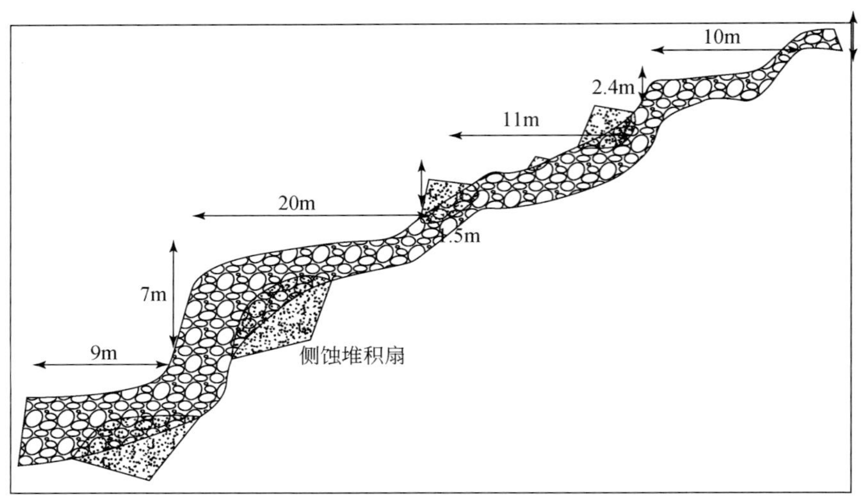

图 3-9　K636 典型冰碛物堵沟台阶剖面及侧蚀堆积扇

从表 3-4 可以看出 K637 汇水面积为 5.16km²，其中高海拔第 1 块区域（海拔 4015m）~第 4 块区域（海拔 3491m）累计汇水面积达到 2.98km²，剩余 15 块区域面积为 2.18km²（仅仅占 42%），其中 K637 第一块区域的最低海拔为 3704m，因为海拔 3400～3900m 为冰川末端渐变带，夏季高温融雪量较大，所以 K637 的汇水面积和水动力条件相对较好，根据调研发现，该沟发生侧蚀掏空或堵沟的概率比 K636 低很多，沟底堆积物颗粒粒径也基本在 30cm 以上。

在地质和雪水动力条件大致相同的情况下，影响泥石流暴发的另一个重要的高差因素是山坡坡度。不同地区具体条件不同，应略有差异，尤其土质状况的不同会使坡度范围有细微区别，作者折中选取 25°～45°坡度范围进行研究。经调查统计研究区内的坡度分级，并对比滑坡型泥石流的发生，25°～45°是研究区沟谷山坡所占比例最高也是最有利于滑坡发育的坡度范围。

冰川泥石流的沟谷，沟岸坡度一般都比较大（表 3-5），根据现场调查大部分沟岸坡度超过 40°，超过 90°的现象主要是土石混合体在堆积过程产生一定的胶结，在后续水石流冲积过程岸坡从流面先垮塌导致。在冰川泥石流发生时，随着侧蚀作用的加剧，掏蚀坡脚沟岸崩滑继续进行，一方面增加松散固体物质，另一方面拓宽泥石流沟，同时泥石流的下蚀作用也很强烈。

表 3-5　天山公路 G217 典型泥石流沟的沟岸坡度

K630	沟岸坡度	K636	沟岸坡度	K637	沟岸坡度
距离路面 300m	67°	距离路面 500m	86°	距离路面 400m	47°
距离路面 600m	68°	距离路面 800m	65°	距离路面 500m	42°
距离路面 900m	78°	距离路面 1200m	97°	距离路面 600m	40°

新疆地广人稀，作为沟通中亚、西亚乃至欧洲的“新丝绸之路”，战略地位越来越突出。但是其山区公路面临着极其复杂的地形、地质、冰川气候和生态环境条件，其沿线公路地质灾害频发。采用传统方式开展调查工作需要耗费大量的人力、物力、财力。本书在“基于遥感技术的公路边坡稳定变形监测应用技术研究”（2014318365110）项目支持下，以新疆地区 G217 和 S226 公路为依托工程，实现基于遥感的山区地质灾害宏观智能识别，提出依托工程区域公路边坡危险性等级分区。应用监测系统对重点边坡的位移、应力应变及含水率等技术参数进行监测与传输，并适时进行预警，实现对高寒山区公路地质灾害的“天-地-空”立体监测。

第二篇　基于遥感的高寒山区公路地质灾害宏观监测与评估

在中亚广大的高寒山区，海拔较高，地形多以高山为主，沟壑纵横，复杂的地质条件使得这些地区的公路面临多种地质灾害（如滑坡、泥石流、崩塌等）的威胁，经常造成公路损毁，阻断交通。山区公路一般多沿河谷展线，往往一处受灾全线瘫痪。频繁而严重的地质灾害不仅对公路造成了极强的破坏作用，给公路维护造成较大的困难，而且直接影响公路的通行能力及行车人员的安全。

公路地质灾害发生后，需要对灾害情况进行快速调查与评估，帮助有关部门快速全面了解灾情，及时、科学地部署应急救灾工作，有效降低灾害的影响。公路灾情信息获取的传统现场调查方法不能满足应急救灾第一时间的需要，而遥感技术具有宏观、快捷、直观、动态的特点，适用于大范围灾害动态监测和调查、灾害发生和发展过程研究以及潜在危险评估。

第4章　高寒山区公路地质灾害遥感监测原理

遥感技术是20世纪60年代发展起来的一门综合性探测技术，是一种不与目标直接接触，从远距离高空乃至外层空间的平台上，利用紫外线、可见光、红外线、微波等探测仪器，通过摄影或扫描方式，对目标的电磁波辐射能量进行感应、接收、传输、处理和分析，从而识别目标物性质与空间关系的现代技术。

地球上任何地物都会吸收、反射、透射和辐射一定波长的电磁波，这种特性称为地物的光谱特性。不同的地物因物质组成、结构和环境等的不同，其物理和化学性质有所不同，对太阳和人工辐射有不同的吸收、反射和透射能力，发射的电磁波波长和频率也存在一定的差异，这种差异是遥感识别地物属性的基础。专业技术人员借助计算机和一定的技术手段（如遥感图像处理分析方法、模型、软件），对遥感图像进行技术处理，从而区分不同物体，并收集目标物的各种信息数据，掌握我们所需的各种信息资料。

公路地质灾害遥感监测与评估遵循上述原理，在灾害发生后，借助遥感平台获取灾区的遥感图像数据，专业技术人员经过对遥感数据进行预处理、灾害信息提取、公路灾情分析、评估制图等技术处理，获得有助于公路灾害应急的辅助决策信息产品。

地质灾害一旦发生便可以形成一系列特殊的地貌特征，遥感图像以其形态、色调、纹理结构等影像特征宏观、真实地显示这些地貌特征。我们可以运用多种图像处理方法，增强和提取这些图像信息，并利用相关的专业知识和实践经验，直接识别灾害体的特征。同时，还可以通过与其他相关地物的特征对比来判断地质灾害的发生和影响。

滑坡是在自然地质作用和人类活动等因素的影响下，斜坡上的岩土体在重力作用下沿着一定的软弱面整体或局部保持岩土体结构而向下滑动的过程和现象及其形成的地貌形态。滑坡对公路的危害巨大，一旦在公路发生滑坡，经常导致整个路基掩埋甚至毁坏。

典型滑坡的基本结构要素包括如图4-1所示的几个部分。在遥感图像上，可通过对典型滑坡的基本要素、滑坡标志的判译以及叠加DEM专题图来识别滑坡。但是，自然界的滑坡大多是不典型的，不同地区、不同岩类和构造、不同斜坡结构、不同发育阶段的滑坡千姿百态，所以并不是自然界的所有滑坡都是可以识别出典型滑坡的基本要素，这在一定程度上增加了解译的难度。就遥感图像解译而言，不能直接获取滑坡的地下部分，直接获取的滑坡特征信息主要包括滑坡体、滑坡后壁和滑坡边界三项地形要素，故把这三项地形要素称为滑坡基本地形（形态）要素。

崩塌是指地质体在重力作用下，从高陡坡突然加速崩落或滚落（跳跃），具有明显的拉断和倾覆现象。崩塌发生时无依附面，常常是突然发生、运动快速。常发生崩塌现象的地段，其纵断面形态多呈现上陡下缓，而且其质点位移矢量垂直方向要比水平方向大得多，崩塌区一般位于55°~75°的陡坡前缘或断崖峭壁，覆盖度极差。崩塌的产生受到自然环境对边坡的影响，如小溪和河流的侵蚀、风化作用；同时人类工程活动也易诱发崩塌，如公路的建设和维护以及地震或其他激烈的振动等。崩塌常掩埋公路，导致公路无法

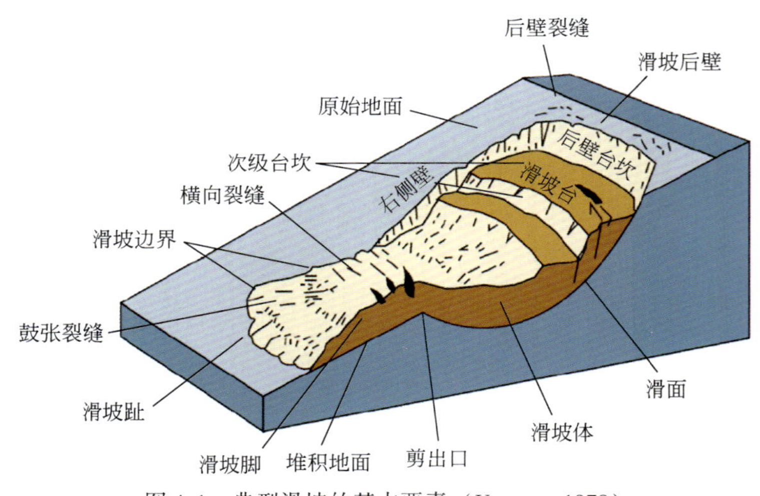

图 4-1　典型滑坡的基本要素（Varnes，1978）

通行。

基于遥感技术的公路地质灾害监测的原理主要是基于地质灾害体在遥感图像上的光谱和纹理特征进行灾害识别，因此研究关注的重点是公路地质灾害在图像上的表现。受灾公路可用对应的遥感图像光谱和几何特征的变化来描述和识别，且公路受灾特征随图像分辨率的不同而不同。

（1）光谱特征。公路地质灾害使公路表面粗糙度或者路面反射特性发生变化，从而导致公路遥感图像光谱特征变化。其具体表现为公路灰度、纹理均一性发生变化，损毁路段与未损毁路段存在明显的差异；路基、路面的物理结构毁坏导致图像灰度降低，而地质灾害（如崩塌）形成的路面堆积往往表现出与周围灾害体相近的光谱特征。

（2）几何特征。公路地质灾害使公路的路基、路面遭到破坏或者被堆积物覆盖，在图像上规则的几何形态发生改变或者消失；损毁和未损毁路段区域相间分布，连续直线型被中断而成为不连续的多条线段，或难见其图像痕迹；对路面断裂的情况，一般只在高分辨率图像上才能识别，公路的几何形状仍可见，但面状区域内部出现断裂线或路面倾斜导致公路边界发生形变。

崩塌体的形态分为上下两部分（图 4-2），上部分岩土体脱离母体留下圈椅状崩塌后壁，下部堆积的乱石堆成锥形（扇形）的崩塌堆积，上下组成纺锤形。崩塌堆积体是上小下大的扇形，结构大小混杂，杂乱无章，但仍能看出扇缘一带堆积的块体较大，中上部块体较小。在遥感图像上，通常可以通过色调和形状等特征识别崩塌后壁和崩塌堆积。崩塌后壁在发生崩塌现象后，部分岩体与母体相脱离，使岩体的新鲜表面裸露，在遥感图像上表现为强反射的浅色调；而崩塌堆积区由于乱石的堆积，则呈现松散的锥形（扇形）堆积状。

泥石流是指在山区或者其他沟谷深壑，地形险峻的地区，因为暴雨、暴雪或其他自然灾害引发的山体滑坡并携带有大量泥沙以及石块的特殊洪流。泥石流具有突然性以及流速快、流量大、物质容量大和破坏力强等特点。泥石流严重地影响着山区场地的安全，是严

图 4-2　典型崩塌图像

重威胁山区居民安全、工程建设和公路交通安全的一类突发性地质灾害。泥石流对公路交通的危害主要发生在我国山区，尤其是西部山区，每年雨季，川藏、川滇、甘川、中尼、川黔、新疆地区等山区公路的阻断多为泥石流、山洪等所致。2015 年 7 月 25 日，受连续高温影响，新疆独库公路山区积雪融化，再加上山区突降暴雨，独库公路 636km 处发生特大泥石流。7 月 27 日，在抢修独库公路过程中，被阻断路段再次发生泥石流，造成路面二次损毁。这次泥石流形成一个巨大的扇形，把 G217 掩盖了约 430m，将 40m 宽的奎屯河河道堵塞了 30m，最高处泥石流达 6m 高，总土方量超过 5 万 m^3，造成双向交通阻断，这是 2012 年独库公路通车以来遭遇的最大泥石流灾害（图 4-3）。

图 4-3　独库公路泥石流（2015 年 7 月 25 日）

泥石流是在特定的地质环境中发生和发展的，泥石流的形成有三个基本条件：丰富的松散固体物质、充分的水源和陡峭的地形，且常由强降雨、地震等原因诱发。泥石流可以按物质成分、物质状态和流域形态等标准来分类，从遥感图像能够反映的泥石流特点来看，一般按流域自然属性将泥石流分为沟谷泥石流和坡面泥石流（何刘等，2014；卢坤林和朱大勇，2014）。沟谷泥石流和坡面泥石流一般都包含形成区、流通区和堆积区三个部分。

1）沟谷泥石流

典型的沟谷泥石流发生在沟谷中（图4-4），一般侵蚀深度较浅，在较小的水动力作用下也容易诱发。其泥石流形成区一般位于流域的上游区段，多为高山环抱的山间盆地（低地），呈漏斗状，形成泥石流的固体物质和水源主要由此区段供给，这里滑坡、崩塌、岩锥等不良地质现象很常见，水土流失严重，山坡极不稳定；泥石流流通区一般位于泥石流沟的中游地段，多为峡谷地形，谷坡急陡；泥石流堆积区是泥石流固体物质停积地段，位于泥石流沟的下游，多呈扇形或锥形，大小石块混杂堆积，地面垄岗起伏，坎坷不平。

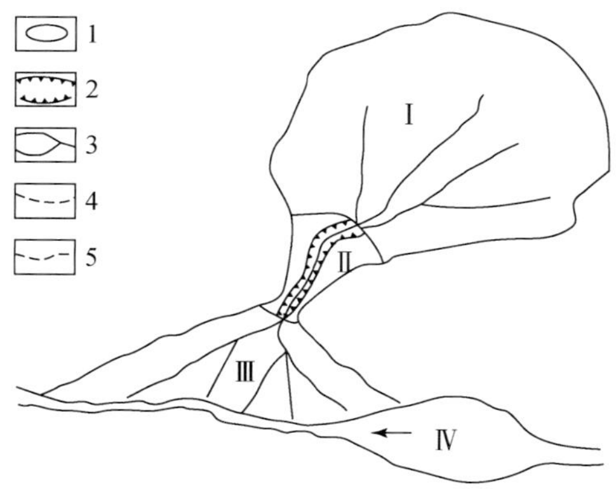

图4-4　沟谷泥石流流域示意图

Ⅰ. 泥石流形成区；Ⅱ. 泥石流流通区；Ⅲ. 泥石流堆积区；Ⅳ. 泥石流堵塞大河而形成的湖

1. 流域界线；2. 分区界线；3. 无水沟床；4. 有水沟床；5. 峡谷

2）坡面泥石流

坡面泥石流一般指发育在尚未形成明显沟谷的山体上的小型或微型泥石流（图4-5）。坡面泥石流通常发生在坡度陡峻（20°～40°），坡面较长，较为平整，坡积层较薄（一般<3m），下

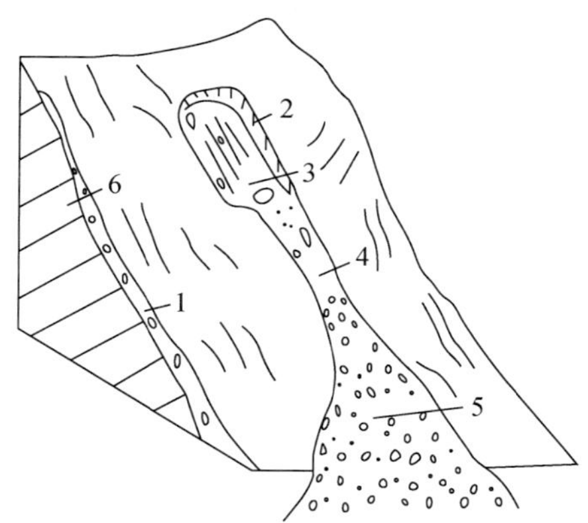

图4-5　坡面泥石流流域示意图

1. 残坡积层；2. 崩塌后壁；3. 崩塌及泥石流形成区；4. 泥石流流通区；5. 泥石流堆积区；6. 基岩

部基岩透水性较差的斜坡上。泥石流形成区发育在斜坡的中、上部，有一定汇水条件的凹形坡面。坡面泥石流规模较小，流域面积一般≤0.4km²，堆积物多为一次性搬运。坡面泥石流较高发，对沿坡公路的威胁一般较大。

从遥感图像上获取泥石流的特征信息主要包括：①空间位置信息，主要发生在沟谷等狭窄地区，且常伴随滑坡和崩塌等地质灾害；②光谱特征信息，泥石流常常存在水体，可能有水体流域边界。典型的沟谷型泥石流在遥感图像上可明显地划分出形成区（物源区）、流通区和堆积区三个区。

G217 沿线的 K636、K637 泥石流均为沟谷型泥石流，其形成区、流通区和堆积区在影像上特征明显，如图 4-6 所示。

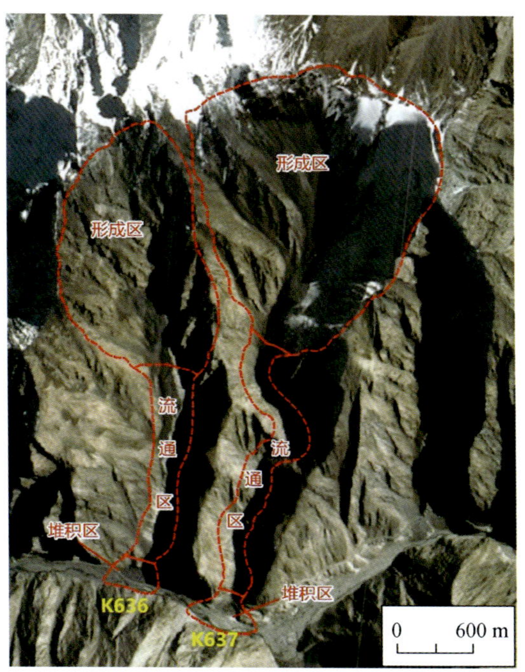

图 4-6　天山独库公路冰川泥石流影像特征

第 5 章　高寒山区公路地质灾害遥感监测方法

5.1　地质灾害遥感监测数据选择

目前国内外可用的遥感数据源类型多样，包括空间分辨率、时间分辨率、光谱分辨率等不同的多种在轨遥感卫星数据以及各种机载航空遥感数据。根据探测能量的波长、探测方式和应用目的可以将遥感数据分为光学遥感数据和雷达遥感数据（赵英时，2003）。由于雷达图像在山区受叠掩现象的干扰，很难用自动识别的方法来判别灾害情况，目前主要采用目视判读的方法。光学遥感数据具有很好的色彩、纹理特征，易于人眼识别和计算机辅助检测，是进行公路灾害监测的最为有效的数据。

5.1.1　遥感图像数据的空间分辨率选择

不同空间分辨率的遥感数据上公路和地质灾害的特征各有差异，而同一等级分辨率的不同光学遥感数据对地物特征的反映具有很大相似性。因此，本书根据空间分辨率的不同将当前常用的卫星遥感数据和航空遥感数据划分为百米级（100～1000m）、十米级（10～100m）、米级（1～10m）、亚米级（0.1～1m）四个等级。对这四个等级分辨率遥感数据在公路地质灾害监测中的适应性进行总结可知（表 5-1），百米级遥感数据仅可用于大区域的地质灾害宏观评估，十米级遥感数据可用于公路路网灾情的宏观分析，而米级和亚米级遥感数据适用于公路灾情的精细识别和监测，且空间分辨率越高，能够识别的灾害规模越小，信息提取量化精度越高。

表 5-1　不同分辨率遥感数据特征及其公路灾害监测适应性对比表

分辨率等级	代表性数据源	空间分辨率/m	幅宽/km	重访周期/d	价格/(元/km^2)	可识别信息	适用范围
百米级	MODIS	250～1000	2330～2800	0.5～1	免费	巨型地质灾害群	大区域的地质灾害宏观评估
十米级	Landsat 系列	15～30	60～185 700（HJ-1）	16～26 4（HJ-1）	免费或<1	大型地质灾害及高级别公路	公路路网灾情的宏观分析，确定重点区域
米级	SPOT-5/6/7	1.5～5	50～80	1～5	0.5～20	公路灾情及范围	大范围的公路灾害监测

续表

分辨率等级	代表性数据源	空间分辨率/m	幅宽/km	重访周期/d	价格/(元/km^2)	可识别信息	适用范围
亚米级	WorldView 系列卫星	0.25～1	10～20 45（GF-2）	1～6	100～330	公路灾情及精确范围	局部重点调查和量化评估
	ASD40、80 航空	0.1～0.6	<10	机动	500～2000（有人机） 200～300（无人机）	公路灾情及精确范围	局部重点调查和量化评估

当然，分辨率越高的遥感图像，其价格也越高，亚米级的遥感图像非常昂贵，同时分辨率越高的遥感图像的幅宽一般也越小，不适合大范围的公路灾害监测。另外，彩色图像更利于对地物的识别和计算机自动化处理，因此，在保证空间分辨率能满足要求的情况下，具有多光谱图像的卫星传感器优越性要远远强于只有全色图像的卫星传感器。综合考虑，对于大范围的公路灾害监测而言，可以在选择比较经济的十米级数据进行路网灾情宏观分析基础上，利用米级遥感数据对公路受灾范围、程度进行具体识别，如需要进行局部重点调查和量化评估，则可以考虑使用亚米级和航空遥感数据。

另外，随着我国国产卫星遥感技术的发展，目前我国已经拥有多颗在轨遥感卫星，能够获得百米级、十米级、米级甚至亚米级的多种空间分辨率遥感数据。数据的时间分辨率和幅宽甚至比国外卫星更有优势，且价格低廉，大部分数据在面向灾害应急应用时可通过协调免费获得。因此在考虑遥感数据空间分辨率适应性的基础上，可以更多地考虑国产卫星数据的使用。

5.1.2　遥感图像数据的光谱波段选择

遥感图像的光谱分辨率是指接收地物反射波谱传感器的波谱范围，也是指成像的波段范围，分得越细，波段越多，光谱分辨率就越高。目前传感器的光谱分辨率可达 5～6nm，对于整个大气窗口而言可分出 400 多个波段，形成超光谱遥感图像。细分光谱可以提高自动区分、识别目标性质和组成成分的能力。

泥石流、滑坡和崩塌等地质灾害信息的提取，如果只依靠全色图像有时并不能达到准确提取的效果，因此，针对不同的情况应该有选择性地采用不同多光谱遥感图像。大多数情况下，研究人员都使用普通的多光谱传感器成像的图像，一般包括 3～8 个波段的图像。遥感图像的每个波段能够反映出地物的不同波谱特性，因此要针对不同的研究主体而选择不同波段或者波段组合。

选用参加组合的波段要考虑以下几方面的因素：①参加合成波段信息量的丰富程度；②是否含有目标地物的特征信息；③色彩的饱和度；④色差的明亮度。其基本思路一般要满足“方差最大，相关性最小”的原则。统计结果表明，图像亮度值的最大值、最小值、均值和方差值在不同图幅和同一图幅的不同波段都有所差异。结合各波段波谱对岩性、植被的反映特征（张佳华和王长耀，2003）、对水体的敏感程度以及地物分辨率，通过计算机对比分析，最终选择波段组合。在获得最佳波段组合的情况下，为满足成果图像在色彩、清晰度、对比度及肉眼感觉等方面的最佳效果，避免因图像反差太大不易调试到满意效果或因之出现部分信息损失等不良情况，应对所选定的最佳波段组合应进行进一步的输出增强处理。

表 5-2 为常用的中高空间分辨率的卫星传感器的光谱分辨率对比，高分辨率的 WorldView 和 EROS-B 都只有黑白的全色图像，没有多光谱信息。因此，这两种数据多用于与其他数据融合来提高分辨率，一般不单独用于灾害信息提取。其他大部分数据都具有蓝、绿、红和近红外 4 个波段，从光谱分辨率的角度来讲，各种数据之间并无太大差距。

表 5-2　各卫星传感器光谱分辨率对比表

卫星类型	蓝/nm	绿/nm	红/nm	红外/nm	其他波段/nm	全色/nm
QuickBird	450 ~ 520	520 ~ 600	630 ~ 690	760 ~ 900	—	450 ~ 900
WorldView-1	—	—	—	—	—	450 ~ 900
WorldView-2	450 ~ 510	510 ~ 580	630 ~ 690	770 ~ 895	400 ~ 450，585 ~ 625，705 ~ 745，860 ~ 1040	450 ~ 800
WorldView-3	450 ~ 510	510 ~ 580	630 ~ 690	770 ~ 895	400 ~ 450，585 ~ 625，705 ~ 745，860 ~ 1040，1195 ~ 1225，1550 ~ 1590，1640 ~ 1680，1710 ~ 1750，2145 ~ 2185，2185 ~ 2225，2235 ~ 2285，2295 ~ 2365	450 ~ 800
IKONOS	450 ~ 530	520 ~ 610	640 ~ 720	770 ~ 880	—	150 ~ 900
FORMOSAT	450 ~ 520	520 ~ 600	630 ~ 690	760 ~ 900	—	450 ~ 900
SPOT-5	—	490 ~ 610	610 ~ 680	780 ~ 890	SWIR1580 ~ 1750	490 ~ 690
SPOT-6/7	455 ~ 525	530 ~ 590	625 ~ 695	760 ~ 890	—	455 ~ 745
ALOS	420 ~ 500	520 ~ 600	610 ~ 690	760 ~ 890	—	520 ~ 770
CBERS-02B	450 ~ 520	520 ~ 590	630 ~ 690	770 ~ 890	510 ~ 730	500 ~ 800
BEIJING-1	—	520 ~ 620	630 ~ 690	760 ~ 900	—	500 ~ 800
EROS-B	—	—	—	—	—	500 ~ 900
Landsat-8	450 ~ 515	525 ~ 600	630 ~ 680	845 ~ 885	433 ~ 453，1560 ~ 1660，2100 ~ 2300	500 ~ 680
GF-1	450 ~ 520	520 ~ 590	630 ~ 690	770 ~ 890	—	450 ~ 900
GF-2	450 ~ 520	520 ~ 590	630 ~ 690	770 ~ 890	—	450 ~ 900

5.1.3　遥感图像数据的时效性要求

公路地质灾害发生后，直接影响公路的通行。在路网可替代性较差的地区，公路地质灾害可能引发严重的堵车。公路地质灾害发生后，交通管理部门通常在第一时间赶赴现场，组织道路的抢通和保通，直接导致灾害现场的扰动，甚至消除。对于引发公路损毁规模较小的灾害，可能 3 天之内就完成道路修复，灾害体也同时被清除，因此遥感数据能够在 1～2 天内获得才对灾害监测有效；对于引发大规模公路损毁的灾害，如道路修复时间较长，则对遥感数据的获取时间可以适度放宽，但为了能够对公路灾害进行及时监测和评估，遥感数据也应该在灾害体被清理之前尽快获取（如 10～15 天之内）。由此可见，公路地质灾害监测对遥感数据的时效性要求很高。除非在重大灾害应急情况下，当前卫星遥感数据获取（卫星拍摄计划申请提交—协调卫星拍摄—数据产品制作—提供给用户）周期较长（通常要 1 个月左右甚至更长），因此，常规的卫星遥感数据获取过程不适用于公路地质灾害监测，这也成为公路灾害遥感监测的最大瓶颈。而机载航空遥感执行灵活，可以适时起飞进行遥感监测，所以当前公路部门利用遥感进行灾害调查或地质勘查主要依靠机载航空遥感。

5.2　公路地质灾害遥感图像预处理

地质灾害遥感数据预处理主要包括辐射纠正、几何纠正（几何粗纠正/几何精纠正）、投影变换、数据融合、图像增强、图像旋转、图像拼接、裁剪与分幅等。对遥感数据进行预处理的目的是尽可能消除图像获取过程中产生的辐射和几何畸变，赋予遥感数据地理坐标信息，提高图像的空间分辨率，实现精细化的遥感信息产品制作，保证最终遥感信息产品的易读、规范、美观等要求。其中，图像的辐射纠正和几何粗纠正等预处理工作通常在数据提供商提供数据时已经完成，其余的预处理工作是用户根据需要由自己来完成的。

对于公路应急而言，在保证遥感信息产品能够提供应急决策所需的必要信息的前提下，应尽可能提高遥感数据处理和信息产品制作的速度。因此，结合具体数据情况，公路灾害应急情况下的遥感数据预处理工作可以精简为几何精纠正和数据融合。

5.2.1　遥感图像几何精纠正

遥感图像在成像时，受成像投影方式、传感器外方位元素变化、传感介质的不均匀、地球曲率、地形起伏、地球旋转等因素的影响，使获得的遥感图像上的地物在几何位置、形状、尺寸、方位等特征上存在一定的几何变形。如果不对遥感图像进行几何纠正处理，则很难判断遥感图像上反映的地物在实际中的具体位置，也无法从图像上准确识别实际地物的信息。几何纠正技术是基于多源空间数据（包括多源遥感图像数据及其他非遥感图像的空间数据）的集成需要，解决图像中的几何变形问题，给图像赋予地理空间坐标信息，以便对图像进行空间定位，是进行遥感图像融合、变化检测处理的前提，是遥感图像开展研究和应用（包括公路灾害遥感监测与评估）的工作基础。

5.2.1.1　遥感图像几何精纠正原理与流程

1. 遥感图像几何精纠正技术原理

几何精纠正是利用已知的精确定位的控制点对遥感图像进行精确的空间位置校正，通过数学模型定量地确定图像上的像元坐标与目标物的地理坐标的对应关系。通常的图像几何精纠正是通过人工选取地面控制点或者直接从控制点数据库中读取控制点信息来进行的。几何精纠正原理如图 5-1 所示。

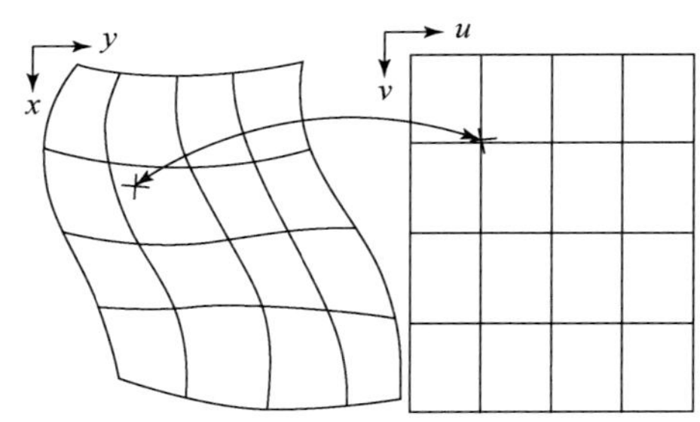

图 5-1　图像几何精纠正示意图

遥感图像几何精纠正过程是从有几何畸变的图像和地面控制点，通过数学模型计算，重新生成无几何畸变的图像，使纠正后的图像能与实际地面对应。因此，几何精纠正主要包括两个环节：一是像元坐标的转换，即将畸变图像坐标转换成标准地图或参考图像的坐标；二是对坐标变换后的像元亮度值进行重采样。

2. 遥感图像几何精纠正技术流程

遥感图像几何精纠正的操作过程主要包括以下几点，第一，选择地面控制点（ground control point，GCP）；第二，选择合适的图像空间变换数学模型，根据地面控制点及对应像元坐标计算变换参数；第三，像元坐标转换；第四，像元灰度值的重采样（图 5-2）。

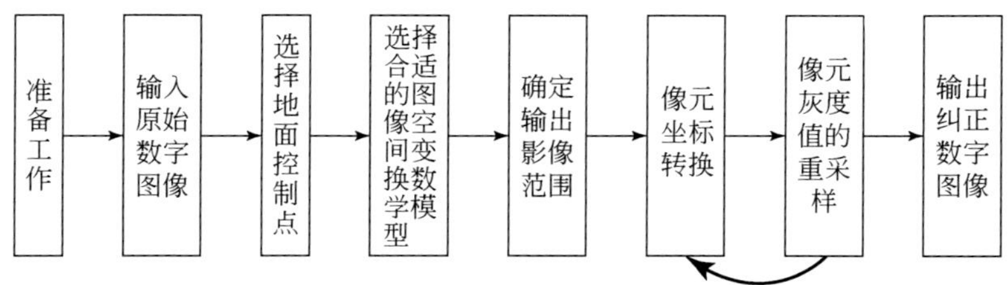

图 5-2　遥感图像几何精纠正处理的技术流程

1）选择地面控制点

地面控制点是求解多项式变换系数的关键要素。它是一个在图像上可以分辨并能在地图上精确定位的地理位置（如道路交叉口、河流交叉处等）。地面控制点的选择需注意如下几点。

（1）控制点数目。控制点数目的最小值按所采用多项式的阶数确定，k 阶多项式控制点的最少数目为（k+1）（k+2）/2。在实际操作过程中，往往选择 20～100 个控制点。

（2）控制点分布。控制点尽可能满幅均匀选取，对于几何变形严重的图像，更强调控制点的均匀分布。另外特征变化大的地区应多选些地面控制点。

（3）选取标志明显，随时间不变化的位置作为控制点。地面控制点在图像上有明显的、清晰的定位识别标志，如道路交叉口、河流交叉处、建筑边界等；地面控制点的地物不随时间而变化，以保证当两幅不同时段的图像或地图几何精纠正时，可以同时识别出来。

（4）在没有做过地形纠正的图像上选取控制点时，应在同一地形高度上进行。

2）选择合适的图像空间变换数学模型

以图像空间变换的数学模型用来模拟畸变图像像元的坐标与参考地图或参考图像坐标的空间位置关系。图像空间变换的模型包括多项式模型和共线方程严格几何纠正模型，前者较为常用。

Ⅰ. 多项式模型

多项式模型通常采用二元 n 次多项式，表达式如下：

$$\begin{cases} x = \sum_{i=0}^{n} \sum_{j=0}^{n-i} a_{ij} X^i Y^j \\ y = \sum_{i=0}^{n} \sum_{j=0}^{n-i} b_{ij} X^i Y^j \end{cases} \tag{5-1}$$

式中，x，y 为变换前图像坐标；X，Y 为变换后图像坐标；a_{ij}，b_{ij}为多项式系数；n=1，2，3，…。

二元 n 次多项式将不同坐标系统下的对应点坐标联系起来，（x，y）和（X，Y）分别对应不同坐标系统中的像元坐标。通过该多项式，可以从一个坐标系统推算出另一个坐标系统中的对应点坐标。

当 n=1，上述的坐标空间变换成为二元一次多项式，可以进行线性的坐标变换，解决比例尺、中心移动、歪斜等方面的几何畸变。当 n≥2，上述的坐标空间变换成为二元非线性多项式，解决遥感器偏航、俯仰、滚动等因素引起的几何畸变。从理论上讲，n 值越大，越能校正复杂的几何畸变，但计算量也相对要大。实际应用中通常取 n≤3。

Ⅱ. 共线方程严格几何纠正模型（正射纠正模型）

共线方程严格几何纠正模型是根据传感器成像特点描述像点和地面点之间的几何关系。该方法纠正过程需要有 DEM 信息，可以改正因地形起伏而引起的投影差。因此，当地形起伏较大，且多项式纠正的精度不能满足要求时，要用共线方程进行纠正，其优点是克服了传统回归模型耗时费力的缺点，缺点是难以获取严格的卫星轨道参数。

通过选取足够多个地面控制点对，根据选择的数学模型，可以计算出空间变换函数中的所有系数。利用式（5-2）计算每个地面控制点的均方根误差（RMSE）。

$$\text{RMSE} = \sqrt{(x'-x)^2+(y'-y)^2} \tag{5-2}$$

式中，x，y 为地面控制点在原始图像中的坐标，x'，y'为对应于相应的数学模型计算出的控制点坐标。计算坐标和原坐标之间的差异表明计算的变换函数不能完全消除原始图像的几何畸变，差值的大小代表了每个控制点的精度。一般来说几何精纠正的误差要控制在 1 个像元大小内，否则需要删除误差最大的 GCP。

3）像元坐标转换

建立原始图像坐标系统与参考图像坐标系统间的变换函数后，则可以通过此变换函数将原始图像中各个像元变换到输出图像的相应位置上。变换方法包括直接校正法和间接校正法（图 5-3）。

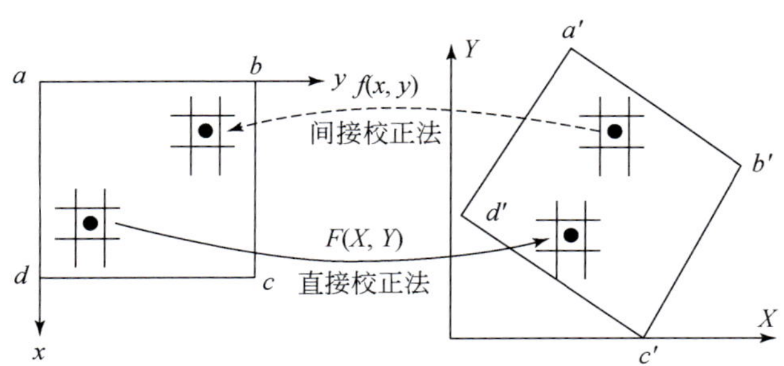

图 5-3　直接校正法和间接校正法示意图

直接校正法（图 5-4）从原始图像出发，按行列的顺序依次对每个像元点求其在输出新图像坐标系统中的正确位置。即

$$\begin{cases} X = f_x(x, y) \\ Y = f_y(x, y) \end{cases} \tag{5-3}$$

式中，f_x，f_y 为直接校正变换函数；x，y 为原始畸变图像像元坐标；X，Y 为输出新图像中对应的坐标。由于几何畸变，经过校正后各校正像元的位置（X，Y）不再按照规则格网排列，必须经过重采样处理，将不规则排列的离散灰度数组变成规则排列的像元灰度数组。

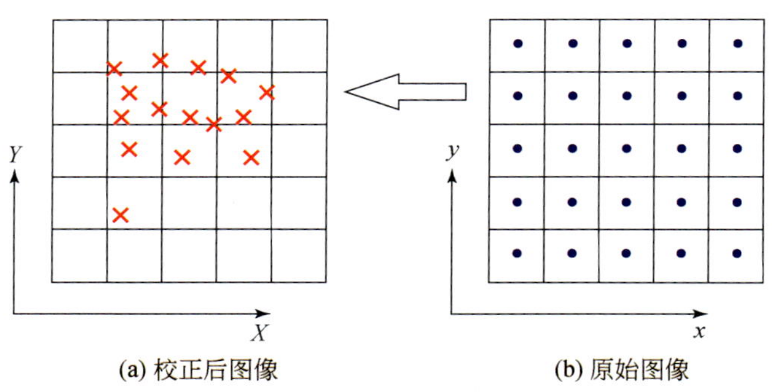

图 5-4　图像灰度值重采样示意图

间接校正法从空白的校正图像出发，按行列的顺序依次对每个校正像元点反求其在原始图像坐标系统中的位置。即

$$\begin{cases} x = F_x(X, Y) \\ y = F_y(X, Y) \end{cases} \tag{5-4}$$

式中，F_x，F_y 为间接校正变换函数；x，y 为原始畸变图像像元坐标；X，Y 为输出新图像中对应的坐标。将空白（X，Y）处通过变换函数映射至原始图像相应位置，并将原始图像对应位置处（x，y）的灰度值填回至空白图像。但计算出的（x，y）不一定正好处于原始图像的某个像元上，因此也必须经过灰度值重采样处理来确定（x，y）位置的灰度值。

4）像元灰度值的重采样

经过图像像元坐标的空间变换，得到对应于实际地面或无几何畸变的图像坐标，图像上每个像元都有了无几何畸变的坐标值。随后给每个像元赋亮度值。重新定位后的像元在原图像中分布是不均匀的，即输出图像像元点在输入图像中的行列号不是或不全是整数关系，因此，需要根据输出图像上的各像元在输入图像上的位置，对原始图像按一定规则重新采样，进行亮度值的插值计算，建立新的图像矩阵。常用数学上的内插法作为重采样方法计算出校正后像元位置的亮度值，形成无几何畸变的遥感数据。内插法包括最邻近内插法、双向线性内插法和三次卷积内插法等（表 5-3）。

表 5-3　图像重采样三种内插方法优缺点比较

内插方法	优点	缺点
最邻近内插法	（1）不引入新的像元值，适合分类前使用；（2）不丢失很有价值的光谱信息，有利区分植被类型、地质边界，确定水质指标等；（3）计算简单，速度快	（1）改变像元值的几何连续性，有明显的锯齿状，原图中某些线状特征会被扭曲或变粗成块状；（2）从较大的栅格重采样到较小栅格时会出现阶梯状斜线，可能会丢失或重复一些数值；（3）用于线形专题图（如道路、水系）可能引起线状网络数据断开或出现裂隙
双向线性内插法	（1）灰度值较为连续，图像平滑，无台阶现象；线状特征的块状化现象减少；（2）空间位置精度更高	（1）像元被平均，损失部分高频信息，使图像略微模糊，有低频卷积滤波效果，边缘被平滑，不利于边缘检测；（2）计算量较大
三次卷积内插法	（1）高频信息损失少，可将噪声平滑；（2）输出影像的均值和标准差接近于原始数据	计算时间长

最邻近内插法将与待求像元的四个邻近像元中最近的像元灰度值赋给待求像元，如图 5-5 所示。即

$$D_p = D_n \tag{5-5}$$

其中

$$\begin{cases} x_n = \text{INT}\ (x_p + 0.5) \\ y_n = \text{INT}\ (y_p + 0.5) \end{cases}$$

式中，D_p 为像元 p 的灰度值；D_n 为像元 p 的四个邻近像元中最近的像元 n 的灰度值；INT 为取整数部分；x_p、y_p 分别为像元 p 的 x、y 坐标；x_n、y_n 分别为像元 n 的 x、y 坐标。

双向线性内插法是对最邻近法的一种改进，即用线性内插法，将与待求像元的四个邻近像元的灰度值在行和列两个方向上作线性内插。通常根据待求像元与邻近的四个像元的距离权重计算出亮度值，并赋给待求像元，方法和原理如图 5-6 和图 5-7 所示。双向线性

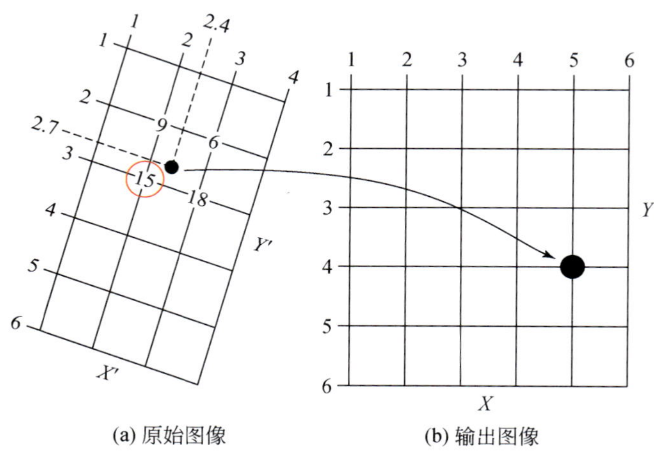

(a) 原始图像　　(b) 输出图像

图 5-5　最邻近内插法重采样示意图

内插法公式为

$$g_{x'y'} = \frac{p_1 g_1 + p_2 g_2 + p_3 g_3 + p_4 g_4}{p_1 + p_2 + p_3 + p_4} = \frac{\sum_{i=1}^{4} p_i g_i}{\sum_{i=1}^{4} p_i} \tag{5-6}$$

式中，$g_{x'y'}$为输出像元灰度值；g_i 为邻近点 i 的灰度值；p_i为邻近点对投影点的权重（$p_i = 1/d_i$，d_i 为邻近点到投影点的距离）。

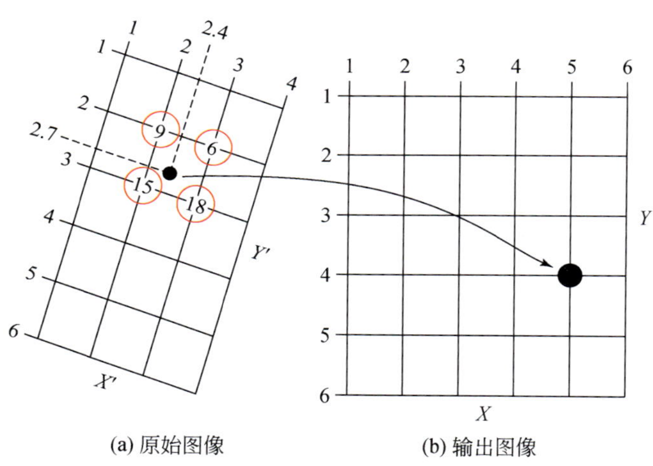

(a) 原始图像　　(b) 输出图像

图 5-6　双向线性内插法重采样示意图

三次卷积内插法使用内插点周围的 16 个观测点的像元值，用三次卷积函数进行加权对所求像元值进行内插（图 5-8）。该方法计算量大，但对图像的细微结构保持较好，内插效果最好，精度最高，是公路应急遥感监测和评估首选的遥感图像重采样方法。三次卷积内插法公式为

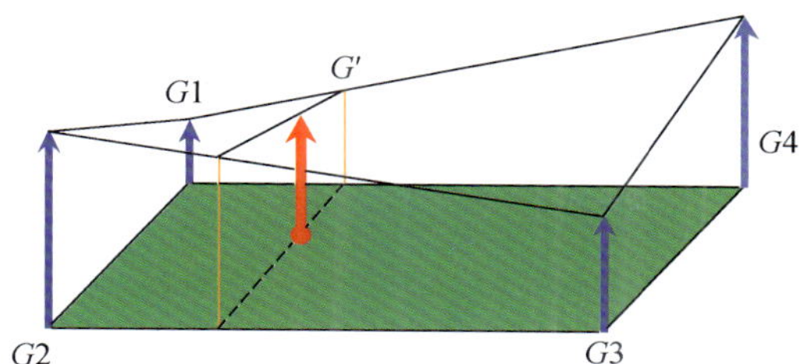

图 5-7　双向线性内插法重采样原理

G′为待求像元，G1、G2、G3、G4 为 G′的四个邻近像元，G′的灰度值为 G1、G2、G3、G4 的灰度值在行和列两个方向上作线性内插得到

$$g_{x'y'} = \frac{\sum_{i=1}^{16} P_i g_i}{\sum_{i=1}^{16} p_i} \tag{5-7}$$

式中，$g_{x'y'}$ 为输出像元灰度值；g_i 为邻近点 i 的灰度值；p_i 为邻近点对投影点的权重（$p_i = 1/d_i$，d_i 为邻近点到投影点的距离）。

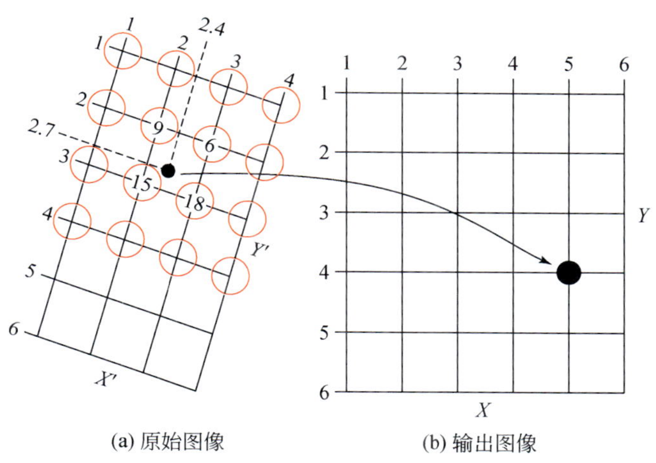

图 5-8　三次卷积内插法重采样示意图

5.2.1.2　公路地质灾害遥感图像几何精纠正方法

公路地质灾害遥感图像几何精纠正根据所利用的数据及方法，可以分为基于矢量数据控制点的遥感图像几何纠正、基于栅格图像的遥感图像快速配准和基于特征点图像库的遥感图像自动配准方法。

1）基于矢量数据控制点的遥感图像几何纠正

基于矢量数据控制点的遥感图像几何纠正就是利用公路网等矢量数据对待纠正的遥感图像进行几何精纠正处理。

首先，预先从道路网等矢量数据中选取明显的特征点（如道路交叉点、转弯点、桥梁端点等）作为控制要素，利用这些特征点的空间坐标与属性，将控制点及其对应的矢量点，预先建立控制点库，以新的图层存储起来；其次，在拿到新的待纠正遥感图像（经过粗校正）后，根据待纠正图像（经过粗纠正）的空间信息，利用待纠正图像元数据经纬度信息查找同范围的控制点图层文件；再次，进行对控制点人工筛选与位置修正；最后，确定图像空间转换模型，利用该模型进行图像插值与变换，实现对原始图像的快速几何精纠正，得到图像纠正结果。其技术流程和纠正效果分别如图 5-9 和图 5-10 所示。

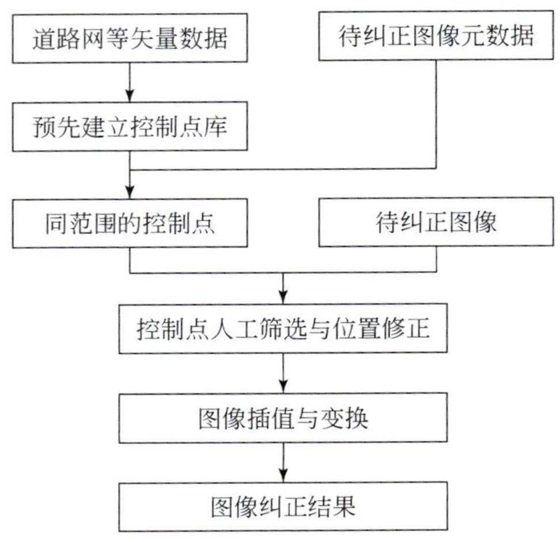

图 5-9　道路网矢量快速纠正图像的流程图

(a) 纠正前影像和矢量控制点叠加

(b) 纠正后影像

图 5-10　基于矢量的栅格影像几何精纠正效果

2）基于栅格图像的遥感图像快速配准

遥感图像配准是将不同时间、不同波段、不同遥感器系统所获得的同一地区的遥感图像（数据），经几何变换使同名像点在位置上和方位上完全叠合的操作。遥感图像配准和几何精纠正相比，几何精纠正主要是针对数据本身的错误，是为了给数据本身加上真实对应的几何坐标信息，是对数据本身真实性的还原；而图像配准是相对于一个参考图像而言，将一个图像配准到参考图像，是图像与图像之间的一种几何关系变换。实质上，图像配准的原理与几何精纠正的原理基本相同，是将不同图像在几何上互相匹配，使图像间具有统一的地理坐标。当图像配准中的参考图像为经过高精度几何纠正的遥感图像时，基于该参考图像对待配准图像进行的图像配准同时，也是对待配准图像的几何精纠正。

遥感图像配准的技术原理是以图像或空间属性（如位置和地理坐标）为基准，通过几何精纠正为新获取的遥感图像建立统一、准确的空间地理参考，并使之能与公路网矢量数据进行准确叠加，便于公路灾情分析和评估。

参考图像和待配准图像上的对应点及其周围区域具有相同或者相似的灰度，因此可以灰度相似为基础采用相似度函数，寻找一组最优的几何变换参数使得相似度函数最大，从而实现图像的配准。匹配点的自动搜索是该技术的关键，首先从参考栅格图像中提取目标区作为配准模板，然后用该模板在待配准栅格影像中进行配准模板滑动，通过相似性度量（如相关系数法、差的平方和法、差的绝对值法、协方差法）来寻找最佳匹配点，最后通过控制点人工筛选和图像插值与变换达到配准效果。其方法流程如图 5-11 所示。

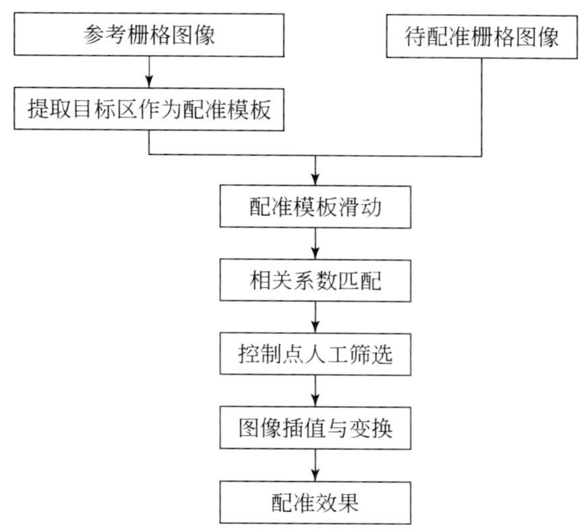

图 5-11　基于栅格图像的遥感图像快速配准流程图

以 2016 年 3 月 24 日 G217 天山公路沿线的国产 GF-2 全色图像为基准，对同时拍摄的 GF-2 多光谱图像利用该方法进行快速配准的具体实现过程如图 5-12 所示。

3）基于特征点图像库的遥感图像自动配准方法

基于特征点图像库的遥感图像自动配准方法是一种基于尺度不变特征变换（scale invariant feature transform，SIFT）算法的多源大幅遥感图像自动配准技术方法，关键技术在于自动确定同名控制点对。SIFT 算法是一种图像特征匹配算法。图像特征匹配是通过提取特征点、线或面，然后采用一组参数对特征作描述，利用参数进行特征匹配。SIFT 特征对于图像尺度、旋转、亮度和视点都具有不变性，能使单独一个特征从很大的特征数据库中被高概率正确地匹配出来，减小了由遮挡、混乱或噪声所造成的错误概率。

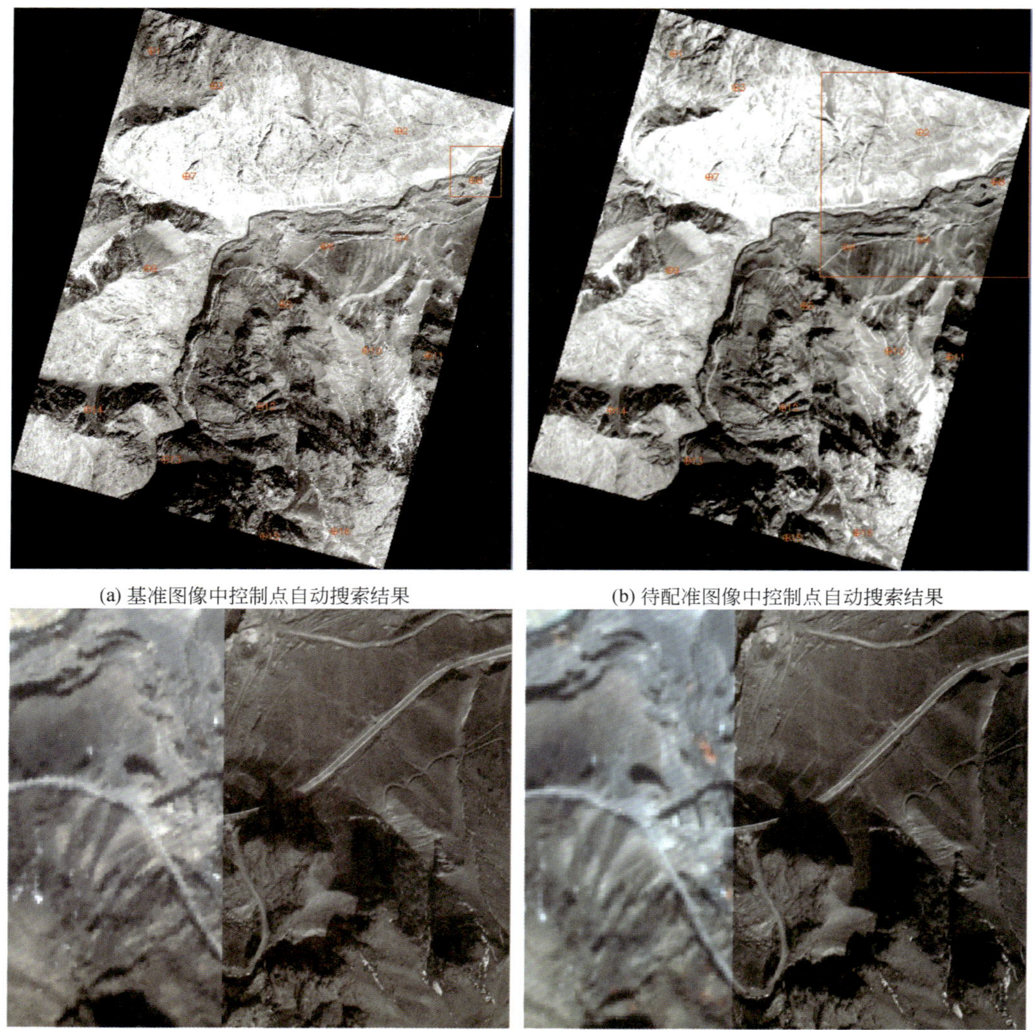

(a) 基准图像中控制点自动搜索结果　(b) 待配准图像中控制点自动搜索结果

(c) 图像配准前（卷帘显示）　(d) 图像配准后（卷帘显示）

图 5-12　基于栅格图像数据的高寒山区公路遥感图像配准示例

其技术流程一般为以下步骤。首先，设计并建立特征点图像库。一个有效控制点包含属性数据和图像数据两类数据，属性数据存储该控制点的各种属性，图像数据存储控制点实体图像数据，该数据用于后续匹配工作。从经过高精度几何纠正的遥感图像中选取道路交叉点和拐点、人工建筑物（如房屋、桥梁、机场等）的角点、山脊线拐点等特征点的属性与图像，预先建立特征点图像库。其次，针对待配准图像一般带有几何粗纠正信息的特点，采用地理坐标粗定位特征点图像查找所在区域。再次对符合条件的特征点图像及特征点图像待搜索区域裁剪，将裁剪出的待搜索区域图像块采用 SIFT 配准精确定位控制点位置；考虑图像各部分变形不一致的特点，对已找到的控制点对，分块进行迭代最小二乘法拟合，去除错误控制点。最后，采用多项式纠正模型完成配准图像，技术流程如图 5-13 所示。

该方法针对地面特征明显、相对特征点图像库中特征影像变化不大的大面积数据、高

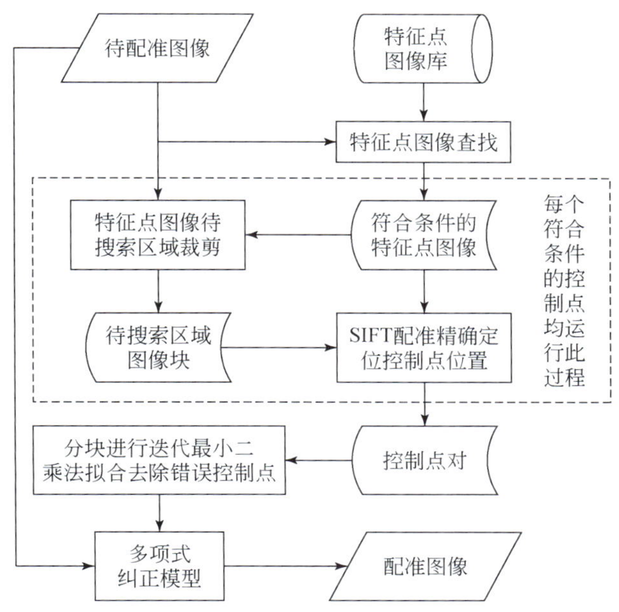

图 5-13　基于特征点图像库的遥感图像自动配准技术流程图

分辨率遥感图像自动配准具有精度高、稳定性好、实用性强的特点。图 5-14 为基于特征点图像库的遥感图像自动寻找控制点示例，图中左侧红色框内的小图为特征点图像库中存储的特征点图像，右侧为待配准图像，通过 SIFT 算法可以自动完成控制点（绿色线连接的两点）的选择。

图 5-14　基于特征点图像库的高寒山区（天山公路）遥感图像自动寻找控制点

5.2.1.3 遥感图像几何精纠正精度要求

无论是基于矢量数据控制点，还是基于栅格图像或基于特征点图像库的遥感图像几何精纠正，必须控制其纠正精度。对平原地区，一般纠正后的图像误差控制在 3 ~ 4 个像元；但对山区，其误差允许范围更大一些，一般在 5 ~ 6 个像元。而且由于公路的线性特征，对应控制点的选取相对困难，因此在几何纠正时可以适当放宽 1 ~ 2 个像元。

5.2.2 遥感图像数据融合

遥感图像数据融合处理的目的是提高遥感图像数据的可应用性和对地物的识别能力。其基本原理是利用不同传感器获取的同一地区的不同空间分辨率的遥感图像，采用一定的数学方法将各图像的优点或互补性有机结合起来，产生出能够反映更丰富空间信息的新合成图像。

5.2.2.1 遥感图像数据融合方法

遥感数据融合方法分为基于像素级的融合、基于特征级的融合、基于决策级的融合，融合的水平依次从低到高。三种融合方法的算法都很成熟，但相比较而言，基于像素级的融合方法因信息损失小、精度高，更有利于公路灾害的遥感解译分析。常用的基于像素级的遥感数据融合方法有如下几种。

1）IHS-RGB 变换融合

IHS–RGB 变换融合即色度空间中的变换融合，是遥感数据融合经典的方法，已成功地用于 MSS 和 HBV、TM 和 SPOT PAN、SPOT XS 和 SPOT PAN 等遥感数据的融合。变换过程如图 5-15 所示。这种方法首先使待融合图像空间配准，并将多光谱图像重采样到高空间分辨率图像；其次将多光谱数据变换到 IHS 空间，得到色别 H、明度 I 和饱和度 S 三个分量；再次将高空间分辨率图像进行对比度拉伸，使之与 I 分量有相同的均值和方差；最后用拉伸后的高空间分辨率图像代替 I 分量，把它同 H、S 经 IHS 逆变换得到高分辨率融合图像。这种方法的缺点是计算效率低。另一种改进的方法就是直接在低分辨率图像的 R、G、B 成分上加一个修正量。这两种方法的本质是一样的，但是后一种方法的计算效率有较大提高。IHS 变换方法的特点是高频信息丰富，但光谱信息有损失。RGB 到 IHS 的变换有多种，不过只有细微的差异。

2）主分量变换（PCA）融合

PCA 在数学上也称为 K–L 变换，是在传统特征基础上进行的一种多维正交线性变换。基于 PCA 的图像融合算法的最大优点是可以融合任意数目的波段。算法是首先将多光谱图像和全色图像进行图像配准，对 N 个波段的低分辨率多光谱图像进行 PCA，将单个波段的高分辨率全色图像进行灰度拉伸，使其灰度值的均值与方差和 PCA 第一分量图像一致；然后以拉伸过的高分辨率全色图像代替第一分量图像，经过逆 PCA 得到融合图像。融合图像不仅包含源图像的高空间分辨率和高光谱分辨率特征，而且还保留了源图像的高频信息。使得融合图像的目标细节特征更清晰，光谱信息更丰富。方法流程如图 5-16 所示。

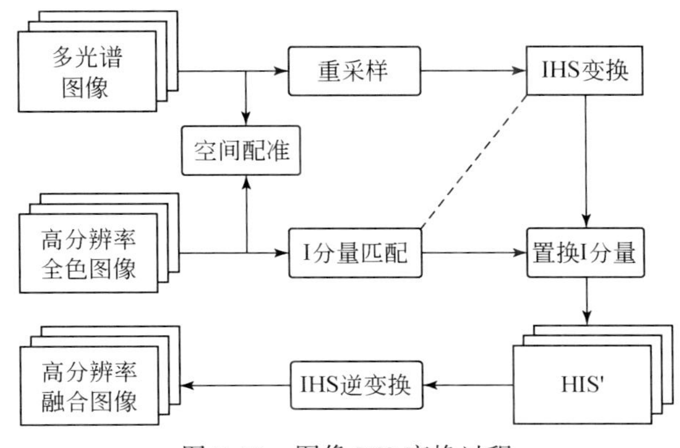

图 5-15 图像 IHS 变换过程

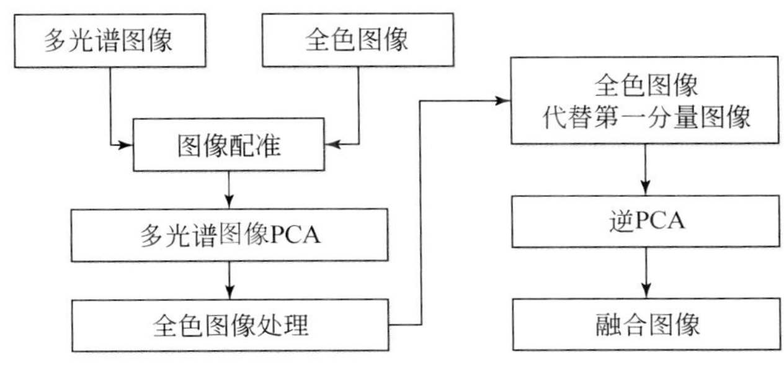

图 5-16 主成分分析融合法流程

3）Brovey 变换融合

该变换又称颜色归一变换，是为 RGB 图像显示进行多光谱波段颜色归一，将高分辨全色与各自相乘完成融合，一次只能完成 3 个波段的融合，是一种以空间信息获取为主的融合方法。Brovey 变换如下：

$$B_j=[I_j/(I_r+I_g+I_b)]\times I_h \tag{5-8}$$

式中，B_j表示融合后的波段数值（$j=1,\ 2,\ 3$）；I_r、I_g、I_b分别表示多波段图像中的红、绿、蓝波段数值；I_j表示 I_r、I_g、I_b之一；I_h表示高分辨率遥感图像。

4）小波变换融合

小波变换具有多分辨率的特点，可以有效地将特征明显的图像和分辨率高的图像融合在一起，与人眼的视网膜图像在不同频带上分别以不同算子进行处理的原理近似。小波变换将源图像分别分解到一系列频率通道中，利用分解后的树结构，对不同分解层、不同频带分别进行融合处理，可有效地将来自不同图像的细节融合在一起。小波变换是对实际信号的时频局部化，其时频局部化是与频率高低密切相关的，在频率高的区域，时间局部化程度也高，这就是小波的变尺度特性。形象地说，小波变换具有变、聚焦的“镜头”，对高频部分，它具有“显微”能力。通常是应用小波变换进行多分辨率分析，对高分辨率图像抽取其高频部分代表图像的细节，再将其引入到低分辨率的多光谱影像中。具体流程图如图 5-17 所示。

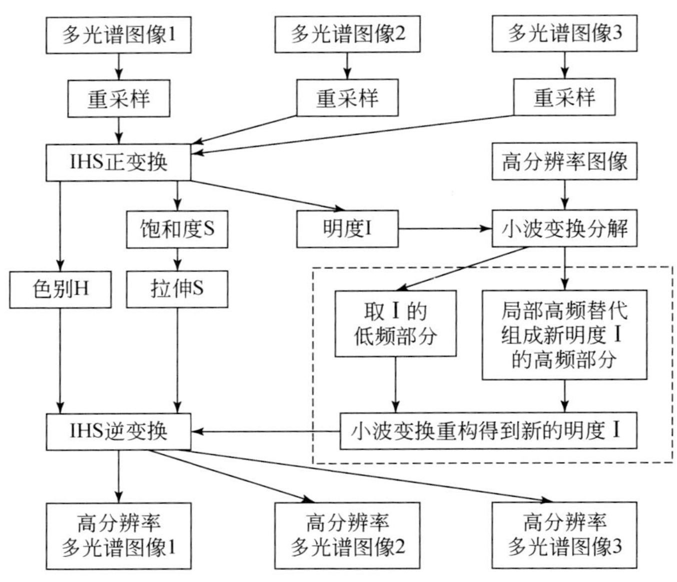

图 5-17　小波变换数据融合法流程图

5）高通滤波（HPF）融合

首先采用一个较小的空间高通滤波器对高空间分辨率图像滤波，滤波得到的结果保留了与空间信息有关的高频信息，滤掉了绝大部分光谱信息。因此，高通滤波法的结果按像素加到各多光谱图像数据中，经过这种处理就把高分辨率图像的空间信息同高光谱分辨率图像的光谱信息融合。

HPF 处理过程定义如下，对于两景配准的 $M\times N$ 大小的图像，设低分辨率图像为 L，高分辨率图像为 H，高通滤波方法首先将 H 解析为高频和低频部分，然后将该高频部分和低分辨率图像进行融合，得到融合重构的图像 F，高通滤波方法可以通过下式实现：

$$F(i,j)=L(i,j)+K_{ij}\cdot HP[H(i,j)] \tag{5-9}$$

式中，$F(i, j)$ 为 (i, j) 位置上的融合值；$L(i, j)$，$H(i, j)$ 分别为低分辨率和高分辨率图像上 (i, j) 同名位置上的像素值；K_{ij}为空间变换的加权函数；$HP(\cdot)$ 为高通滤波器。图像边缘等细节特征都是由高频信号表示，因此高通滤波器方向可以增强低分辨率图像的边缘特征，其中 K_{ij}表示增强的程度。

5.2.2.2　遥感图像融合方法比较和选择

遥感图像传感器特征各异，融合处理方法众多，各种算法融合图像都将高分辨率图像的空间信息和多光谱图像的光谱信息有机结合。各图像融合方法优缺点比较见表 5-4。

表 5-4　各种融合方法的比较

融合方法	优点	缺点
IHS-RGB 变换融合	纹理改善，空间保持较好	光谱信息损失较大；低分辨率图像需要是三个波段
PCA 融合	光谱特征保持好，光谱特征扭曲程度小	第一分量信息高度集中，色调发生较大变化；低分辨率图像需要是三个或三个以上波段
Brovey 变换融合	光谱信息保持较好	低分辨率图像需要是三个波段
小波变换融合	可以提取图像的近似部分和细节部分，且具有很好的灵活性；低分辨率图像无波段数限制	会损失较小物体的频谱信息
HPF 融合	边缘细节特征清晰；光谱扭曲度小于 IHS-RGB 变换图像融合	低分辨率图像需要是三个或三个以上波段

面对如此多的图像融合方法，选择何种方法更适合公路地质灾害遥感监测与评估的需求成为关键。图像融合方法的选择与应用领域、对融合结果的具体要求、进行融合的影像特点等许多因素有关，必须根据具体情况进行分析。表 5-5 为经研究试验后各融合方法的适用范围。

表 5-5　各种融合方法的适用范围

融合方法	适用范围	
	适用的图像	适用的信息提取
IHS-RGB 变换融合	已成功应用于 MSS 和 HBV、SPOT PAN 和 SPOT XS、SPOTPAN 和 TM 等的融合	（1）空间分辨率和清晰度比源多光谱图像有了相当大地提高，且较大程度上保留了多光谱图像的光谱特征，使得判读和测量能力都有很大提高，有利于改善判读、分类和图像测图精度，适用于灾害信息自动提取； （2）适用于城区的资源调查和视觉分析，微信息的提取与解译
PCA 融合	适用范围较广，常常被一些商业遥感软件所采用	（1）光谱特征保持好，光谱特征扭曲程度小，可以改进目视判读的效果、提高分类制图的精度，适用于公路灾害信息的目视判读； （2）融合后图像中线状地物更加突出，便于公路等线状地物的提取； （3）由于光谱信息的变化，融合图像不能用于地物识别和反演工作
Brovey 变换融合	适用于 SPOT 全色与其多光谱图像、SPOT 全色与 TM 多光谱图像的融合	（1）光谱信息保持较好，对于山地、水体、植被一类地物表现非常明显，适用于灾害区与非灾害区的区分； （2）各地物的边缘和轮廓清晰可见，有助于提取植被、地物边界、纹理和地面形迹等信息，适用于灾害区域范围提取； （3）在动态监测中，以卫星图像制图为目的的融合，采用该变换，融合影像比较逼真
小波变换融合	适用于融合高分辨率全色图像和低分辨率多光谱图像、光学和 SAR 图像等	（1）可以最大程度上综合各种光谱和空间信息，有利于运用遥感资料对各种地物特征的目视解译和其他的定性与定量分析； （2）可以提取图像的近似部分和细节部分，且具有很好的灵活性； （3）融合结果更适用于植被研究，如灾害前后植被的变化
HPF 融合	适用于 SPOT 全色与其多光谱图像等的融合	融合图像中地物的轮廓更加明显，许多细小的纹理比原图更加清晰可辨，原本在多光谱图像上很模糊的地物，经过融合也可以分辨出来，便于图像分类、解译等后续处理

对于图像融合结果是否较好地保留了原始图像的数据，除了目视效果外，还可进行定量比较，常用的参数有熵（平均信息量）、光谱扭曲度、光谱/空间相关系数等。在实际使用中，对融合结果的评价主要是从融合图像与源图像相比信息量是否增加，以及融合图像与源图像之间的差异是否足够小这两方面来考虑。

公路灾害一般覆盖地面相对较小，主要是利用形态特征来识别研究，所需的图像资料应具有较高的空间分辨率，并在可见光和近红外波段有较高的光谱分辨率。在公路灾害遥感监测中，根据需要采用几种融合方法的组合来处理问题，如进行 SPOT 图像与 TM 图像的融合时，采用 HIS+小波分解的图像融合方法，可以改进 HIS 变换导致的多光谱图像色彩强度的变换，又可以弥补基于小波变换的融合方法中总是损失较小物体的频谱信息。

遥感图像的数据融合处理前首先要经过遥感图像的几何纠正、大气订正、辐射校正及空间配准等预处理，然后才能进行图像信息融合变换处理，具体流程如图 5-18 所示。G217 天山公路沿线 GF-2 卫星图像融合前后图像效果对比如图 5-19 所示，融合结果图像更有利于图像上公路及其灾害信息的解译和提取。

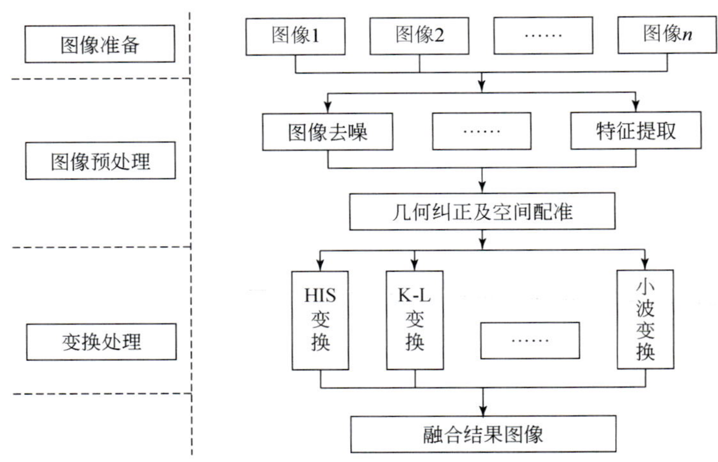

图 5-18　遥感数据融合处理一般流程

(a) GF-2多光谱图像

(b) GF-2全色图像

(c) GF-2多光谱图像与全色图像融合后的图像

图 5-19　天山遥感数据融合前后效果图

5.3　山区公路地质灾害信息遥感宏观解译——以 G217 和 S226 为例

公路交通运输是国民经济发展和人民生活的重要保障，尤其是在山区，公路是与外界联系的重要通道。通常情况下，山区地质条件复杂，崩塌、滑坡、泥石流等地质灾害频发，给公路造成极大破坏，及时、准确、全面地了解灾区公路的损毁情况是交通应急指挥决策的重要依据。公路地质灾害信息遥感检测的目的是从遥感图像中提取出对公路造成影响的灾害信息，其根本原理就是对遥感图像进行信息分类。遥感图像信息分类是将图像的所有像元按其性质划分为若干个类别的过程，方法主要有目视解译和遥感图像计算机解译两类。

5.3.1　G217 目视解译方法

目视解译又称目视判读，或目视判译，它指专业人员通过直接观察或借助辅助判读仪器在遥感图像上获取特定目标地物信息的过程。人工目视解译是遥感地质灾害信息提取研究中最基本的判别方法，尤其是面对发育复杂的地质灾害，计算机自动解译通常难以满足精度要求，目视解译则是必不可少的信息提取手段。目视解译要求解译人员在充分掌握工作区区域地质资料的情况下，结合地物目标在遥感图像上的光谱特征、空间特征、时相特征以及地物目标之间的相互关系，运用地学相关规律，经推理、对照、分析来识别地质灾害体。

1）常用的目视解译方法

（1）直接判读法：使用的直接判读标志有颜色（色调）、形状、图案、纹理、大小、位置、高度、阴影、组合关系、变化等。

（2）对比分析法：同类地物对比分析、空间对比分析、时相动态对比法。

（3）信息复合法：利用透明专题图或透明地形图与遥感图像复合，根据专题图或者地形图提供的多种辅助信息，识别遥感图像上目标地物的方法。

（4）综合推理法：综合考虑遥感图像多种解译特征，结合生活常识，分析、推断某种目标地物的方法。

（5）地理相关分析法：根据地理环境中各种地理要素之间的相互依存、相互制约的关系，借助专业知识，分析推断某种地理要素性质、类型、状况与分布的方法。

2）遥感图像目视解译的工作步骤

（1）目视解译准备工作阶段：判读员培训、资料搜集，了解图像的来源、性质和质量。

（2）初步解译与判读区的野外考察：初步建立目视解译标志，为全面解译奠定基础；通过野外考察填写各种地物的判读标志登记表，以作为建立地区性的判读标志的依据。在此基础上，制定出图像判读的专题分类系统，建立遥感图像解译标志，示例如图 5-20 所示。

(a) 山区公路

(b) 泥石流

(c) 建筑物

图 5-20　独库公路 G217 遥感图像解译标志图（示例）

（3）室内详细判读：根据解译标志，在遥感图像解译出专题信息（图 5-21）。

（4）野外验证与补判：野外验证专题解译中图斑的内容是否正确；检验解译标志，对室内判读中遗留的疑难问题的再次解译。

3）地质灾害遥感图像判读标志

判读标志（interpretation keys）是能够把地物遥感图像与客观世界中对应的地物紧密地联系起来，而且能够使该类型地物与其他类型地物在遥感图像上区分开来的一个图像特定集合（林青等，2013）。判读标志的建立是目视解译过程中一个关键的环节，直接决定了解译结果的准确性。在总结判读标志时，需要权衡通用性和适用性之间存在的矛盾，越是能够在某种特定情况下反映准确判读依据的知识，一般越不具有广泛适用性；反之，从大多数遥感图像上总结的目标判读标志，在实际应用中往往缺乏判读的针对性和参考性。由于传感器的差异，图像获取时间的不同，灾害在不同区域的特点不同等，山区公路的地质灾害图像判读标志往往存在较大差异。

判读标志随着灾害本身的不同、遥感图像的差异、处理方法的变化而变化，而且专家在总结和描述典型公路地质灾害的遥感图像判读标志中所权衡通用性及适用性的“度”也

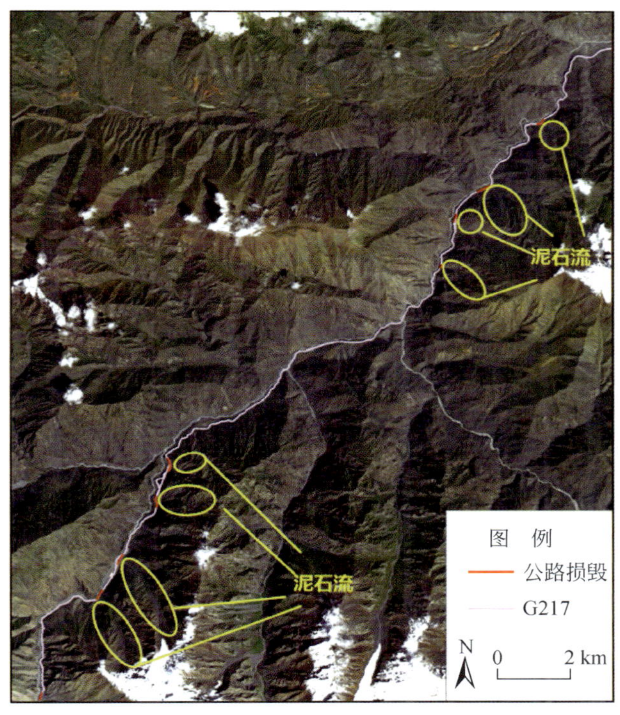

图 5-21　独库公路 G217 目视解译的结果图示例

有所不同，判读标志呈现多样化的特点。尽管如此，目视解译过程中所用到的判读标志是基本统一的，包括了颜色（色调）、形状、图案、纹理、大小、位置、高度、阴影、组合关系、变化以及其他特征。本书列出了中高分辨率真彩色合成遥感图像上几种典型的地质灾害及其造成的公路损毁的判读标志，具体见表 5-6（任玉环等，2013a）。

表 5-6　典型地质灾害及公路损毁遥感图像判读标志

	崩塌	滑坡	泥石流	完好/损毁公路
颜色（色调）	呈深灰色、灰白色或黄褐色，新的崩塌色调浅，老的色调深	较均匀的灰白色，滑坡体的边缘常由于含水性的增强而色调相对较暗	形成区植被不发育，色调浅灰–灰白色；流通区沟槽弯曲段常见灰白色的堆积物；堆积区色调浅灰–灰白色	完好公路：色调均一，一般偏暗，灰褐色。 损毁公路：均一色调被大块的灰白色图斑打破
形状	呈现为块状、细长的扇形或线状等不规则斑块。崩塌体后缘发育有直线形或弧形的陡峭山崖与绝壁，壁顶常见一组或几组节理平面上呈锯齿状	形状不一，最典型的是滑坡体与后壁、两侧壁构成圈椅状地形，其他如舌形、弧形、椭圆形、长椅形、倒梨形、牛角形、平行四边形、菱形、树叶形、叠瓦形、马蹄形、匙形、铲形、不规则形等也很普遍	形成区多呈勺状、漏斗状、瓢状、椭圆状等三面环山；流通区沟槽宽窄曲直不一，多呈平形状、树枝状的游荡性河段或干沟；堆积区常呈扇状地形。轮廓清晰但不固定	完好公路：连续的宽度基本一致的条带状。 损毁公路：连续的条带形状被大块不规则图斑破坏，完好与损毁路段相间分布，形成多条孤立、相互不连接的路段

续表

	崩塌	滑坡	泥石流	完好/损毁公路
纹理	总体图像纹理粗糙。陡崖的下方多有粗细间杂的粗糙感或呈花斑状的锥形纹理	滑坡堆积体表面纹理粗糙，呈颗粒状；滑坡后壁平滑细腻	均匀分布的颗粒状、斑点状纹理。纹理结构粗糙的是粗砾堆积物，细腻的是细砾堆积物，沟槽顺直段具冲刷图像特征，缺少堆积物。高分辨率图像上略显流动纹理	完好公路：平滑细腻，有规律的图像影纹结构。 损毁公路：粗糙，杂乱
阴影	无明显阴影特征	无明显阴影特征	无明显阴影特征	无
大小	规模不一	面积一般较大	规模不一	根据道路等级的不同，宽度10～70m，长度远大于宽度
图案	多呈“片帮式”沿陡壁连续分布，有的在壁脚形成大小不等、杂乱无章的图像，结构粗糙的堆积裙坡。崩塌轮廓线明显	滑坡体后壁发育有弧形异常图像，包括陡坎、地形变异线、色调异常线等；前缘边坡向谷地凸出，常有地形微突起及小型崩滑堆积图像	—	完好公路：通常整体构成蛇状图案，有两条平行的边线。 损毁公路：图案形状被破坏，一条或两条边线改变或消失
位置	多分布在沟谷、河流、铁路、公路等陡峭边坡地段	多分布在沟谷、河流等有一定滑动条件的陡峭边坡的局部凹陷地段，或河道偏移异常部位	一般发生在高山峡谷区及其出口部位，沿沟谷分布	损毁路段多分布在沟谷中、河流旁等陡峭边坡地段的公路上
组合关系	不生长植被	两边有滑坡沟，两沟之间有前缘，前缘不是河就是洼地。滑体周围应有两条大的冲沟，呈双沟同源之势	源头常发育密集的细沟、切沟，常见崩塌、滑坡现象。泥石流沟谷下游地段是大河宽谷或山麓平原	一般损毁路段附近有崩塌、滑坡或泥石流等地质灾害发生
变化	灾害发生前后，地表覆盖类型有明显差异。植被量减少，其整体性被破坏，呈杂乱分布状	灾害发生前后，地表覆盖类型有明显差异。植被量减少，其整体性被破坏，呈杂乱分布状	灾害发生前后，地表覆盖类型有明显差异。植被量减少，其整体性被破坏，呈杂乱分布状	—
其他特征	大型崩塌区的崩塌物可以堵塞河谷，迫使河道改道；较小的崩塌呈线状，有时多个崩塌发生在同一个坡面上，形成崩塌群	滑坡体岩层产状与周围岩层产状不连续。 滑坡体上植被稀疏或无植被生长，呈灰色或灰白色，与周围植被的绿色形成明显的反差	进入主河河谷，可以改变河流方向和河谷形态，迫使河流在此发生明显的拐弯，沿扇形地边缘通过	—
常用判读标志	色调、纹理、图案、位置等	色调、形状等	色调、形状、位置	色调、形状、纹理等

4）遥感图像目视解译的优缺点分析

利用目视解译方法识别公路地质灾害，充分利用了判读者的知识、经验，比计算机的判断更为准确，提取灾害信息的精确度较高，是遥感图像解译最基本的方法，也是当前灾害监测与灾情粗评估的主要方法。其缺点是对判读者的综合能力要求很高，必须是有经验的专家；其效率低，速度慢，当数据量很大时就很费时费力，很难满足公路灾害应急决策的时效性要求。为了提高遥感图像的解译精度，常常使其与计算机解译相结合进行遥感解译。

5.3.2 G217 遥感图像计算机解译法

遥感图像计算机解译又称遥感图像理解，它以遥感数字图像为研究对象，在计算机系统支持下，综合运用地学分析、遥感图像处理、地理信息系统、模式识别与人工智能技术，实现地学专题信息的智能化获取。其基本目标是将人工目视解译遥感图像发展为计算机支持下的遥感图像理解。公路地质灾害遥感图像计算机解译的方法主要包括遥感自动分类方法和遥感数字变化检测方法。

1. 遥感自动分类方法

遥感自动分类方法是遥感图像信息提取比较成熟的技术，其技术原理也很复杂，本书对此部分内容不做深入研究，也不对各方法的技术原理展开阐述，仅指出各种分类方法的适用情况。

遥感自动分类方法包括监督分类和非监督分类两大类方法，通过这些方法可以实现对遥感图像上不同地物的类别划分，如公路与其他地物的类别划分、灾害信息与非灾害信息的类别划分等。对于不同的图像和不同的分类目标，最佳的图像分类方法可能不同，可以通过试验比较进行优选。

1）监督分类

监督分类是通过目视解译和野外验证，在对一幅图像里的地物类型有一定的了解和掌握的基础上，选择每一类的若干样本进行样本的统计与训练，同时与其他类别进行判别，把与这些训练样本具有相似性质的像元归为一类。这种目视解译与计算机自动分类相结合的方式在一定程度上减少了受人工干扰的因素，并且提高了地质灾害信息提取的效率。监督分类的具体计算方法包括二进制编码法、平行六面体法、最小距离法、马氏距离法、最大似然法、波谱角（SAM）法、支持向量机（SVM）法（图 5-22）和神经网络法等。研究表明，最大似然法与支持向量机法的精度相对其他方法要高，是目前应用最广泛的监督分类算法。

2）非监督分类

非监督分类是在没有先验类别（训练区）作为样本的条件下，即事先不知道类别特征的情况下，仅依靠图像上不同类地物光谱信息（或纹理信息）进行特征提取，再统计特征的差别来达到分类的目的，最后对已分出的各个类别的实际属性进行确认的方法。非监督分类主要采用聚类分析方法，即把一组像素按照相似性归成若干类别，其目的是使得属于同一类别的像素之间的距离尽可能的小，而不同类别上像素间的距离尽可能的大。其常用

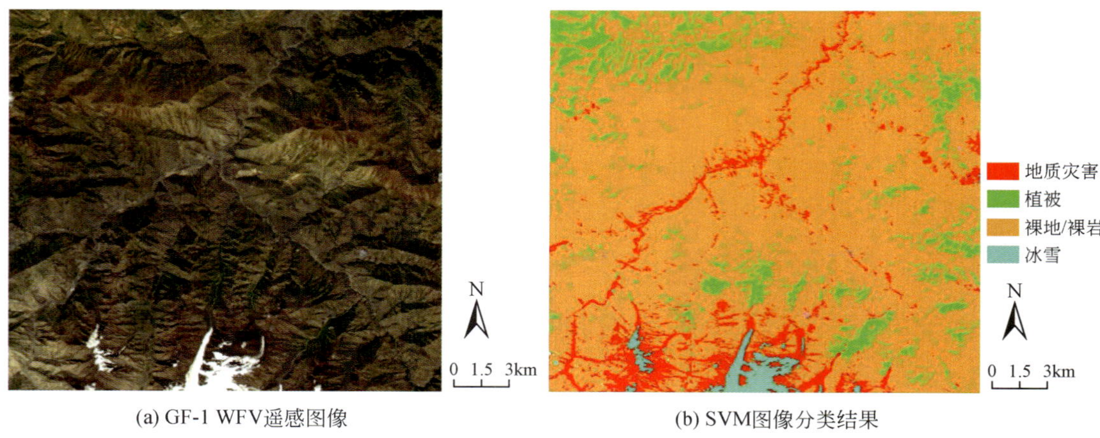

(a) GF-1 WFV遥感图像　　(b) SVM图像分类结果

图 5-22　基于 SVM 监督分类的灾害识别——以天山公路冰川泥石流为例

算法有多级集群法（K-Means 法）、动态聚类法（ISODATA 法等）。相比较监督分类，非监督分类的自动化程度更高，但由于混合像元的存在，只是对图像进行了初步的信息提取，分类精度往往要低于监督分类。

3）各种图像分类方法的适用情形

图像分类主要解决公路与其他地物的类别划分、灾害信息与非灾害信息的类别划分等。各种分类方法主要适用的情形如下几点。

（1）波谱角法针对高光谱图像比较有效；

（2）支持向量机法对公路的提取比较有效；

（3）神经网络法比较复杂，在对公路两侧地物进行详细分类时可以考虑用该方法；

（4）非监督分类为仅在知道分类类别数目的情况下进行的无监督学习方法，对于公路灾害信息提取效果不佳，但可用于公路与其他地物的类别划分。

2. 遥感数字变化检测方法

针对地质灾害的发生具有突发性、动态性等特点，利用多时相遥感图像进行目标信息的变化检测，往往可以得到较好的效果。所谓变化检测就是针对同一地区不同时相的图像进行差异分析，定量分析和判断地表变化的特征信息。公路地质灾害发生前后遥感图像上的地物通常会发生较大的变化，因此可以采用遥感数字变化检测的方法来实现公路地质灾害信息的检测。遥感数字变化检测方法是公路地质灾害信息检测的一种重要方法，大体归结为以下三类。

一是简单的图像代数运算。通过不同时期的单波段图像相减或比值运算来获得变化。该方法运算简单，但受大气变化影响较大。

二是分类。通过对不同时期的图像独立分类，然后对分类结果进行相减运算，产生变化矩阵，从而实现变化的比较分析，如植被的变化研究、城区人工地物的变化检测、土地利用/土地覆盖变化分析等。这一方法可以直接给出有关地物性质的信息，受图像匹配和时域标准化结果的影响小，但所使用的分类器对变化检测结果的影响很大。

三是图像显示技术。对于多光谱图像，如果两期图像未发生变化，则将 t_1 时相图像的红波段与绿波段放入红与绿通道，将 t_2 时相图像的蓝波段放入蓝通道，假彩色合成的结果与原先的结果一致或者接近；否则假彩色合成的结果将出现明显的异常，通过目视判读可检测出变化。这种方法的结果对变化的视觉表达效果较好，但缺乏定量的描述。

与目视判读相比，数字变化检测可以节省费用、减少人力的投入、提高效率，而且通过变化检测可以识别变化的面积和趋势、测量变化的范围和大小、评价变化所带来的影响、减轻或预防变化将产生的危害等。

5.3.3　公路 S226 灾害图像特征及地质解译

新疆 S226 线富蕴—可可托海公路工程 K27+140—K49+500 段是穿越阿勒泰山脉南部山区的复杂地质路段，该段地势险峻，山高沟深，不良地质现象十分发育。因此应用高分辨率遥感图像（如 QuickBird 卫星遥感图像）对该路段沿线进行不良地质现象分析解译，能为勘察设计提供遥感信息技术方面的依据。

1）遥感数据及图像处理

为了准确、深入解译路区不良地质信息，选择收集了遥感数据分辨率达 2m 以上的 QuickBird 数据，并应用计算机数据信息处理技术，对路线带图像进行了信息增强和色调饱和度、对比度及色彩平衡处理，使地形、地貌和地物细节更加清晰，形成了本区高分辨率的遥感图像成果，可输出 1∶10000 较大比例尺的地质解译成果图。

2）地质解译方法

利用已有区域地质资料，将区域地质图与图像配准复合，对应建立图像的地质解译标志，以目视解译为基本方法，经过初步解译—多人相互解译—最终审查定稿，将解译结果绘到 1∶10000 图像上，加注各项不良地质及相关内容，最后编制成工程地质遥感解译图。

3）地质解译的主要内容

路线带主要地层、岩体、断裂及存在的泥石流、滑坡、崩塌等不良地质现象。解译比例尺为 1∶10000，编制路线带 A3 幅面遥感地质解译图，并编制路线区的全景大图，可以从宏观上观察、分析路线所处的位置特征。

（1）K27+140—K27+450 为第四系冲洪积扇沉积区，微丘阶地地貌，地形平缓，主要为冲洪积砂、砾、碎石土及砂质黏土沉积，工程地质环境较好。

（2）K27+450—K30+100 为低山峡谷-水库边岸地貌，河谷为水库淹没，边岸为冲洪积砂石土沉积，两侧山体为下泥盆统变质岩系，主要岩性为混合岩、片麻岩、角闪斜长片岩，夹变质火山岩，局部有花岗岩分布（图 5-23）。

在 K28—K29+600 段，路线紧邻陡坡带，坡面破碎，易产生崩塌、碎石滑落，坡面冲沟有小型泥石流（坡面泥石流），在坡脚有大量滑落及泥石流堆积的舌状体，应注意设防。在路线北侧面临水库的地带，要注意水体变化对路基的侵蚀影响。

（3）K30+100—K34+100 为低山峡谷地貌，河谷十分弯曲、狭窄，地形比较复杂，两侧山体为下泥盆统变质岩系，主要岩性为混合岩、片麻岩、角闪斜长片岩，夹变质火山岩，河谷河床及阶地为第四系冲洪积砂石土沉积（图 5-24）。

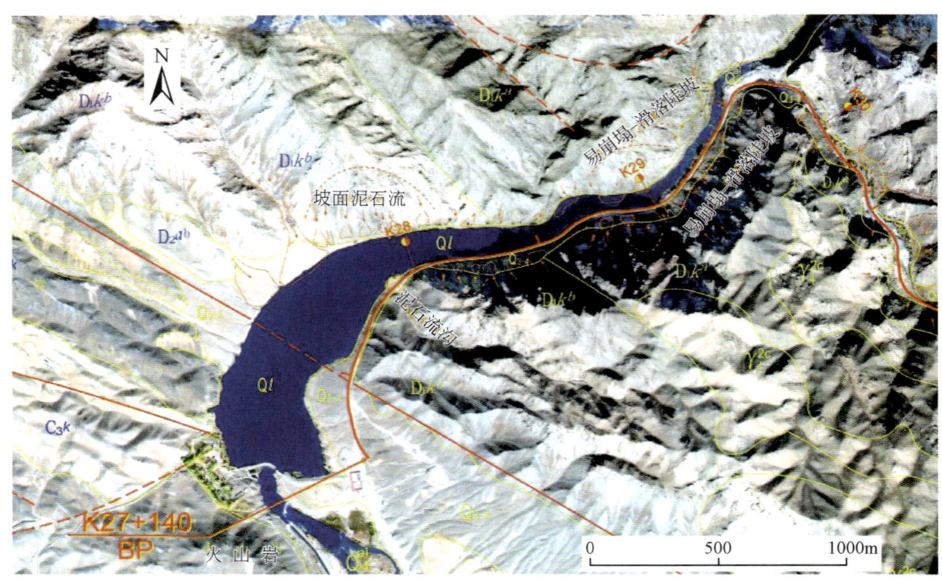

图 5-23　K27+140—K30 路线遥感图像不良地质解译图

图 5-24　K30—K35 路线遥感图像不良地质解译图

该段峡谷不良地质现象比较多，主要为陡边坡风化碎石滑落、坡面泥石流等，其中在K30+800—K31+200 北岸为古滑坡，但滑体已被剥蚀，残留体已不具滑坡危害，只有坡面泥石流会对公路有一定影响。在 K32+000、K32+500、K33+300、K33+700 等段，路线位于易产生崩塌、碎石滑落的陡坡带，坡面冲沟有小型泥石流（坡面泥石流），在坡脚有大量滑落及泥石流堆积的舌状体，应注意设防。

（4）K34+100—K35+400 为峡谷—滑坡—陡坡段，该段峡谷两侧有三处较大型古滑坡，其中边坡的两处（K34+100—K34+600、K34+900—K35+350）滑坡体已经剥蚀殆尽，仅保留弧形滑背的形态，已不具备滑坡危害，只是弧形滑面较陡，坡面泥石流发育，易产生滑落碎石。需要注意的是 K344+100—K34+600 滑坡，滑体比较清楚，滑体前缘坡面较陡，坡面破碎，碎石易滑落，该滑坡目前处于稳定状态，开挖易进一步滑动。路线设计在滑坡前缘，对路线有影响。

（5）K35+400—K42+700 为低山峡谷地貌，河谷弯曲、狭窄，地形比较复杂。两侧山体为下泥盆统变质岩系，主要岩性为片麻岩、角闪斜长片岩，夹变质火山岩、混合岩，局部为花岗岩。河谷河床及阶地为第四系冲洪积砂石土沉积（图 5-25）。

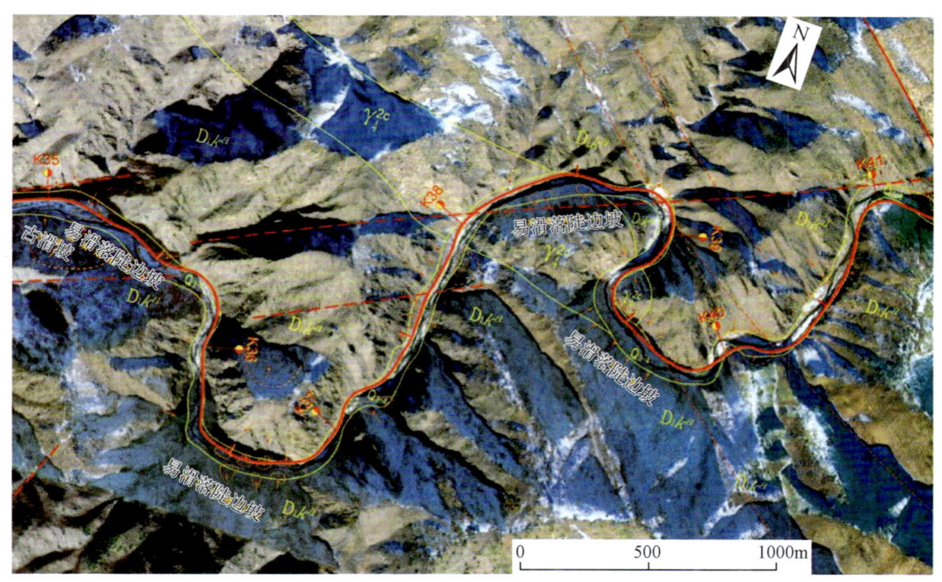

图 5-25　K35—K41 路线遥感图像不良地质解译图

该段峡谷不良地质现象也比较多，主要为陡边坡风化碎石滑落、坡面泥石流等，其中在 K35+700—K38+200、K39—K40+900 段，路线沿北岸陡边坡布设，坡面破碎，有大量滑落及小型坡面泥石流发育，需要注意设防。

通过现场调研后，该区域道路两侧的地质条件差异比较大（一侧为崩塌，另一侧为堆积滑体），河道较窄且在春季融雪河水容易改道，可能引发堆积滑体失稳。

（6）K42+700—K47 为低山-丘陵地貌，河谷逐渐变宽，两侧山坡较缓。山体基岩为下泥盆统混合岩变质岩系，主要岩性为条带状混合岩、片麻岩、角闪斜长片岩，夹变质火山岩，河谷河床及阶地为第四系冲洪积砂石土沉积（图 5-26、图 5-27）。

该段河谷不良地质现象很少，仅局部边坡、沟谷有小型的泥石流堆积，总体工程地质环境较好。

（7）K47—K49 为低山-丘陵地貌，河谷较宽，两侧山坡较缓。山体基岩为中泥盆统变质岩系，主要岩性为角闪绿泥斜长片岩、变粒岩夹大理岩、片麻岩。

该段河床比较平缓，形成曲流河及沼泽湿地，发育一定的淤泥质沉积，需要加强地基处理（图 5-28）。

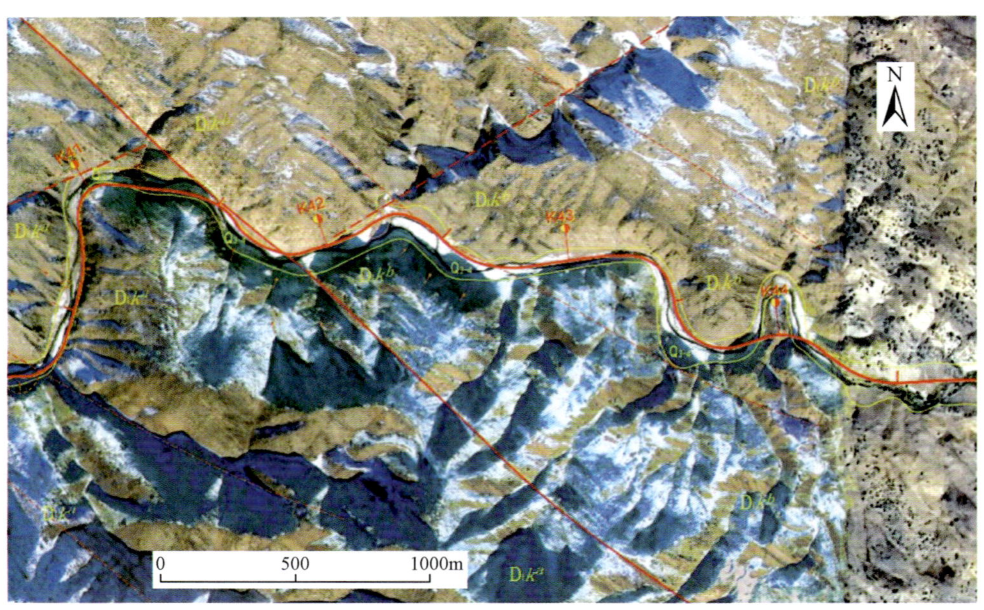

图 5-26　K41—K44+500 路线遥感图像不良地质解译图

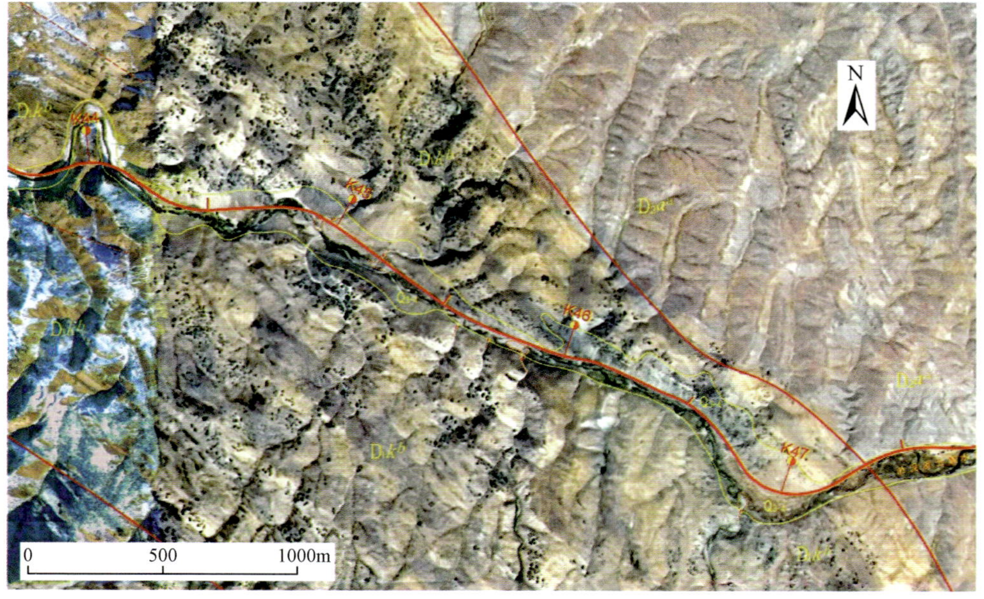

图 5-27　K44—K47 路线遥感图像不良地质解译图

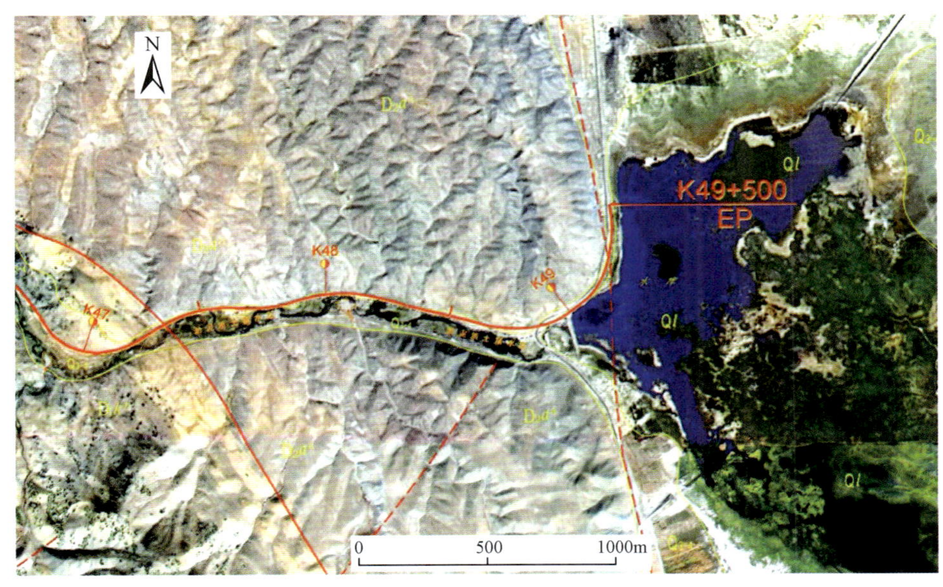

图 5-28　K47—K49+500 路线遥感图像不良地质解译图

(8) K49—K49+500 为水库边岸地带，需要预防水体对路基的侵害。

因此不同的地物因物质组成、结构和环境等的不同，使得其具有不同的光谱特性，这是基于遥感识别地物属性的基本原理。除了光谱特征之外，地质灾害还具有一系列特殊的地貌特征，在遥感图像表现为形态、纹理结构等空间特征。地质灾害在遥感图像上特有的光谱特征和空间特征等是基于遥感的公路地质灾害监测的基础。

5.4　山区公路地质灾害信息遥感监测实用方法

目视解译和遥感图像计算机解译是公路地质灾害遥感监测的一般方法，在实际应用中需根据灾害体特点、数据获取情况等选择合适的方法。作者通过公路地质灾害应急监测工作实践，总结了一套对公路地质灾害信息遥感检测与评估有针对性的实用方法，便于地质灾害发生后信息的快速获取。

5.4.1　路网灾情粗略预判与评估分析

为了快速、全面、宏观地了解重大灾害发生后公路可能的损毁情况，需要在灾害发生后迅速获取覆盖大范围灾区的遥感数据。事实上，对“5 · 12”地震这样大范围的灾区而言，灾后在 1 天内获取到全范围的能识别到公路灾害的高空间分辨率卫星遥感图像数据几乎是不现实的。因此，需要研究探索一种能够基于中低分辨率遥感数据快速进行大范围灾区路网灾情粗略预判的技术。

考虑对灾区进行大范围快速覆盖的需求，需要选择幅宽大、时间分辨率高的卫星遥感数据，通常能满足这一要求的遥感数据空间分辨率都比较低。尽管低分辨的遥感数据无法识别地面的公路，但其可以反映地面植被的大面积变化。重大地质灾害除造成公路、房屋等的损毁外，通常也会造成地表植被的破坏，而灾害的这种破坏程度与灾害的强度紧密相关，因此可以根据植被的变化粗略判别灾害的发生区域。结合地质灾害发生的地质构造、地形地貌等条件，可以进一步对判别结果进行修正。因此，利用这一原理，借助中、低分辨率卫星遥感数据可以反映地表植被变化的特点，可以粗略预判地面灾害的严重程度，通过与路网叠加，可以粗略估测路网灾害的严重程度。

具体来讲，对于山区公路来说，灾害发生前的周围环境一般植被覆盖良好，当发生滑坡、泥石流、崩塌等灾害后，山石泥土沿斜坡面冲下，造成沿途植被的大面积破坏，这就直接导致了归一化植被指数（NDVI）的敏感变化，因此可以采用基于 NDVI 和坡度信息等综合指标的变化检测方法（Zhang et al.，2010）进行灾害环境背景信息的提取。通过 NDVI 差值影像能很好地反映出植被覆盖的变化情况，而坡度地形条件则是滑坡、泥石流、崩塌发育的控制性条件，坡度较大易诱发滑坡、崩塌。因此结合 NDVI 差值阈值和坡度阈值进行变化检测，可以实现灾害源区域范围的提取。其技术流程如图 5-29 所示。

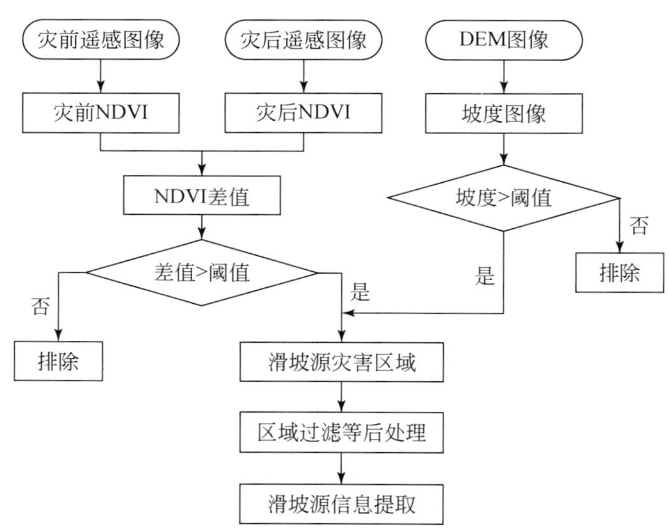

图 5-29　灾害环境背景变化检测法——滑坡源

另外，在灾害源周围区域，虽然其坡度未达到阈值，但其 NDVI 差值达到了阈值，则可认为该区域为灾害体堆积区。因此，通过对灾害源周围一定距离范围内的 NDVI 差值的搜索，可以检测出灾害体堆积区。通过提取灾害源与灾害体堆积区，两者合起来就是灾害的影响区域范围。

针对路网灾情粗略预判与评估分析，目前可用的中低分辨率遥感数据如 MODIS（250m）、Landsat 系列卫星（30m）、北京一号（多光谱 32m）、环境减灾卫星（30m）等数据都具有应用的可能性。

利用灾前和灾后的中、低分辨率卫星图像，对灾害发生前后的地表植被指数进行变化检测，结合地形等环境背景信息，能够实现路网灾情粗略预判与评估分析，其具体结果为全路网可能的灾害分布专题图，以及主要干线的可能灾情分析判断结果（如非常严重、较严重、一般、无灾情等粗略分级），为确定地质灾害对公路造成的可能影响范围奠定基础。

5.4.2　路线灾情详查与评估分析

具体路线的灾情详查与评估分析主要是利用高分辨率的遥感数据（空间分辨率 1 ~ 5m），对公路沿线进行灾害准确判识（包括目视判读或图像变化检测等方法进行灾害信息提取），通过统计分析、空间量算、叠加分析等技术评估分析具体公路沿线的详细灾情（如某一路径的损毁总长度、灾害范围、类型、空间分布、位置、灾害体体积等），为公路应急指挥人员提供辅助决策信息。根据灾害发生前后遥感数据的可能获得情况，路线灾情详查技术可分为基于灾害前后图像的公路灾害信息快速检测技术和基于灾后图像的公路灾害信息快速检测技术。

5.4.2.1　基于灾害前后图像的公路灾害信息快速检测技术

在同时获得灾前近期遥感图像和灾后遥感图像数据的情况下，可以根据灾害发生前后两期图像的变化分析，检测出图像中的灾害区域。

1）公路和地质灾害图像光谱特征分析

遥感是根据电磁波不同光谱波段对同一地物具有特定的反射和吸收能力，而不同地物对同一电磁波波段具有不同的反射和吸收特性的原理进行成像和信息分析的。为了从遥感图像的复杂背景中区分出公路与灾害区域，需要对图像上不同的地物进行光谱特征分析。本书通过选取公路与地质灾害样本，利用 IKONOS、ALOS、FORMORSAT-2、SPOT-5 等多光谱图像分别进行了公路与灾害区域的图像光谱特征分析，具体如图 5-30 ~ 图 5-33 所示。

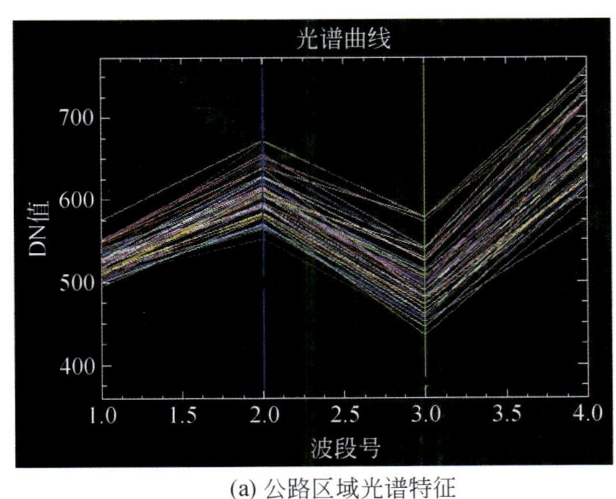

(a) 公路区域光谱特征

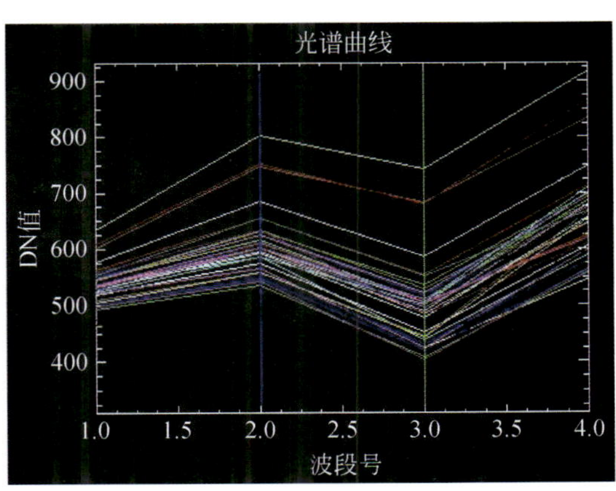

(b) 地质灾害区域光谱特征

图 5-30　IKONOS 图像公路与灾害区域的光谱特征曲线

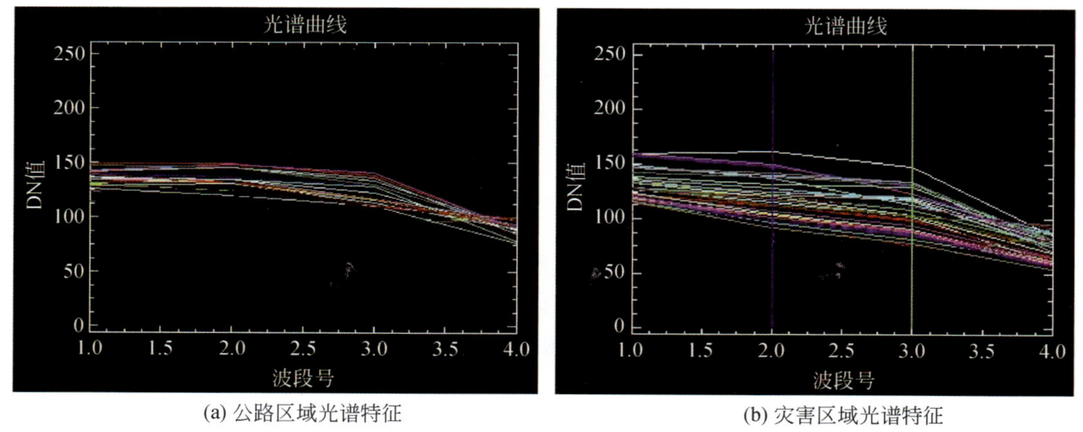

(a) 公路区域光谱特征　　(b) 灾害区域光谱特征

图 5-31　ALOS 图像公路与灾害区域的光谱特征曲线

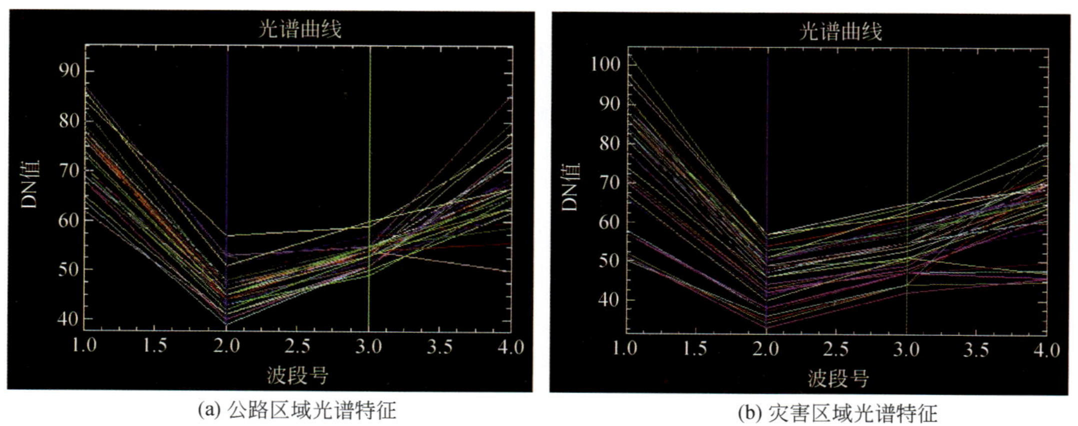

(a) 公路区域光谱特征　　(b) 灾害区域光谱特征

图 5-32　FORMORSAT-2 图像公路与灾害区域的光谱特征曲线

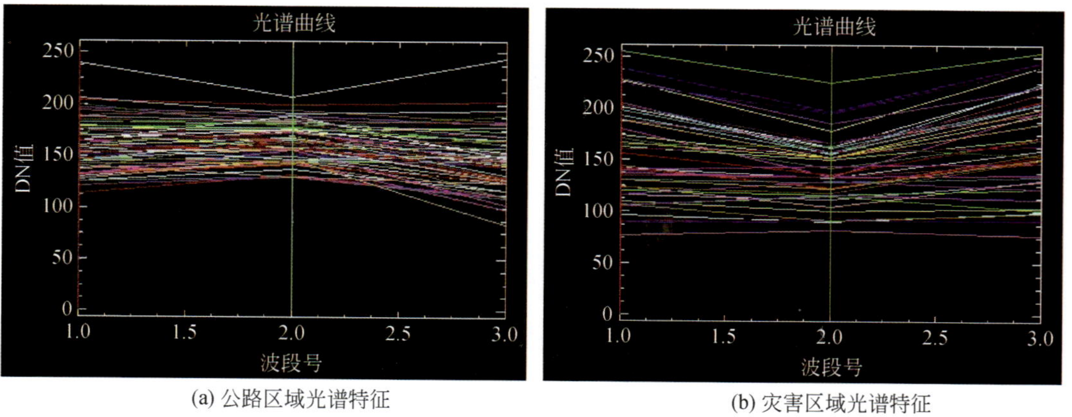

(a) 公路区域光谱特征　　(b) 灾害区域光谱特征

图 5-33　SPOT-5 图像公路与灾害区域的光谱特征曲线

通过对上述四种遥感图像数据的光谱特征分析可以看出，图像中公路区域光谱特征与灾害区域光谱特征具有极大的相似性，因此在基于光谱特征的公路灾害遥感图像分类中可以将公路和灾害当作同一类别进行提取。

2）基于灾害前后遥感图像变化检测的公路灾害信息提取

灾害发生前后，图像上的地物发生了较大的变化，因此可以通过灾害前后遥感图像的变化检测来实现公路灾害信息的提取。本书中的基于灾害前后遥感图像变化检测的公路灾害信息提取其本质是基于分类后比较的变化检测。其技术流程如下，首先，利用灾前遥感图像借助监督分类或阈值分割等方法提取出公路信息，并生成二值化图像一（公路为 1，其他为 0）；然后，利用灾后遥感图像提取出公路及灾害信息，并生成二值化图像二（公路和灾害为 1，其他为 0）；最后，利用图像一与图像二进行差值运算，提取出灾害信息图像（灾害为 1，其他为 0）。

基于上述技术流程，采用灾前 FORMORSAT-2 多光谱（8m）图像和灾后 SPOT-5 全色（2.5m）图像进行公路灾害提取的实例如图 5-34 所示。为了提高处理速度和信息提取的精度，可选择道路两侧 1km 范围的缓冲区（通常 1km 范围内可包含所有直接危害公路的地质灾害）作为数据处理与信息提取范围。

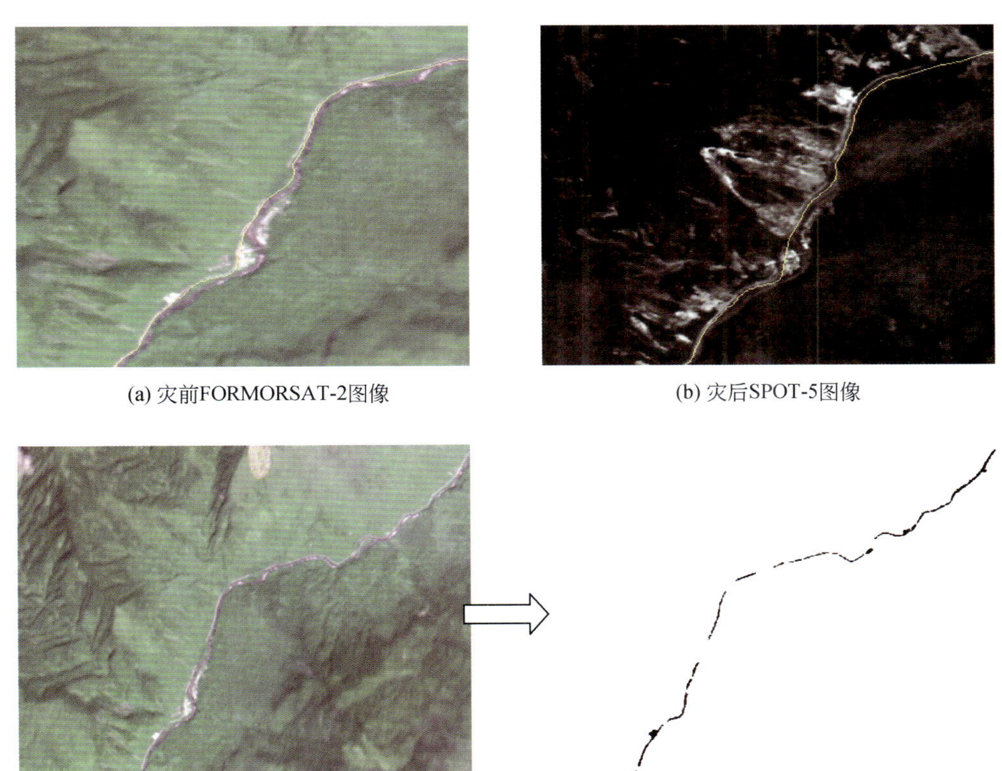

(a) 灾前FORMORSAT-2图像　(b) 灾后SPOT-5图像

(c) 利用灾前FORMORSAT-2多光谱图像分类提取灾前公路信息

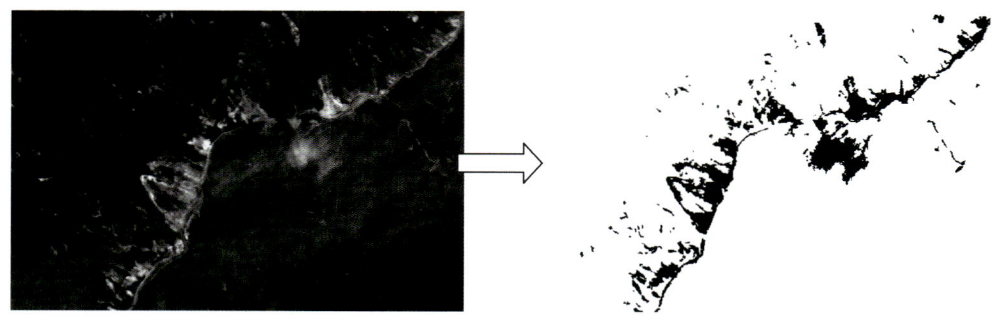

(d) 利用灾后SPOT-5全色图像二值化分割提取公路和灾害信息

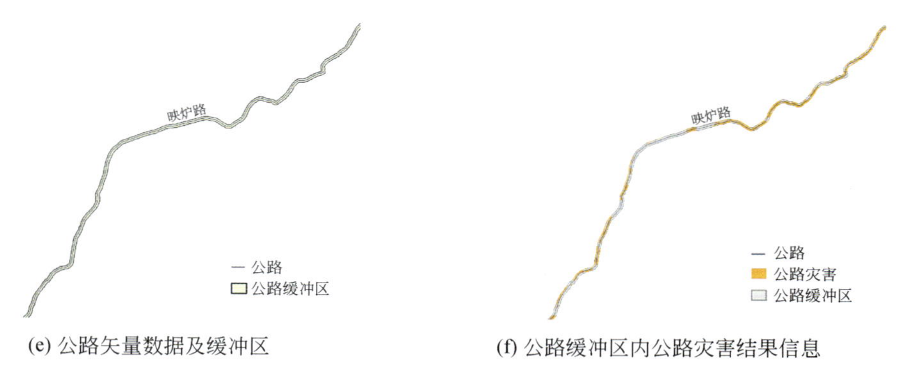

(e) 公路矢量数据及缓冲区　　(f) 公路缓冲区内公路灾害结果信息

图 5-34　利用灾害前后图像进行寒区公路灾害信息快速提取的实例

5.4.2.2　基于灾后图像的公路灾害信息快速检测技术

在无法获取灾前遥感图像的情况下，就无法利用灾害前后两期图像变化检测的方法进行公路灾害检测。因此，有必要研究基于灾后图像进行公路灾害检测的方法。基于灾后图像的公路灾害检测可以分为有公路网矢量数据和无公路网矢量数据两种情况。

1）基于有公路矢量数据与灾后图像的公路灾害检测

在光谱特征方面，公路路面的灰度一般比较均匀，没有表面物体遮挡的各路面点在图像上表现出的光谱较为相近；在几何特征方面，公路通常呈现长条形，在较大区域范围内公路的宽度变化比较小。鉴于公路的这些特征，提出了公路平均光谱的概念，并以固定的宽度制作公路平均光谱图像，以此作为完好公路模板，通过与灾后公路真实图像的对比变化检测出公路灾害区域。

将公路网矢量数据与灾后遥感图像进行空间配准，然后在公路网矢量两侧以公路宽度为约束条件建立缓冲区，以该缓冲区范围为灾害检测区域，并将该缓冲区按照公路光谱平均值转换为栅格图像，再利用变化检测的图像差值运算模板，对缓冲区栅格图像和灾后遥感图像进行运算，通过设定变化阈值从而检测出公路光谱突变区域，即公路灾害区域。技术流程如图 5-35 所示。

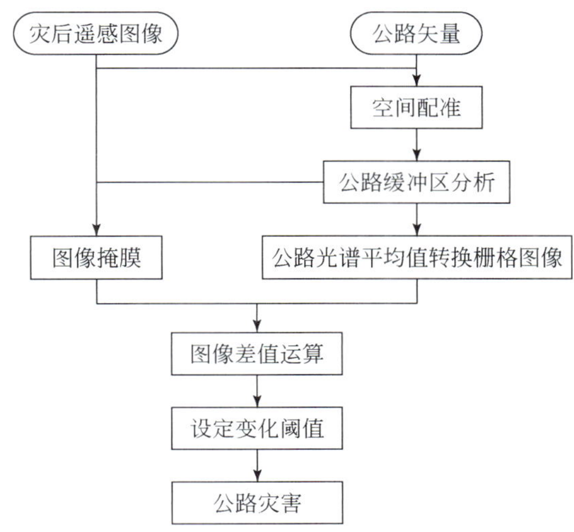

图 5-35　基于公路矢量和灾后遥感图像的公路灾害检测流程图

利用经过配准的灾后 2m 航空遥感图像［图 5-36(a)］和公路网矢量［图 5-36(a)中红色线］进行公路灾害检测实验。首先，在航空遥感图像上选取公路样本，通过统计获取公路的光谱统计值，公路样本在各波段的灰度值一般集中在一定范围内；其次，从航空遥感图像上量取公路的大致宽度，并对单线的公路网矢量按照公路宽度进行缓冲区分析，获取公路覆盖范围的缓冲区（即双线公路）［图 5-36(b)］；再次，利用公路缓冲区对航空遥感图像进行空间裁剪，得到公路覆盖范围最小包络矩形内的遥感图像［图 5-36(c)］；然后，利用公路网缓冲区对最小包络航空图像做掩膜处理，获取公路掩膜区航空遥感图像［图 5-36(d)］；接下来，分别利用三波段的公路光谱均值对公路覆盖区域进行赋值，得到三波段的公路均值图像［图 5-36(e)］；最后，用公路均值图像与公路掩膜区航空遥感图像的对应波段进行差值运算，求其各波段差值的绝对值之和，该值越大说明航空遥感图像上的该像元偏离公路光谱均值越远，产生了光谱突变，即可能发生了公路灾害，通过设定阈值，可以得到公路灾害区域［图 5-36(f)］。

(a) 灾后图像叠加公路网矢量

(b) 灾后图像叠加公路缓冲区

(c) 公路覆盖范围最小包络遥感图像

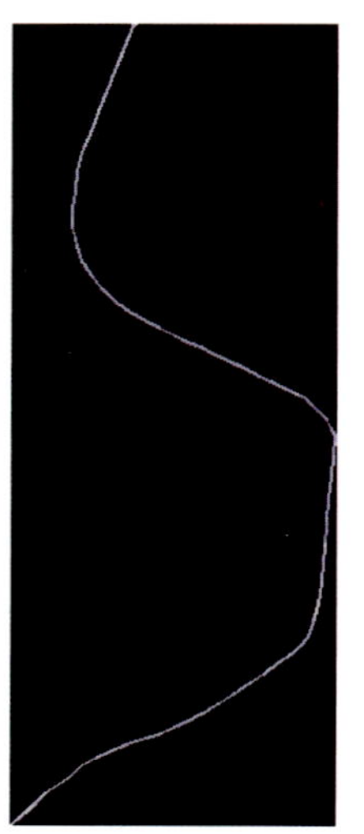
(d) 公路掩膜区遥感图像

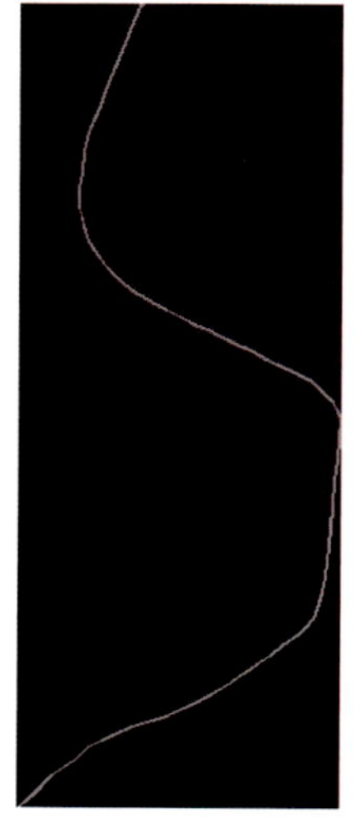
(e) 公路平均光谱图像

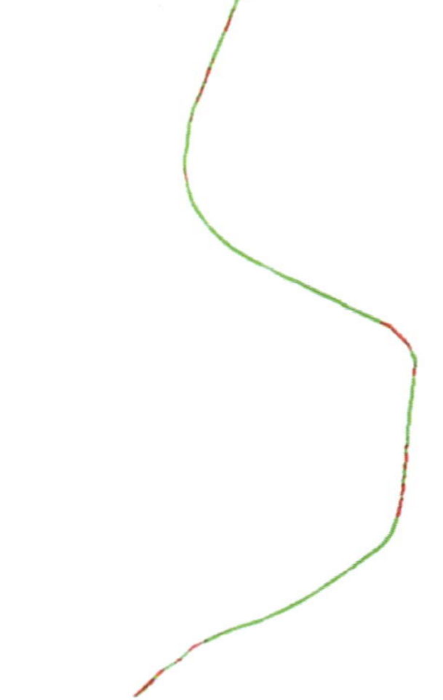
(f) 公路灾害检测结果（绿色为完好公路，红色为灾害路段）

图 5-36　基于公路矢量数据和灾后图像的北疆公路灾害检测试验过程

需要注意的是，由于公路材质的不同，其光谱特征也有所不同。水泥、沥青和土三大主要的道路铺设材料具有不同的光谱特性，其反射波谱曲线对比如图 5-37 所示。

从整个全色波段来说，沥青路面道路反射率整体低；在近红外波段，沥青路面与水泥或土质路面的反射率差别尤为明显。而通过分析多种多光谱卫星遥感图像数据如 IKONOS、ALOS、SPOT-5 等的公路与滑坡、泥石流等灾害区域的光谱特征看出，对于水泥路、土路，其光谱特征与灾害发生区域的光谱特征类似，这就导致灾害发生前后公路灾害区域的光谱特征变化不明显，利用这种方法就很难提取出公路灾害区域。因此，这种方法较适用

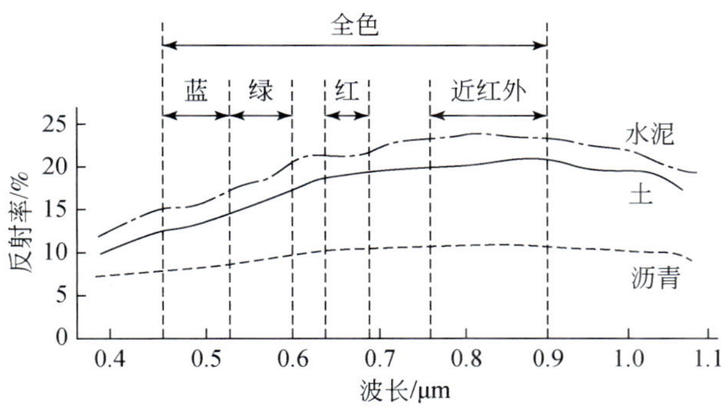

图 5-37　各种道路材质反射波谱特性及波谱范围

全色：0.45—0.9μm；蓝：0.45—0.52μm；绿：0.52—0.6μm；红：0.63—0.69μm；近红外：0.76—0.9μm

于沥青路面等光谱特征与灾害发生区域差异较大的公路灾害检测。

2）基于无公路网矢量数据灾后图像的公路灾害信息检测

当仅获取到灾后遥感图像的情况下，可基于灾后图像的公路识别实现公路灾害信息检测。遥感图像中公路的光谱和形状特征较为复杂，但由于公路在一定动态范围内具有色彩和线条的连续性特征，通过快速、准确地识别公路本身，然后依据特征的变化可以检测出公路灾害影响的区域。

利用灾后图像进行公路灾害检测的流程如图 5-38 所示。在获取灾后遥感图像基础上，通过图像增强等预处理，提高图像清晰度，便于公路识别和提取；根据公路的光谱和几何方面的特征，通过种子填充区域生长等算法从遥感图像上提取出公路（图 5-39）；在公路识别完成后，进一步根据公路延展的连续性，将断点地区视为潜在变化区域，即潜在公路灾害区，完成仅利用灾后遥感图像的公路灾害检测。

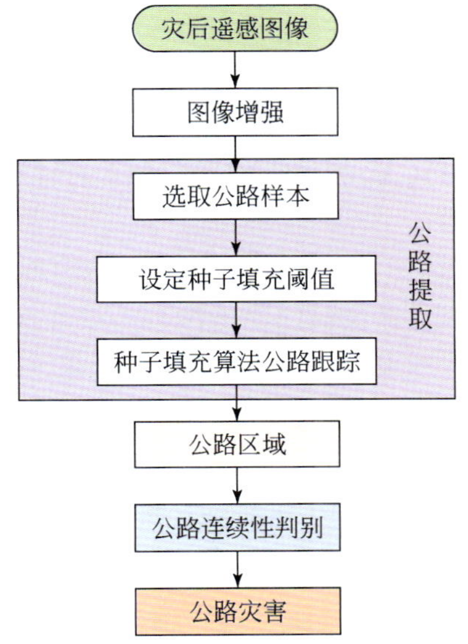

图 5-38　基于灾后图像的公路灾害检测流程

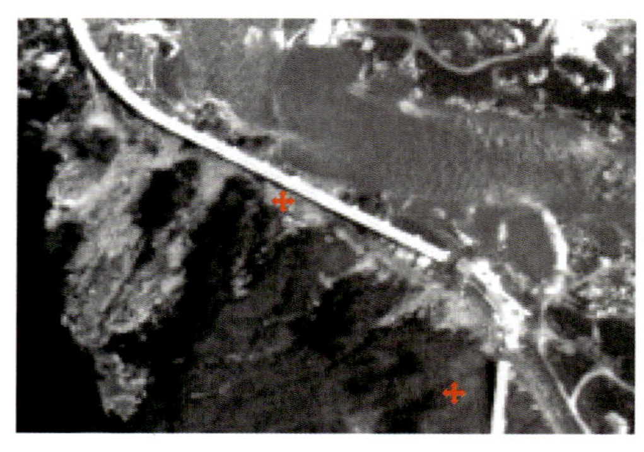

(a) 选择公路种子点（图中红色十字丝）

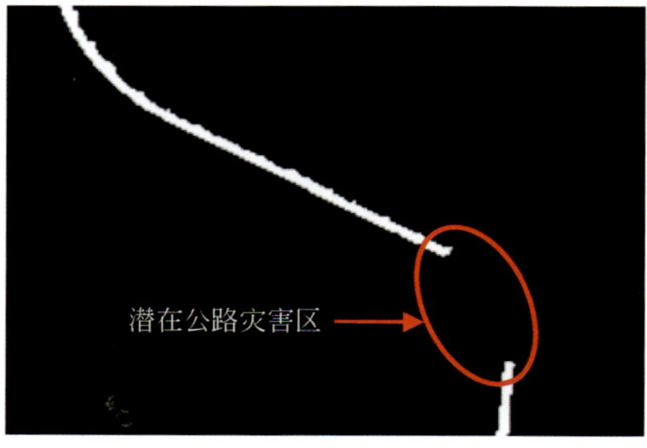

(b) 公路跟踪结果

图 5-39　利用种子填充算法识别公路及灾害信息的实例

5.5　公路沿线地质灾害体量化估算技术

通过野外调查和地质灾害遥感检测技术获得地质灾害的分布、数量、面积等信息后，灾害体的体积对于评估公路地质灾害应急救援的工作量以及分析地质灾害的发展趋势和演变特征具有重要意义。实地确定灾害体积极为困难，为解决此困难，可以通过利用灾害区域的 DEM 及遥感图像数据实现量化估算。根据数据获取的可能情况，地质灾害体积量化估算方法可分为基于灾害前后 DEM 数据的方法和基于灾前 DEM 数据的方法。

此处需要说明的是，通常对于不同的灾害体，其体积定义不同。滑坡体体积一般认为是滑坡体表面和地下滑动面间的体积。地下滑动面的三维模型需要根据地质钻探资料来拟合生成相应的滑动面模型（Fellenius，1927；Bishop，1955）。而泥石流及崩塌灾害的体积则是指其表面与原地面间的体积。对于灾害体积量化估算，此处作者统一认为灾害体体积为其表面与原地面间的体积。

5.5.1　基于灾害前后 DEM 数据的灾害体积量化估算

灾害体的体积可以由灾害体覆盖区域的灾前灾后地形变化（DEM 变化）来量算。如图 5-40 所示，灾害发生后，灾害体覆盖到原地形上。设 $A'B'CD$ 为灾害体边界，$ABCD$ 为 $A'B'CD$ 在灾前地形上的投影，则灾害体由 $A'B'CDAB$ 构成，其体积为

$$V_{A'B'CDAB}=V_{A'B'CD}-V_{ABCD} \tag{5-10}$$

式中，$V_{A'B'CD}$为灾后地形与水平面相交构成的立方体体积；V_{ABCD}为灾前地形与水平面相交构成的立方体体积。如果灾害前后的 DEM 已知，则 A、B、A'、B'、C、D 的高程可分别由灾前和灾后的 DEM 数据获得。

$V_{A'B'CD}$与 V_{ABCD}可由积分方法获得，即首先将 $ABCD(A'B'C'D)$ 栅格化为 $\Delta X\times\Delta Y$ 的栅格集 $C_{ABCD}(C_{A'B'CD})$。则 V_{ABCD}可由以下公式获得

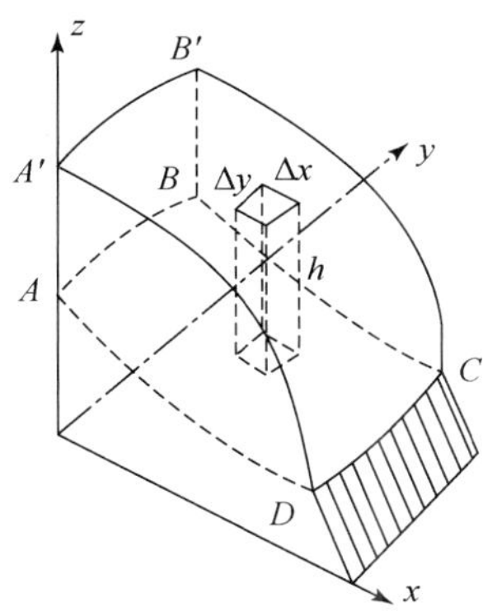

图 5-40　灾害体发生前后地形变化示意

$$V_{ABCD} = \sum_{c}^{C_{ABCD}} A_c \times H_c \tag{5-11}$$

式中，A_c 为栅格 c 的面积，$A_c = \Delta X \times \Delta Y$；$H_c$ 为栅格 c 的高程。类似地：

$$V_{A'B'CD} = \sum_{c}^{C_{A'B'CD}} A_c \times H_c \tag{5-12}$$

在本模型中，输入的数据需要包括灾害发生前的 DEM、灾害发生后的 DEM 以及灾后遥感图像，灾后遥感图像用于提取灾害体的边界。灾害前的 DEM 最好是距离灾害发生时间较近的 DEM，DEM 可以利用遥感图像立体相对或航空 LiDAR 数据经专业软件计算获得。为保证计算结果的精度，DEM 数据的分辨率一般要求优于 30m，灾后图像分辨率不低于 5m。

5.5.2　基于灾前 DEM 数据的灾害体积量化估算

通常情况下灾后 DEM 数据在灾后短期内不易获取，因此难以实现基于灾害前后 DEM 数据的灾害体积量化估算。然而，由于灾害发生后灾害体与原有地形相交，边界处灾害体的 DEM 可由灾前 DEM 近似表达，因此灾害体表面可由灾害体边界顶点所构成的空间面近似模拟。与基于灾害前后 DEM 的灾害体积量化估算类似，基于灾后图像和灾前 DEM 的灾害体积量化估算方法均是通过获得灾害前后地形变化而获得灾害体体积的方法。

灾害体体积可由以下公式获得

$$V = V_{\text{after}} - V_{\text{before}} \tag{5-13}$$

式中，V_{after} 与 V_{before} 分别为灾后与灾前灾害地形到参考平面间的体积。V_{before} 是用灾前 DEM 通过体积积分法获得。V_{after} 则通过以下方法计算。

（1）边界多边形三角化，生成三角形集合 T。

多边形三角化采用 Delaunay 三角法生成。Delaunay 三角法是指面域（R）上有 N 个节点 $P = \{P_1, P_2, \cdots, P_N\}$，将这些节点连接成三角形，那么存在且只存在一种三角形连接，使任何三个节点构成的三角形的外接圆不包含除此三点之外的任何节点。对于以上给定的 N 个节点组成的平面点集 P，它的 Delaunay 三角形划分的几何对偶被称为 Voronoi 图，

Voronoi 图将平面分成 N 个凸多边形 $S(P_1)$，$S(P_2)$，…，$S(P_n)$。

$$S(P_i)=\begin{Bmatrix} x\in R_2: d(x,P_i)\leqslant d(x,P_j) \\ (i=1,2,\cdots,N;j=1,2,\cdots,N;i\neq j) \end{Bmatrix} \tag{5-14}$$

任一凸多边形内所有的点到节点 P_i 的距离比到其他节点的距离都要短，这样的凸多边形 $S(P_i)$ 实际上是 P_i 与其他 N-1 个节点连线的垂直平分线所形成的 N-1 个半平面的交集。一般情况下，Voronoi 图的一个顶点同时属于三个 Voronoi 多边形，每个多边形内仅有一个节点，连接三个共顶点的 Voronoi 多边形内的节点就可以形成一个 Delaunay 三角形，如图 5-41 和图 5-42 所示。

Delaunay 三角网为相互邻接且互不重叠的三角形的集合，每一个三角形的外接圆内不包含其他点。Delaunay 三角网由对应 Voronoi 多边形的点连接而成。Delaunay 三角形由三个相邻点连接而成，这三个相邻顶点对应的 Voronoi 多边形有一个公共的顶点，此顶点是 Delaunay 三角形外接圆的圆心。Delaunay 三角法最主要的优点之一就是它自动避免了生成小内角的长薄单元。

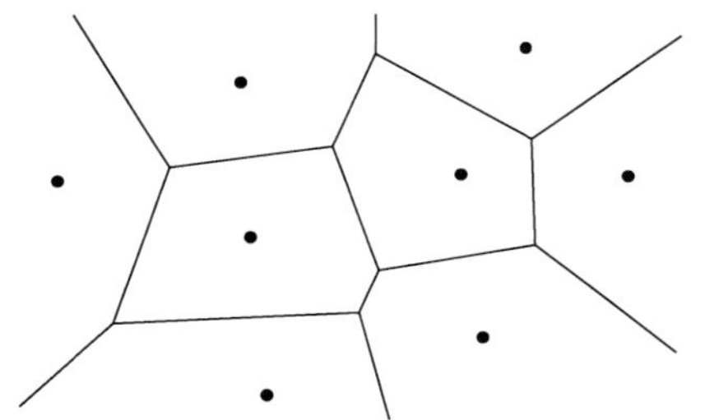

图 5-41　Voronoi 多边形对偶图

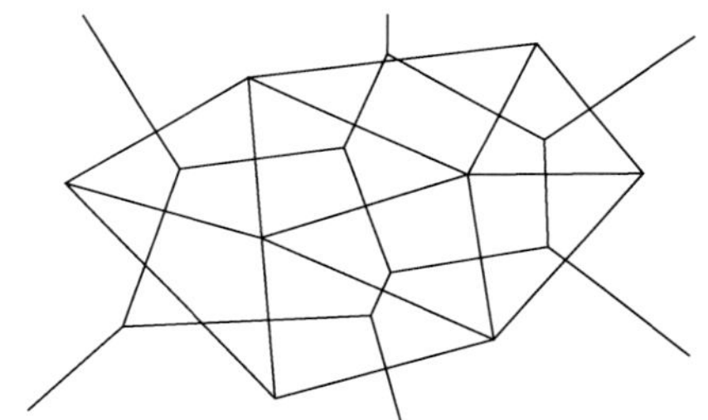

图 5-42　Delaunay 三角形

采用插入点法生成 Delaunay 三角网，即在三角网生成的每一步将一个新的采样点加入已存在的三角网中。首先在开始阶段人为设定一个包含所有点的超级三角形，在算法结束时候，所有与该超级三角形共享边的三角将从三角列表中删除，如图 5-43 所示。

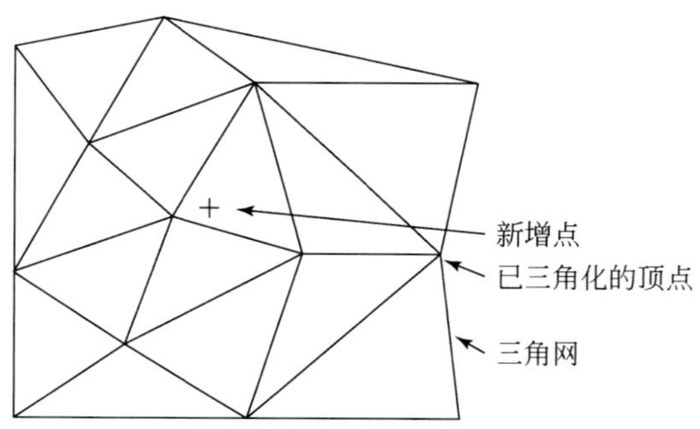

图 5-43　在已有三角网中加入新的采样点

找出所有外接圆包含添加点的三角形，这些三角形的外接边形成了一个闭合的多边形，如图 5-44 所示。

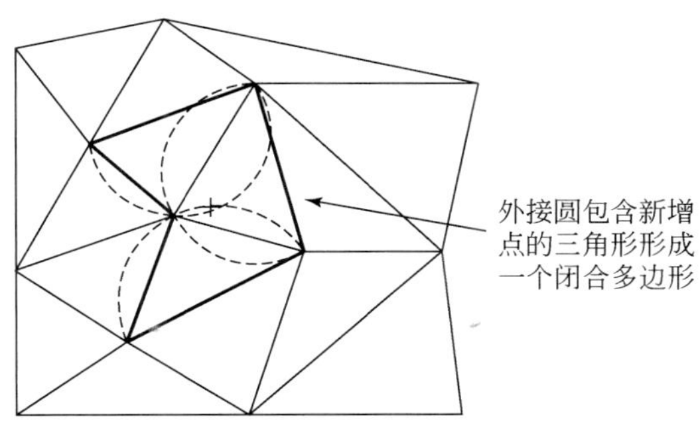

图 5-44　外接圆包含新增点的三角形形成一个闭合多边形

删除该闭合多边形中的三角形，所添加的点和该多边形的每条外边形成新的三角化多边形，如图 5-45 所示。

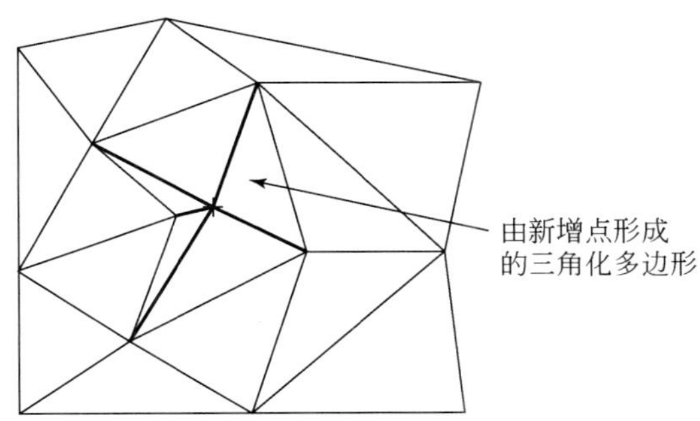

图 5-45　由新增点和闭合多边形外边界形成新的三角化多边形

每加入一个点，会多形成两个三角形。因此，三角形的总个数为全部样点个数的两倍。

(2) 计算 (1) 中所生成的三角形 t 与参考平面间的体积 V_t。

对于任一三角形 $t(ABC)$，通过灾前 DEM 获得其顶点高程，则其与参考平面间的三棱柱如图 5-46 所示。设 C 点与参考平面距离最近，通过 C 点且与三棱柱的交点分别为 E 和 D，则三角形 ABC 与参考平面形成的三棱柱的体积为

$$V_t = S_{CED} \times H + V_{DBCE} + V_{ABCE} \tag{5-15}$$

(3) 对所有三棱柱体积求和获得 V_{after}，即

$$V_{\text{after}} = \sum_{t}^{T} V_t \tag{5-16}$$

(4) 由式 (5-16) 获得灾害体体积。

本模型的输入数据包括灾害发生前的 DEM 数据和灾后遥感图像。灾后遥感图像用于提取灾害体的边界，灾害前的 DEM 最好是距离灾害发生时间较近的 DEM。为保证计算结果的精度，DEM 数据的分辨率一般要求优于 30m，灾后图像分辨率不低于 5m。

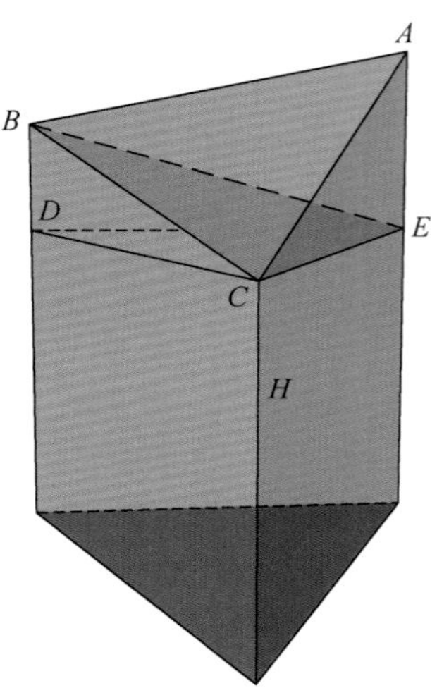

图 5-46　空间三角形与参考平面间的三维几何体

5.5.3　DEM 数据与扇形地固体物质堆积量估算

1. DEM 数据的获取

无论是基于灾害前后 DEM 数据的灾害体积量化估算方法，还是基于灾前 DEM 的灾害体积量化估算方法，DEM 数据都是模型的重要输入数据。当前 DEM 数据的获取主要有人工地面测量、利用立体遥感图像提取和机载激光雷达（LiDAR）测量三种方式。人工地面测量费时费力，无法满足灾后应急的需求；而利用立体遥感图像提取和机载 LiDAR 测量获取的两种方法可在灾后实现 DEM 的快速获取，下面给出此两种方法的技术原理。

1）利用立体遥感图像获取 DEM

与双眼观察景物才能得到景物的立体效果类似，在摄影测量中，利用从不同角度拍摄的、具有重叠区域的相邻像片组成像对，在一定条件下可获得地面的立体模型。具体原理如下。

在天空两点（卫星携带的两个传感器，相当于人的两只眼睛）拍摄地面同一点时形成一个角，当天空两点的空间位置确定后，该角度越大地物点越高；反之，角度越小地物点越低。以此类推，将地面所有的高程解算后就得到了数字地面模型。如图 5-47 所示，S1、S_2为两个摄影基站，相当于人的两只眼睛，A、B、C 分别为三个物点，a_1、b_1、c_1和 a_2、b_2、c_2分别为三个物点 A、B、C 经 S_1、S_2后形成的像点。

利用立体图像像对建立 DEM 时，首先需要对立体像对数据进行精校正，确保立体像对图像具有统一的坐标系，并消除地形起伏造成的图像畸变。之后进行立体像对的相对定向，即核线重采样，对左右原始图像沿核线方向保持 X 不变，在 Y 方向进行核线重采样，最后生成核线图像，恢复图像采集时像对的相对位置关系。要求出像点在地面坐标系中的绝对位置，还需要进行像对的绝对定向，把像点坐标换算到地面参考坐标系中。该过程需要地面控制点（GCP）的参与。最后在满足共线关系的立体像对中寻找同名点，再根据同名点的高程内插出 DEM。图 5-48 和图 5-49 分别是利用天绘一号卫星立体图像提取的 DEM

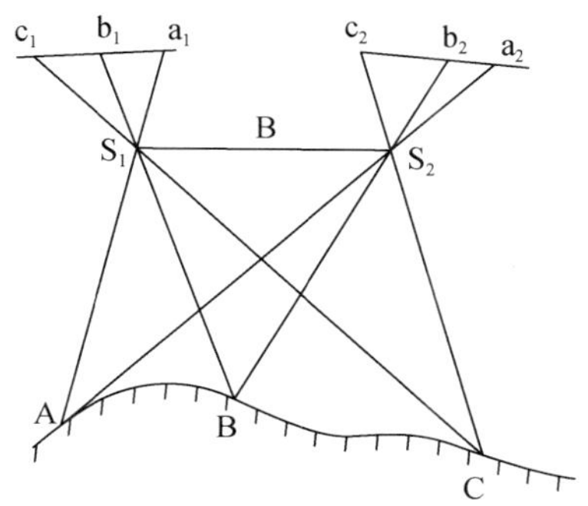

图 5-47　空中立体测量原理

数据，以及借助国产泰坦软件进行 DEM 数据处理的界面。当前，很多成熟软件都已具备了利用立体影像提取 DEM 数据的功能，本书中仅作原理性阐述。

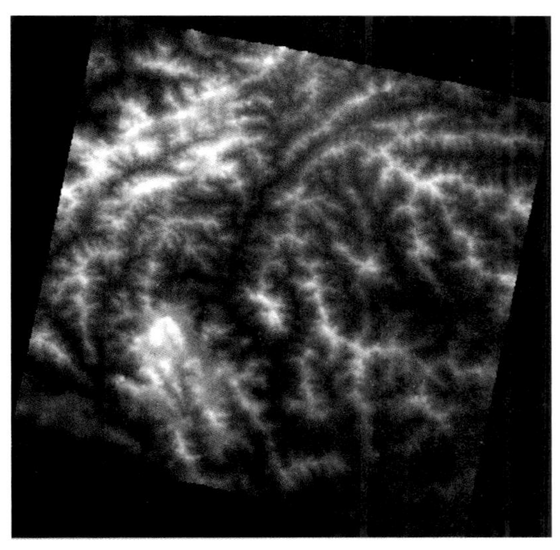

图 5-48　利用天绘一号卫星独库公路 G217 立体像对数据提取的 DEM 数据

2）机载 LiDAR 测量获取 DEM

三维激光扫描是一种主动式的测量系统，无须合作目标，可以深入到复杂的现场环境中进行扫描，将各种大型的、复杂的、不规则的实景三维数据完整地进行采集。其数据采集无论是白天、黑夜，还是恶劣条件天气均可以进行。激光扫描能够以高密度、高精度的方式获取目标表面特征，通过扫描可以获得点云数据（海量数据）。可自由控制采集密度，适应不同的目的。观测过程中无人工干预，由扫描仪内部电子设备自动控制，减少了人工干预的不确定性。

将激光扫描仪和 GPS 接收机、惯性测量装置（inertial measurement units，IMU）集成在一起，并安装到航空平台上，再加上一定的机电设备使得激光器以一定的角度摆动或者绕圆周旋转，那么随着航空平台的飞行，可以形成有一定宽度的扫描条带，这样的系

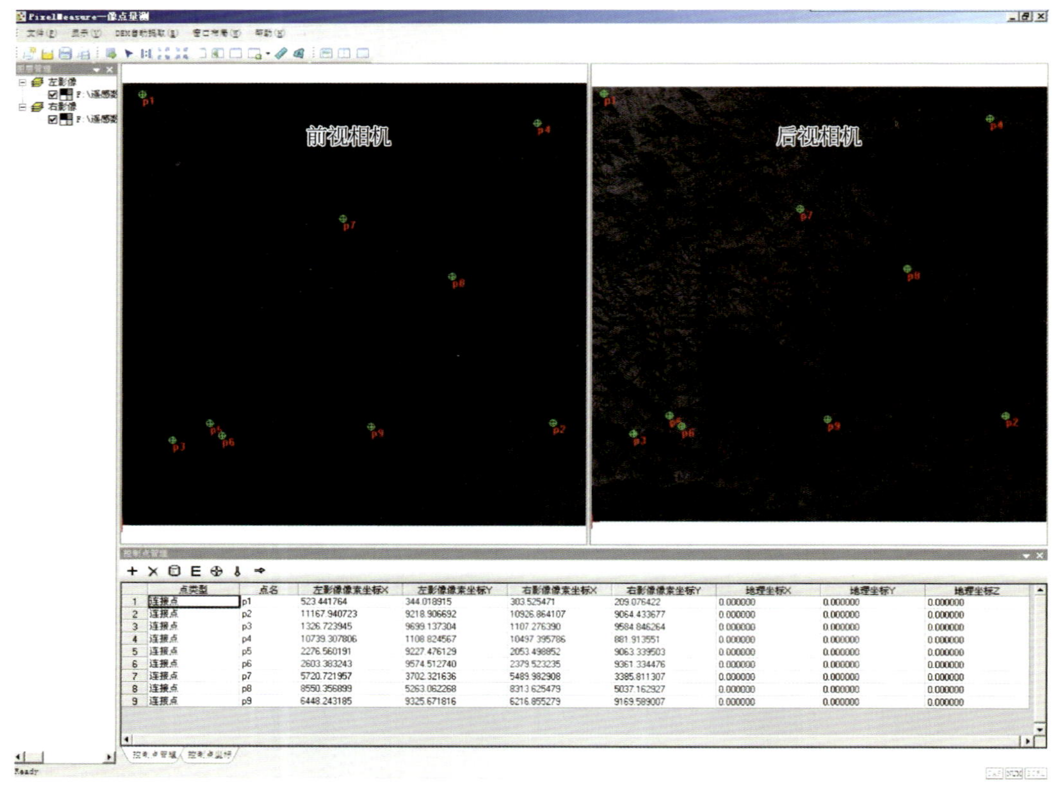

	点类型	点名	左影像像素坐标X	左影像像素坐标Y	右影像像素坐标X	右影像像素坐标Y	地理坐标X	地理坐标Y	地理坐标Z
1	连接点	p1	523.441764	344.018915	303.525471	209.076422	0.000000	0.000000	0.000000
2	连接点	p2	11167.940723	9218.906692	10926.864107	9064.433677	0.000000	0.000000	0.000000
3	连接点	p3	1326.723945	9699.137304	1107.276390	9584.846264	0.000000	0.000000	0.000000
4	连接点	p4	10739.307806	1108.824567	10497.395786	881.913551	0.000000	0.000000	0.000000
5	连接点	p5	2276.560191	9227.476129	2053.498852	9063.339503	0.000000	0.000000	0.000000
6	连接点	p6	2603.383243	9574.512740	2379.523235	9361.334476	0.000000	0.000000	0.000000
7	连接点	p7	5720.721957	3702.321636	5489.982908	3385.811307	0.000000	0.000000	0.000000
8	连接点	p8	8550.356899	5263.062268	8313.625479	5037.162927	0.000000	0.000000	0.000000
9	连接点	p9	6448.243185	9325.671816	6216.855279	9169.589007	0.000000	0.000000	0.000000

图 5-49　国产泰坦软件进行 DEM 数据处理界面（图中绿色点为 GCP 点）

统称为机载激光雷达系统，所获得的数据是表示地面点三维坐标的点云数据或波形数据（图 5-50）。

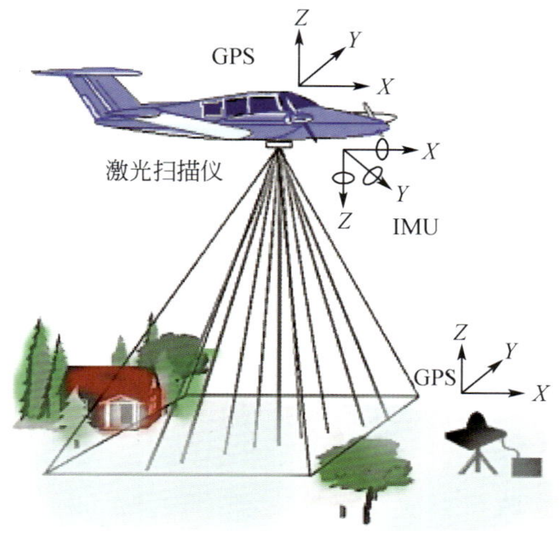

图 5-50　机载激光雷达工作原理图

DEM 仅需要地表裸露点的三维数据，即由完整地块的地表裸露点三维数据构成 DEM。在实践中，应使用 LiDAR 软件自动处理掉地表上绝大部分的多余激光脉冲点数据，来获取裸露点三维数据信息，构建三角网 TIN 图形；再根据脉冲点的高程值将其分成不同的高差段并赋于不同颜色值渲染成三角网，由此生成的 LiDAR 图像具有非常明显的彩色三维立体效果；再利用程序预处理识别非地表裸露点，如大部分树高端点、树中端点、建筑物点、桥面点等，经人工剔除并归类；经过数据处理后所有剩下的 LiDAR 数据都是地面点数据，既可生成高精度的 DEM（图 5-51），并可以进一步制作成正射影像图。

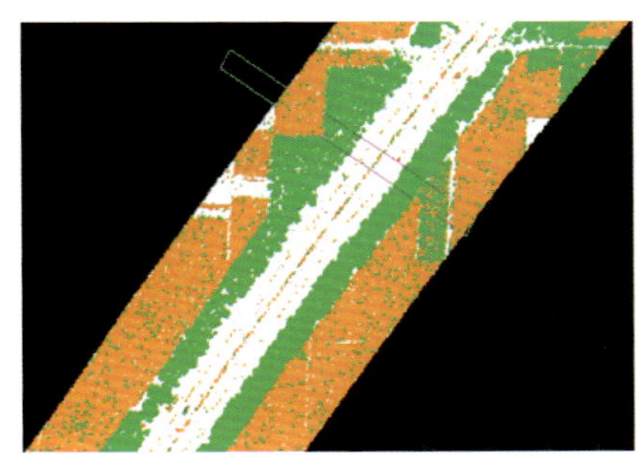

图 5-51　点云数据（机载激光雷达）处理后的 DEM 结果

2. 流域下游泥石流扇形地固体物质堆积量估算

在沟谷泥石流扇形地发育充分或比较完整的情况下，有纵切圆锥体法能较准确地估算扇形地上固体物质堆积量。

如图 5-52 所示，ΔABC 为一泥石流扇形地，α 为扇形地在平面上的投影角，也是地形图上的扇顶张角，R_s 为扇形地半径（m），h_s 为扇顶泥石流淤积厚度（m），h_x 为原冲积扇扇顶高度（m），H 为扇形地整体高度（m），泥石流扇形地上固体物质堆积量为

$$V_s=\frac{1}{3}\pi R_s^2(H-h_x)\alpha_f=\frac{1}{3}\pi R_s^2 h_s\alpha_f(m^3) \tag{5-17}$$

式中，$\alpha_f=\alpha/360°$为角度系数；h_s 可从 1∶2 000～1∶10 000 地形图上判读出或经过调查后实测确定，经过现场调研，独库公路 K636 的冲积扇固体物质堆积量计算参数见表 5-7。

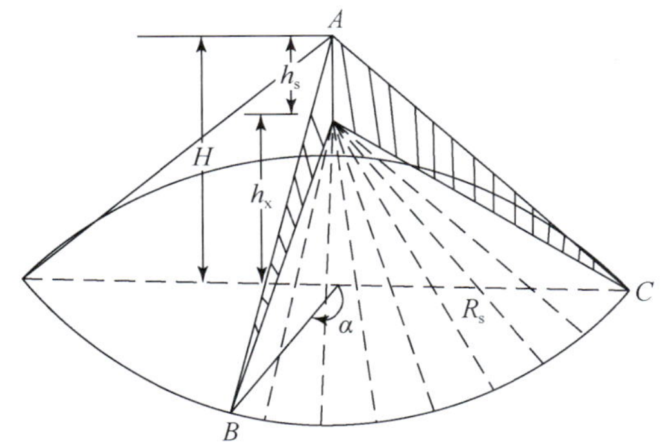

图 5-52　求泥石流扇形地固体物质堆积量的纵切圆锥体法

表 5-7　独库公路低海拔单次冲积扇物源量参数

R_s/m	H/m	h_x/m	h_s/m	α_f/（°）	α/（°）
300	21.65	21.1	0.55	0.35	125

根据表 5-7 参数计算得出泥石流扇形地上固体物质堆积量 V_s 为 5729.2m^3，该数据作为后续监测预警的基础数据，即时根据扇顶泥石流淤积厚度预警值，最终可得出夏季融雪降雨过程 K636 泥石流沟的土方量预警值。泥石流流量是泥石流规模、泥石流冲出固体物质方量和泥石流危险性评价的重要指标，也是泥石流防治工程设计的重要参数。

因此遥感技术可以直接对公路灾害体进行识别，能方便、准确地提取公路地质灾害信息，确定其类别和性质，查明发生原因、规模大小，分析与评价灾害分布规律和发展趋势，其结果真实可靠。随着遥感技术理论的逐步完善和遥感图像空间分辨率、时间分辨率与波谱分辨率的不断提高，遥感技术必将成为公路地质灾害及其孕灾背景宏观调查以及灾体动态监测中不可缺少的手段之一。

第6章　高寒山区公路地质灾害宏观分析与评价

6.1　公路灾害信息三维可视化

山区公路地质灾害遥感图像及监测结果的可视化显示是公路灾害信息定性、定量分析与评价的基础。在公路地质灾害遥感监测的基础上，引入地理信息系统（geographic information system，GIS）技术，能够实现矢量数据、遥感图像、DEM数据、属性数据等多源异构数据的一体化组织，从而实现二维与三维相结合的公路灾害信息可视化显示（倪绍祥，1996；谢东升和李旭祥，2004）。

经过几十年的发展，二维GIS已经在数据获取、处理、管理、数据模型和数据结构等方面有许多较为成熟的理论和方法，并且广泛应用在国土、测绘、城市规划、环境、电力、交通等诸多领域。随着计算机技术和数据库理论技术的不断发展及二维GIS领域应用的不断深入，以及传统的二维GIS系统受到平面显示范围的限制，人们使用三维GIS来展示现实世界的渴望越来越强烈。与二维GIS技术相比，三维GIS有其独特的优势，它能够有效地描述和模拟三维现实世界，进行一些三维空间分析计算，并融合虚拟现实等技术进一步提升地理信息表达。因此二三维一体化的实现，充分发挥了二维GIS和三维GIS各自的优点，既具备强大的空间分析优势，又具备可视化管理优势，为GIS的应用研究提供了新的发展思路（刘治平等，2014）。

实现公路灾害图像及监测结果的二三维一体化无缝结合，其关键在于如何在三维系统中实时渲染二维图层。采用基于层次细节（level of detail，LOD）模型的二维图层与三维地形叠加的渲染架构，能够实现紧密型二三维结合公路灾害信息可视化GIS系统的构建（宇林军等，2009；蔡明娟等，2015；于友斌，2015）。

6.1.1　公路灾害信息可视化GIS系统框架设计

结合公路灾害信息可视化GIS系统架构如图6-1所示。在Windows操作系统中，二维应用程序通过图形设备接口（graphics device interface，GDI）调用硬件设备驱动程序接口（device driver interface，DDI）实现图层渲染，而三维应用程序则使用Direct3D API①或OpenGL API①直接或通过调用硬件抽象层（hardware abstraction layer，HAL）来调用硬件设备驱动程序接口输出三维场景。

二维GIS系统的渲染结构可以抽象为图6-1中的左虚线框部分，即系统经过对二维数

---

① 应用程序接口（application programming interface，API）

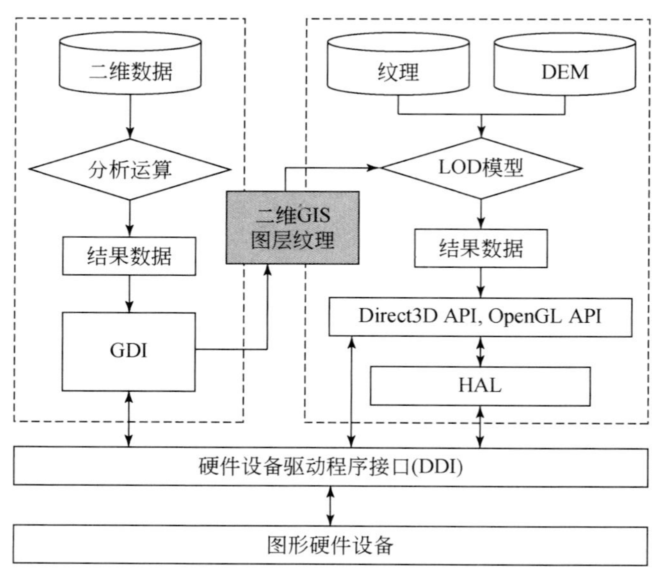

图 6-1　公路灾害信息二三维可视化 GIS 系统架构

据分析运算、空间坐标转换等操作得到最终结果数据，然后通过 GDI 调用相关的硬件设备接口，将结果数据以二维符号的形式输出到屏幕、打印机、图片等显示介质上。

三维地形渲染则是由地形渲染引擎将地形数据和纹理数据经过一系列的三维空间变换后输入三维渲染管道中，由 Direct3D API 或 OpenGL API 调用相关的硬件设备接口进行场景渲染。地形及其图像纹理的数据量远远超过了硬件的处理能力，因而渲染高质量的地形通常需要高效的数据结构和算法，通常使用 LOD 模型组织数据。LOD 模型的基本思想是根据一定的规则简化被渲染目标，渲染时根据被渲染目标相对于观察者（镜头）的距离来选择不同的细节程度渲染，距离越近则细节程度越高。基于 LOD 的地形渲染框架如图 6-1 中右虚线框部分所示。渲染引擎通过 LOD 规则选取那些可见部分的数据，并进行适当的简化，然后生成地形顶点数据和纹理数据，最后将这些数据输出到硬件设备的渲染管道中，由图形显卡进行最终的输出和渲染。

由于二维应用程序与三维应用程序采取不同的模式进行渲染，二者难以直接结合。通过将二维系统的输出作为三维系统的输入，由三维渲染引擎将二维图层叠加到三维地形上，从而能够实现二三维系统渲染的有机结合。基于 LOD 的可视化 GIS 系统的图层渲染工作流程为三维地形引擎根据 LOD 规则向二维系统发出纹理、空间查询、空间分析等请求；二维系统接收到参数后，调用相应的方法，并将指定范围内的地图输出为一张图片，返回到三维系统中；三维系统以纹理的形式将返回的图层图片叠加到地形表面上。二维系统也可以保留自己的界面，实现可视化联动和对比等。

6.1.2　公路灾害信息可视化 GIS 系统研发技术

公路灾害信息可视化 GIS 系统由二维子系统和三维子系统组成。二维子系统一般采用基于 ArcGIS Engine 的二次开发实现数据加载和数据管理等功能，三维子系统则可以采用基于 LOD 模型的渲染方式实现叠加于三维地形上的二维图层渲染。公路灾害信息三维可视化 GIS 系统实现的关键是保证系统的速度和渲染效果，以下是三种可能的解决方案。

方案一是将二维图层输出为单张纹理叠加到地形上。尽管目前二维 GIS 系统支持高分辨率图片输出，但由于显卡可支持的最大渲染纹理的限制，三维系统中所能加载的二维图层通常不具有与遥感图像纹理相匹配的精度。当场景放大到一定程度，图像的显示分辨率高于二维图层的分辨率时，二维图层会呈现出难看的锯齿状。因此该解决方案虽然能够保证渲染效率，但渲染效果难以满足实际需求。

方案二是随着三维视窗的移动，二维系统实时输出当前视窗范围内的纹理到三维系统中，由三维系统生成对应范围的地形图层进行渲染。试验结果表明该解决方案基本解决了渲染效果的问题。然而由于三维系统实时浏览的特点，视角频繁地移动、缩放及旋转使二维系统纹理输出的速度无法与视角变化速度相匹配，二维纹理的数据输出明显滞后于三维浏览视角的变化，从而导致整个系统性能降低。

方案三是采用 LOD 技术。目前大规模 LOD 地形渲染能够将精细的遥感图像纹理渲染到地形表面，可视化叠加渲染可以采用同样的 LOD 机制。随着计算机显卡技术的发展，图形处理器（graphics processing unit，GPU）的数据处理能力得到了大幅提升，以往在中央处理器（central processing unit，CPU）的 LOD 运算现在可以使用 GPU 来进行，从而出现了基于 GPU 的 LOD 算法。基于 GPU 的 LOD 算法，充分利用了 GPU 的运算能力，节省了 CPU 运算以便使其能够更多地处理其他的任务，从而从整体上提高了系统的运行效率。

通过实际比较发现，基于 LOD 技术的解决方案无论在渲染速度上还是渲染效果上都具有明显的优势，完全可以满足公路灾害可视化 GIS 系统的需求。

实现 LOD 的算法主要有二叉树、四叉树（Quadtree）、金字塔模型、Clipmap 技术等，应用最为广泛的是基于四叉树分割的 LOD 算法（王振武等，2018）（图 6-2）。对于不同的 LOD 模型算法，都需要采取相应的纹理输出机制。以四叉树算法为例，其将地形按照规则均匀地依级别分块，每个块具有相同的顶点个数，其中第 0 级的块所对应的范围最大。每个级别的块可由下一个级别更精细的四个块构成，每个块对应于四叉树的一个节点（Lindstrom el at.，1996）。渲染过程为从 0 级（最粗糙的级别）开始，渲染所有在视域范围内 0 级的块。每个块渲染的 C#伪代码为：

```
Render()
{
    if(本块未初始化)return;
    if(本块的四个子块全都渲染成功)return;
    渲染本块自身;
}
```

每个块的数据更新伪代码为：

```
Update()
{
    if(未被初始化 && 符合 LOD 规则)初始化;
```

```
    if(已初始化 && 符合下一级别的 LOD 规则)初始化四个子块;
    else(释放四个子块)
    if(初始化 && 不符合本级别 LOD 规则)释放本块;
}
```

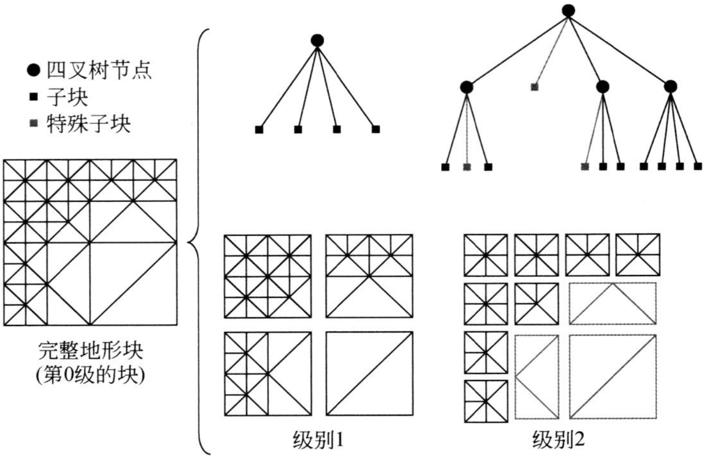

图 6-2　基于四叉树分割的 LOD 算法

初始化函数负责读取该块对应的地形顶点数据和纹理数据，如果成功，则设置该块的初始化标志为真。但二维系统的纹理输出速度难以满足三维纹理更新的需求，因此采用了纹理缓存机制。其工作原理如图 6-3 所示。

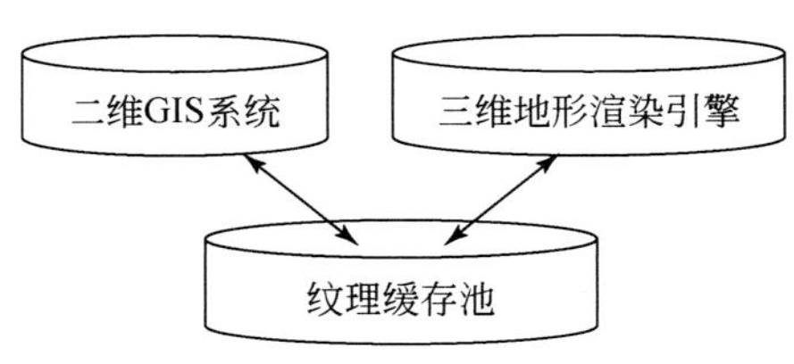

图 6-3　纹理缓存机制

（1）三维地形渲染引擎首先到纹理缓存池读取所需要的纹理。如果存在，则返回；如果不存在，则由纹理缓存池向二维 GIS 系统发送请求。

（2）二维 GIS 系统根据请求，生成相应纹理，并发送到缓存池，同时通知三维地形渲染引擎该纹理已经生成。

（3）如果二维 GIS 系统图层发生改变，如显示风格等，使得缓存池中纹理与改变后的二维 GIS 系统不一致，则清空纹理缓存池，并通知三维地形渲染引擎清空所有二维 GIS 纹理。

（4）三维地形渲染引擎接到清空命令，清理内存中所有二维 GIS 系统纹理，重新初始化所有 LOD 地形，并发送相应纹理请求到纹理缓存池，重复（1）。

该原型系统的渲染流程为三维系统地形块初始化函数根据 LOD 规则通过缓存池向

ArcGIS Engine 发出纹理请求；ArcGIS Engine 使用其地图对象的输出函数，将指定范围内的地图输出为一张纹理图片，返回到纹理缓存池供三维系统加载；三维系统以纹理的形式将 ArcGIS Engine 输出的图层纹理叠加到地形表面上。尽管三维系统中每个地图对象对应多个图层，但是作者将三维系统的地图作为三维系统中的一层以地形纹理的形式与基础图像纹理进行叠加，这样可以减少二维纹理图层的数量，提高运行效率。输出时将地图背景变为透明，从而使二维图层不会完全遮挡地表图像。

在系统运行的初始阶段，纹理缓存不存在数据，因此需要 ArcGIS Engine 不断地输出纹理，造成了二维图层的纹理加载滞后于地表图像（因地表图像已经提前处理过）。但经过一段时间后，由于缓存中已经存在部分数据，系统运行效率明显加快，几乎和地表图像渲染同步。这也说明基于此构架下的二维图层与三维图层叠加的效果和效率完全可以满足当前基于二三维结合的公路灾害信息可视化 GIS 系统的需求。

独库公路 G217 地质灾害信息二三维可视化 GIS 系统示例如图 6-4 所示，左半部分为二维系统窗口，右半部分为三维系统窗口。在显示层面，二维 GIS 图层叠置于三维地形之上，与遥感图像融合在一起随地形起伏。在互操作层面，紧密型二三维结合可以实现互编辑、分析等更高级的互操作。如图 6-4 中红色多边形为在二维窗口中解译的两个灾害体，解译编辑操作完成后会立即叠置于右半部分三维窗口的地形表面。

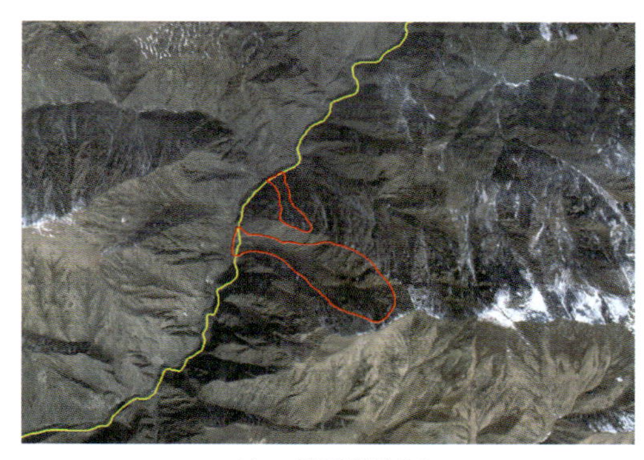

(a) 二维系统窗口

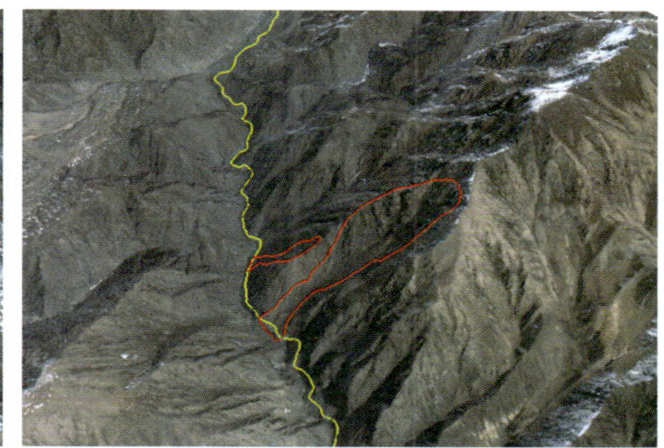

(b) 三维系统窗口

图 6-4 独库公路 G217 地质灾害信息二三维可视化 GIS 系统示例

6.2 高寒山区公路灾害救援路径分析

重大灾害后，公路应急的第一任务是尽快打通通往重灾区的道路，为灾区救援建立生命通道。因此，灾后选择哪条路线进行抢通是公路应急指挥人员最为迫切的决策。在通过遥感技术获取灾区路网全面灾情信息后，可以借助计算机和地理信息系统方法和模型，从灾区路网中快速计算出几条最易抢通的路线，从而为公路应急指挥人员提供有效的决策支持信息。

6.2.1 公路灾害救援路径分析技术原理

公路灾害救援路径分析的目的是从路网中找出到达目的地时间（包含阻断公路的抢通时间）最短的路线，其实质是最短路径分析问题。最短路径是图论中的一个重要问题，最短路径分析是地理信息系统的一个重要技术。最短路径问题又分为静态最短路径和时变最短路径。

1）静态最短路径

静态最短路径是指在静态路网中根据路网中各路线的权重，求算最短路径。静态路网是指路网中所有路段的权值不随时间的变化而改变，即路段权值为常数的路网。对应地，将静态最短路径算法称为求解静态路网中两点之间（或从源节点到路网中其他所有的节点，或所有节点对之间）最短路径的算法。

2）时变最短路径

时变最短路径是指在时变路网中根据路网中各路线的权重，求算最短路径。时变路网是指道路的权值随时间而变化的路网，也叫动态路网或时间依赖路网。适用于时变最短路径问题的算法叫时变最短路径算法，其主要应用领域是车辆导航。在道路网络中，如果以路径的通行时间为权值，那么同一条路的权值在一天中的不同时间段会有很大的不同（尤其是上下班高峰时段），这就需要采用时变最短路径算法来计算最短路径。

最短路径问题按主要影响因素类型可划分为距离最短和权重最小两类问题，如图 6-5 所示。其中距离最短主要根据路网各路径的长度计算最短路径；权重最小则考虑路网中影响各路径的多种因素的综合权重，计算网络中的权重最小路径。

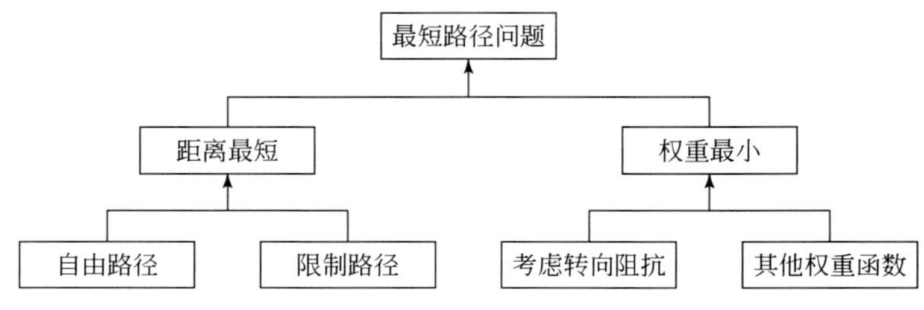

图 6-5 最短路径问题分类

灾后公路救援路径分析是在对灾区路网各路径受损情况下和遥感监测分析的基础上，利用公路网矢量数据与遥感监测的公路灾情数据，借助 GIS 的空间叠加分析和最短路径分析功能，计算出从灾区外进入灾区目标地点应该走的最佳救援路线。因此，灾区公路救援路径分析主要包括两个内容：一是分析叠加公路灾情遥感监测信息后公路网的连通性；二是计算基于公路网当前连通状况的最佳救援路径。

由于计算公路网中最佳救援路径是找出灾区公路网中最易抢通的路径，其考虑的因素是各路段的灾情严重程度，而不仅仅是路网中各路径长度的问题，因此，实际上求解灾后公路最佳救援路径就是寻找路网中的权重最小路径。

6.2.2　公路灾害救援路径分析技术方法

尽管相对于灾害发生前的路网而言，灾后的路网通行状况发生了变化，但由于这种变化并不随时间的变化而变化，路段权重的变化在遥感监测分析期内是相对不变的，因此公路灾害救援路径规划问题实际上还是一个静态最短路径问题，适用静态最短路径算法。经典的静态最短路径算法是迪杰斯特拉（Dijkstra）算法。该算法用于计算一个节点到其他所有节点的最短路径，其主要特点是以起始点为中心向外层层扩展，扩展到终点为止（图6-6）。当前成熟的GIS软件（如Arc GIS）已经将迪杰斯特拉算法固化为软件自身的最短路径分析功能。

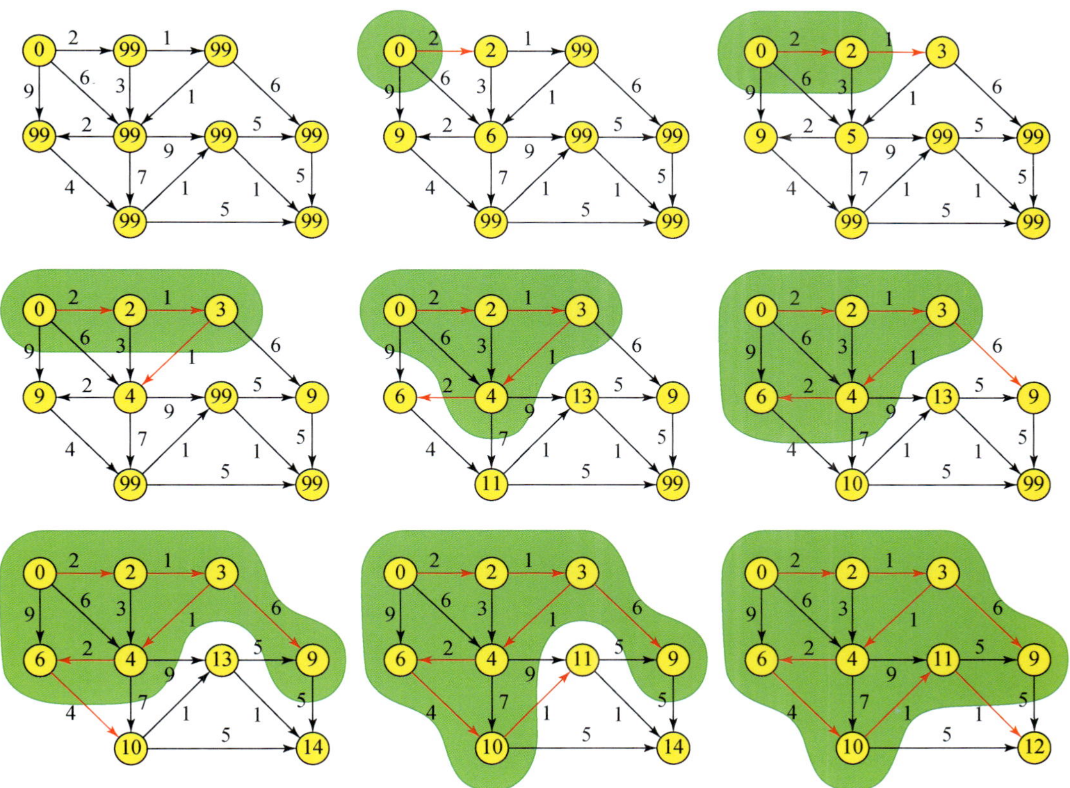

图6-6　迪杰斯特拉算法示意图

0点为初始原点，其他节点为待求最短路径的节点。节点上标注的数字为原点到这些节点的最短路径长度，初始化为99，其值在最短路径计算过程中不断更新。黑色线表示节点之间的路径及其方向，红色线为已经选择出的最短路径及其方向，黑色线和红色线上的数字为路径权重。绿色区域内的节点为已求出最短路径的节点，其节点上标注的数字为最终确定的原点到这些节点的最短路径长度

1. 公路灾害救援路径的选择原则

灾区救援路径的选择遵循以下原则：

1）无灾情最短路线最优先选择

现实情况下，某一路段无论发生何种灾害，该路段的通行能力都将受到严重影响。应急救援路径选择应优先考虑没有发生灾害的最短路线。

2）灾情越轻的路线越优先

现实情况中，公路应急抢通应首先选择通往灾区的最易于抢通的路线进行抢通保通。最易抢通的路线一定是灾情最轻的路线。

3）忽略经过被选择路线的时间成本

由于在路网中，到达同一地点的不同路线因受灾害影响的程度不同，其各自的时间成本（包括受阻路段的抢通时间和经过该路线需要花费的时间）很难准确计算，特别是路段抢通时间因抢通力量（包括同时施工的设备、人员）无法确定而无法准确估算，因此，实际应用中可对救援路径的选择忽略时间成本，采用简化路径权重设置模型来计算最佳救援路径。

4）灾害抢通困难程度按照泥石流小于滑坡或崩塌的原则

通过遥感识别的公路灾害总体分为泥石流、滑坡和崩塌，而且都是规模比较大的灾害（受遥感图像分辨率限制）。就这几种公路灾害的抢通难度而言，泥石流阻断公路通常是泥石流的堆积体，相对扁平、瓷实，抢通时只要在堆积体上铲出一个相对平整的路面即可，无须清除整个堆积体，比较容易抢通；滑坡和崩塌阻断公路通常是崩滑堆积体，相对高厚、松散，抢通是需要清掉堆积体的大部分，抢通相对费时费力。

2. 路径权重模型

本书中对某一路径的权重设定综合考虑该路径总长度、受损路段长度、路段抢通难度等因素建立权重计算模型。

路网中某一条完整路径的抢通难度为 E_t，假设该路径有多段损毁，各段抢通难度为 E_i，则该路径的抢通难度可用式（6-1）和式（6-2）计算。若整条路段无损毁，则 $E_t = \sum_{i=1}^{n} L$；否则 $E_t > \sum_{i=1}^{n} L$。

$$E_t = \sum_{i=1}^{n} E_i \tag{6-1}$$

$$E_i = L + L_i/L \times a \tag{6-2}$$

式中，L_i 为某一路段损毁长度，可利用遥感提取的灾害图层与路段矢量叠加计算得到，$i=1, 2, \cdots, n$，为组成某一路径的各条路段序号；L 为某一条路段的实际长度，由路网矢量属性获得；a 为不同类型灾害对应的抢通难度系数，灾害类型由遥感提取信息给出。

考虑路段有灾损比无灾损时对路段通行能力的影响严重得多，因此对于路段发生灾害情况赋予较高的难度系数，以突出其对通行能力的影响，如模型中难度系数可设定泥石流为 10，滑坡和崩塌为 30。

依据前述的公路灾害救援路径分析技术方法，对天山公路泥石流灾害发生前和发生后独山子区到和静县的最短路径进行分析，结果如图 6-7 所示。

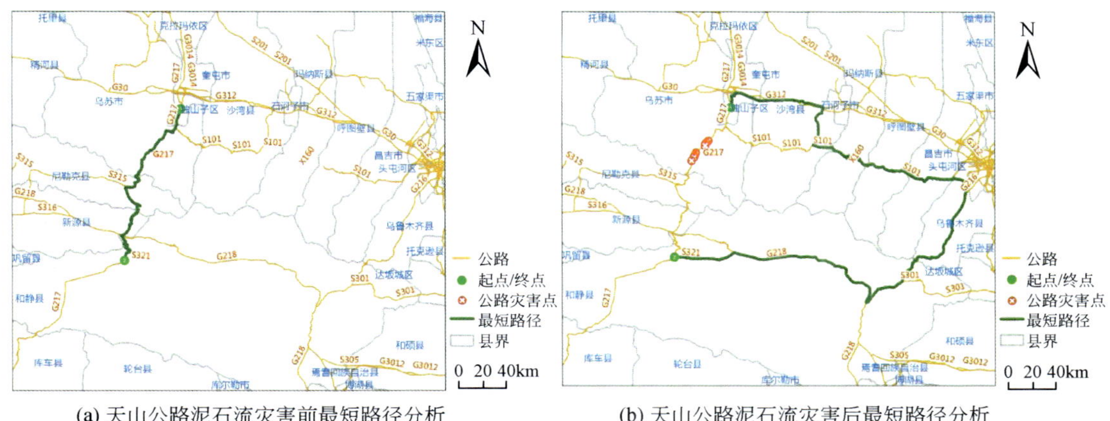

(a) 天山公路泥石流灾害前最短路径分析　(b) 天山公路泥石流灾害后最短路径分析

图 6-7　天山公路泥石流灾害前后最短路径分析

6.3　公路路堑高边坡危险性与受灾程度评估

我国公路建设方兴未艾，在山区公路的修建过程中，常常会遇到路堑高边坡，它的稳定性直接影响到公路工程的安全建设和运营，一旦它发生事故，或造成经济社会影响，或威胁生命财产安全。而对于山区公路高边坡，它的危险性如何、受灾后的灾害程度如何等是工程建设人员急于求知和研究人员不断探索的问题。然而，由于山区高速公路作为线状工程，其路堑高边坡分布零散、工点众多、特征各异，参照建筑边坡的详细勘察，投入足够多的勘察工作量是非常困难的。因此，路堑高边坡工程的灾害评估及管理已成为当前山区公路设计建造过程中的主要难题之一。

公路灾情评估的一般流程（图 6-8）包括评价区域概况调查、数据收集与处理、评价指标选取、指标分类分级、指标权重系数设置、评价模型建立、综合评价。公路地质灾害危险度评价模型的可行性及评价结果的可靠性依赖于获得的数据指标及模型方法的选择。

1）地质灾害危险度评价指标体系

评价指标体系是由若干个单项评价指标（因素）组成的有机整体，它应反映地质环境评价与地质灾害危险度预测的目标和要求，且要全面、合理、科学和实用，符合公路地质灾害危险度评价原则：①评价指标宜分为自然因素（即孕灾环境）和人为因素；②选择宏观因素，避开具体的物理力学性质指标；③评价指标对评价目标是必要和充分的；④评价指标力求简明，具有可操作性和针对性；⑤评价指标之间应尽可能相互独立。

根据以上原则，地质灾害危险度评价的指标体系可包括以下内容。

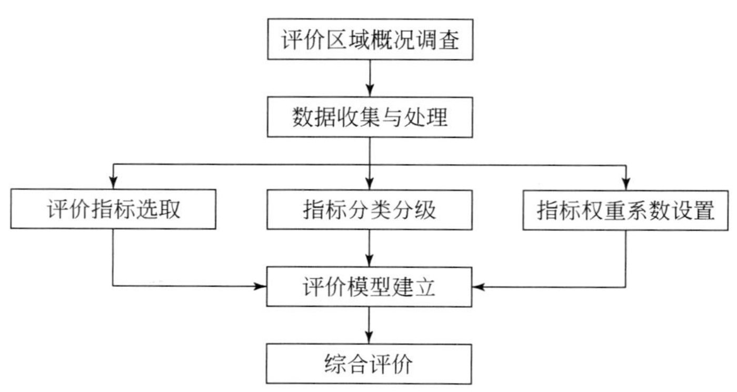

图 6-8　公路灾情评估流程图

（1）环境因子。其包括自然因子、地质因子和地质灾害本身的性质。自然因子有气候、植被、水文等；地质因子有地层岩性、地质构造等；地质灾害本身的性质有地质灾害所处的阶段和规模。

（2）人为因子。人类活动对地质灾害的影响主要表现在公路建设或改扩建时，边坡开挖经常导致边坡过高或过陡，原有边坡稳定条件发生改变，或掏空边坡坡脚，使边坡岩土体失稳而产生灾害，或在暂时稳定的边坡坡面上回填土石，增加坡体重量而导致边坡失稳。

以泥石流为例，其危险度基本评价要素一般包括地质条件、植被条件、人类活动条件及运动特征，每种条件中又包含众多因子（韩用顺等，2008）。运用遥感、GIS 可以比较快速地获取区域地质灾害研究所需的因子数据和地质灾害分布数据，结合区域地质调查资料，可有效快速地实现公路地质灾害的危险性评价，绘制地质灾害危险性分区专题地图，反映地质灾害发育的总体特征。

2）地质灾害危险度评价模型

公路路堑高边坡灾害评估包括公路路堑高边坡危险性评估和公路路堑高边坡受灾程度评估。前者是灾害发生前对路堑高边坡灾害发生的危险性进行评估，后者是灾害发生后对路堑高边坡灾害的受灾情况进行评估。公路路堑高边坡灾害评估的关键是评估指标体系和评估模型的建立。

6.3.1　高寒山区路堑高边坡灾害评估指标体系

路堑高边坡灾害评估指标体系的建立是路堑高边坡灾害评估的基础，选取的指标应具全面性和代表性。全面性指选取的指标尽可能涵盖路堑高边坡灾害风险及受灾程度的各个方面；代表性指选取的指标具有特殊性和典型性，便于定性描述和定量分级。本书参考边坡工程地质研究、标准规范等规定的各类指标分类标准，以及近年来我国多条高速公路多个高边坡设计的专家经验，根据建设规模、地质条件、地理环境、道路基础设施、受灾情况等将指标体系分为五类，这些指标是影响路堑高边坡风险水平及受灾程度的大类。在五大类指标的基础上，进一步提出细化分级指标，主要考虑可量化和细分的指标，便于操作，具体如下表 6-1 和表 6-2。在实际应用中，根据数据的获取情况，确定进入评估模型的指标。

表 6-1　路堑高边坡危险性评估指标体系

分类	评估指标	分级	基本分值（R_{ij}）		权重系数（γ_{ij}）	评估分值（X_{ij}）	说明
			分值范围	取值			
建设规模 X_1	边坡高度 H/m X_{11}	土质边坡 $H \geqslant 40$，岩质边坡 $H \geqslant 60$	75～100	R_{11}	γ_{11}	$X_{11}=R_{11}\times\gamma_{11}$	当单级土质边坡 $H=8$，岩质边坡 $H=10$ 时，取中间值；当岩质边坡 $H \geqslant 15$，土质边坡 $H \geqslant 12$ 时取大值；当土质边坡 $H \leqslant 6$，岩质边坡 $H \leqslant 8$ 时取小值
		土质边坡 $30 \leqslant H<40$，岩质边坡 $40 \leqslant H<60$	50～74				
		土质边坡 $20 \leqslant H<30$，岩质边坡 $30 \leqslant H<40$	25～49				
		土质边坡 $H<20$，岩质边坡 $H<30$	0～24				
	坡形坡率 $\Delta\alpha/(°)$ X_{12}	路堑边坡超过所在自然斜坡比拟坡度值 $\Delta\alpha \geqslant 15$	75～100	R_{12}	γ_{12}	$X_{12}=R_{12}\times\gamma_{12}$	自然坡斜坡的比拟坡是广义的概念，可选择当地极限稳定坡、稳定坡或所在自然坡的坡度
		$10 \leqslant \Delta\alpha<15$	50～74				
		$5 \leqslant \Delta\alpha<10$	25～49				
		$\Delta\alpha<5$	0～24				
地质条件 X_2	岩石风化程度 X_{21}	全风化：联结破坏，但外观尚保持原岩结构特点	75～100	R_{21}	γ_{21}	$X_{21}=R_{21}\times\gamma_{12}$	岩石风化程度能够反映边坡遭到各种地质营力的作用的程度，间接反映出边坡的稳定性程度
		强风化：风化裂隙发育，岩体呈干砌块石状，沿裂隙面特别是几组裂隙的交汇处风化尤为剧烈	50～74				
		弱风化：一般尚完好，有风化裂隙，沿裂隙面风化较为剧烈	25～49				
		微风化：结构未变，不易见到风化裂隙	0～24				

续表

分类	评估指标	分级	基本分值（R_{ij}）		权重系数（γ_{ij}）	评估分值（X_{ij}）	说明
			分值范围	取值			
地理环境 X_3	植被覆盖度/% X_{31}	0～20	75～100	R_{31}	γ_{31}	$X_{31}=R_{31}\times\gamma_{31}$	植被覆盖度指植被在地面的垂直投影面积占计算单元面积的百分比，它反映了某地区植被的生长程度，间接反映了植被类型对降雨产流的影响及坡面径流对边坡冲刷减弱的程度
		20～50	50～74				
		50～80	25～49				
		>80	0～24				
	年平均降雨量/mm X_{32}	>500	75～100	R_{32}	γ_{32}	$X_{32}=R_{32}\times\gamma_{32}$	年平均降雨量用来表示地区降雨对边坡的影响，一般来说，降雨量越大，边坡灾害发生的次数就越多
		300～500	50～74				
		100～300	25～49				
		0～100	0～24				
	河网密度/（m/km^2） X_{33}	1500～2000	75～100	R_{33}	γ_{33}	$X_{33}=R_{33}\times\gamma_{33}$	河网密度代表某地区边坡的地表水情况。地表水的水流能够不断地冲刷切割地表和岸坡，使其变陡，当侵蚀切入软弱结构面时，坡体上部悬空，就会造成崩塌
		1000～1500	50～74				
		500～1000	25～49				
		0～500	0～24				
	地表切割密度/（km/km^2） X_{34}	0.5～0.8	75～100	R_{34}	γ_{34}	$X_{34}=R_{34}\times\gamma_{34}$	地表切割密度也称沟谷密度或沟壑密度，由单位地表面积上的沟谷线总长度来度量，该指标代表沟谷的发育程度以及规模，当沟谷的宽度不同时，对边坡的影响力也会有所不同。宽沟谷地段溜沙坡更容易发生，在窄沟谷地段更容易发生坍塌
		0.3～0.5	50～74				
		0.1～0.3	25～49				
		<0.1	0～24				

续表

分类	评估指标	分级	基本分值（R_{ij}）		权重系数（γ_{ij}）	评估分值（X_{ij}）	说明
			分值范围	取值			
道路基础设施 X_4	排水设施有效性 X_{41}	排水设施基本损坏，基本失去排水能力	75～100	R_{41}	γ_{41}	$X_{41}=R_{41}\times\gamma_{41}$	公路的排水设施主要是为了排除路基和路面范围内的地下水和地表水，防止路面积水影响行车安全
		设施不能满足排水要求	50～74				
		部分设施不能满足排水要求	25～49				
		排水设施完好，具备较高泄水能力和防洪能力	0～24				
	路侧净空区宽度/m X_{42}	<3	75～100	R_{42}	γ_{42}	$X_{42}=R_{42}\times\gamma_{42}$	路侧净空区是防止路侧事故最为理想的对策。包括硬路肩、土路肩以及可控制行车的缓坡
		3～5	50～74				
		5～9	25～49				
		>9	0～24				

表 6-2　路堑高边坡受灾程度评估指标体系

分类	评估指标	分级	基本分值（R_{ij}）		权重系数（γ_{ij}）	评估分值（X_{ij}）	说明
			分值范围	取值			
建设规模 X_1	边坡高度 H/m X_{11}	土质边坡 $H\geqslant40$，岩质边坡 $H\geqslant60$	75～100	R_{11}	γ_{11}	$X_{11}=R_{11}\times\gamma_{11}$	当单级土质边坡 $H=8$，岩质边坡 $H=10$ 时，取中间值；当岩质边坡 $H\geqslant15$，土质边坡 $H\geqslant12$ 时取大值；当土质边坡 $H\leqslant6$，岩质边坡 $H\leqslant8$ 时取小值
		土质边坡 $30\leqslant H<40$，岩质边坡 $40\leqslant H<60$	50～74				
		土质边坡 $20\leqslant H<30$，岩质边坡 $30\leqslant H<40$	25～49				
		土质边坡 $H<20$，岩质边坡 $H<30$	0～24				
	坡形坡率 $\Delta\alpha$/(°) X_{12}	路堑边坡超过所在自然斜坡比拟坡度值 $\Delta\alpha\geqslant15$	75～100	R_{12}	γ_{12}	$X_{12}=R_{12}\times\gamma_{12}$	自然坡斜坡的比拟坡是广义的概念，可选择当地极限稳定坡、稳定坡或所在自然坡的坡度
		$10\leqslant\Delta\alpha<15$	50～74				
		$5\leqslant\Delta\alpha<10$	25～49				
		$\Delta\alpha<5$	0～24				

续表

分类	评估指标	分级	基本分值（R_{ij}）		权重系数（γ_{ij}）	评估分值（X_{ij}）	说明
			分值范围	取值			
地质条件 X_2	岩石风化程度 X_{21}	全风化：联结破坏，但外观尚保持原岩结构特点	75～100	R_{21}	γ_{21}	$X_{21}=R_{21}\times\gamma_{21}$	岩石风化程度能够反映边坡遭到各种地质营力作用的程度，间接反映出边坡的稳定性程度
		强风化：风化裂隙发育，岩体呈干砌块石状，沿裂隙面特别是几组裂隙的交汇处风化尤为剧烈	50～74				
		弱风化：一般尚完好，有风化裂隙，沿裂隙面风化较为剧烈	25～49				
		微风化：结构未变，不易见到风化裂隙	0～24				
地理环境 X_3	植被覆盖度/% X_{31}	0～20	75～100	R_{31}	γ_{31}	$X_{31}=R_{31}\times\gamma_{31}$	植被覆盖度指植被在地面的垂直投影面积占计算单元面积的百分比，它反映了某地区植被的生长程度，间接反映了植被类型对降雨产流的影响及坡面径流对边坡冲刷减弱的程度
		20～50	50～74				
		50～80	25～49				
		>80	0～24				
	河网密度/(m/km²) X_{32}	1500～2000	75～100	R_{32}	γ_{32}	$X_{32}=R_{32}\times\gamma_{32}$	河网密度，代表某地区边坡的地表水情况。地表水的水流能够不断地冲刷切割地表和岸坡，使其变陡，当侵蚀切入软弱结构面时，坡体上部悬空，就会造成崩塌
		1000～1500	50～74				
		500～1000	25～49				
		0～500	0～24				

续表

分类	评估指标	分级	基本分值（R_{ij}）		权重系数（γ_{ij}）	评估分值（X_{ij}）	说明
			分值范围	取值			
道路基础设施 X_4	排水设施有效性 X_{41}	排水设施基本损坏，基本失去排水能力	75 ~ 100	R_{41}	γ_{41}	$X_{41}=R_{41}\times\gamma_{41}$	公路的排水设施主要是为了排除路基和路面范围内的地下水和地表水，防止路面积水影响行车安全
		设施不能满足排水要求	50 ~ 74				
		部分设施不能满足排水要求	25 ~ 49				
		排水设施完好，具备较高泄水能力和防洪能力	0 ~ 24				
	路侧净空区宽度/m X_{42}	<3	75 ~ 100	R_{42}	γ_{42}	$X_{42}=R_{42}\times\gamma_{42}$	路侧净空区是防止路侧事故最为理想的对策。包括硬路肩、土路肩以及可控制行车的缓坡
		3 ~ 5	50 ~ 74				
		5 ~ 9	25 ~ 49				
		>9	0 ~ 24				
受灾情况 X_5	灾体体积/m^3 X_{51}	特大型滑坡（100000000 ~ 1000000000）	75 ~ 100	R_{51}	γ_{51}	$X_{51}=R_{51}\times\gamma_{51}$	—
		大型滑坡（1000000 ~ 100000000）	50 ~ 74				
		中型滑坡（100000 ~ 1000000）	25 ~ 49				
		小型滑坡（<100000）	0 ~ 24				
	受灾程度 X_{52}	重灾（灾害波及整个公路影响正常运营）	75 ~ 100	R_{52}	γ_{52}	$X_{52}=R_{52}\times\gamma_{52}$	—
		中灾（灾害波及边坡及公路附近区域）	50 ~ 74				
		轻灾（灾害涉及公路）	25 ~ 49				
		微灾（灾害只发生在边坡上）	0 ~ 24				

由于公路路堑高边坡灾害评估的指标繁多，实地获取难度较大，而遥感技术可以方便地获取公路路堑边坡灾害评估指标中的部分指标（如植被覆盖度、灾害体积等），因此在路堑边坡灾害评估中引入遥感技术将大大减少信息获取的难度和工作量，且提高了评估的效率和客观性。

6.3.2 高寒山区路堑高边坡危险性和受灾评估模型

通过总结分析地质灾害评价的理论和方法，根据公路工程的特点，选择层次分析法建立公路边坡危险性和受灾评估模型。路堑高边坡危险性和受灾评估模型如下：

$$F=\sum X_{ij}=\sum (R_{ij}\times \gamma_{ij}) \tag{6-3}$$

式中，F 表示危险度或受灾程度；γ_{ij}表示评价指标权重系数；R_{ij}表示评价指标的基本分值（或称作用指数）。

权重系数反映了评估指标对风险和受灾程度影响的程度，目前还没有一种方法能准确确定其数值。按评估指标重要性排序确定权重取值的方法，即重要性排序法，对评估指标按重要性排序，视相邻指标权重系数差值相同，具有一定的合理性和科学性。采用重要性排序法，可根据表 6-3 选取权重系数进行简化处理。

表 6-3　重要性排序法权重系数表

指标项目数量	权重系数	指标重要性排序												总权重
		第一	第二	第三	第四	第五	第六	第七	第八	第九	第十	第十一	第十二	
		1	2	3	4	5	6	7	8	9	10	11	12	
一项	γ	1.00	—	—	—	—	—	—	—	—	—	—	—	$\sum\gamma=1$
二项	γ	0.75	0.25	—	—	—	—	—	—	—	—	—	—	$\sum\gamma=1$
三项	γ	0.56	0.33	0.11	—	—	—	—	—	—	—	—	—	$\sum\gamma=1$
四项	γ	0.44	0.31	0.19	0.06	—	—	—	—	—	—	—	—	$\sum\gamma=1$
五项	γ	0.36	0.28	0.20	0.11	0.05	—	—	—	—	—	—	—	$\sum\gamma=1$
六项	γ	0.31	0.25	0.19	0.14	0.08	0.03	—	—	—	—	—	—	$\sum\gamma=1$
七项	γ	0.27	0.22	0.18	0.14	0.10	0.06	0.03	—	—	—	—	—	$\sum\gamma=1$
八项	γ	0.23	0.20	0.17	0.14	0.11	0.08	0.05	0.02	—	—	—	—	$\sum\gamma=1$
九项	γ	0.21	0.19	0.16	0.14	0.11	0.09	0.06	0.03	0.01	—	—	—	$\sum\gamma=1$
十项	γ	0.19	0.17	0.15	0.13	0.11	0.09	0.07	0.05	0.03	0.01	—	—	$\sum\gamma=1$
十一项	γ	0.17	0.16	0.14	0.12	0.11	0.09	0.07	0.06	0.04	0.03	0.01	—	$\sum\gamma=1$
十二项	γ	0.16	0.15	0.13	0.12	0.10	0.09	0.08	0.06	0.05	0.03	0.02	0.01	$\sum\gamma=1$

路堑高边坡灾害评估流程如下。

第一步，确定权重系数：

$$\gamma=2n-2m+1/n2 \tag{6-4}$$

式中，γ 为权重系数，也可以通过重要性排序法权重系数表获得；n 为评估指标（重要指标）项数；m 为重要性排序号，$m\leqslant n$。

第二步，计算单因子分值：

$$X_{ij}=R_{ij}\times\gamma_{ij} \tag{6-5}$$

式中，X_{ij}为评估指标的分值；R_{ij}为评估指标的基本分值。

第三步，计算评估分值：

$$F=\sum X_{ij} \tag{6-6}$$

第四步，确定评估等级，计算出 F 后，对照表 6-4 确定路堑高边坡危险性等级和受灾等级。

表 6-4　路堑高边坡危险性等级和受灾等级划分标准

危险性等级/受灾等级	F
等级 Ⅳ（极高危险/极重灾害）	$F>60$
等级Ⅲ（高度危险/重度灾害）	$45<F\leqslant 60$
等级Ⅱ（中度危险/重度灾害）	$30<F\leqslant 45$
等级Ⅰ（低度危险/轻度灾害）	$F\leqslant 30$

6.3.3　冰川泥石流灾害危险度评价——以天山公路（G217）为例

本节利用地质灾害危险度评价方法，综合考虑地形地貌、植被条件及土地利用方式等因素，对新疆塔城地区乌苏市境内天山公路（G217）沿线区域的泥石流灾害危险度进行评估。

1. 试验区概况

试验区位于新疆维吾尔自治区塔城地区乌苏市，独（独山子）库（库车）公路又名天山公路（图 6-9）。天山公路北起油城独山子，南至库车县城，位于 41°43′N～44°37′N，83°04′E～84°52′E，是国道 217 线的一段（K553～K1089），总里程 537km。全线地质条件极其复杂，全程大部分区域都是穿越海拔 2000m 以上的高寒山区，途经奎屯河、喀什河、巩乃斯河、开都河、库车河等众多水系。世界上公路所能遇到的地质灾害，如崩塌、滑坡、泥石流、冻土、雪崩、水毁等，在这里几乎都有发生，因此天山公路堪称公路病害的“博物馆”。天山公路沿线最主要的灾害有两类，一是雪害严重，一般在每年 11 月封山，次年 5 月消融，只能通车半年；二是泥石流频繁阻断交通，全线较大的泥石流多发地有 5 处，总长约 2000m。

天山公路是连接新疆南北的主要国防公路，担当新疆“二纵三横”主要公路中的一部分，但公路两侧的地质灾害频发，使该公路无法保持正常通行，降低了公路通车量和使用性，进而严重影响了新疆的经济发展和沿线居民的生命财产安全。

2. 数据收集与处理

对试验区内泥石流危险度评价以 30m 数字高程数据、路网数据和遥感图像数据为基本

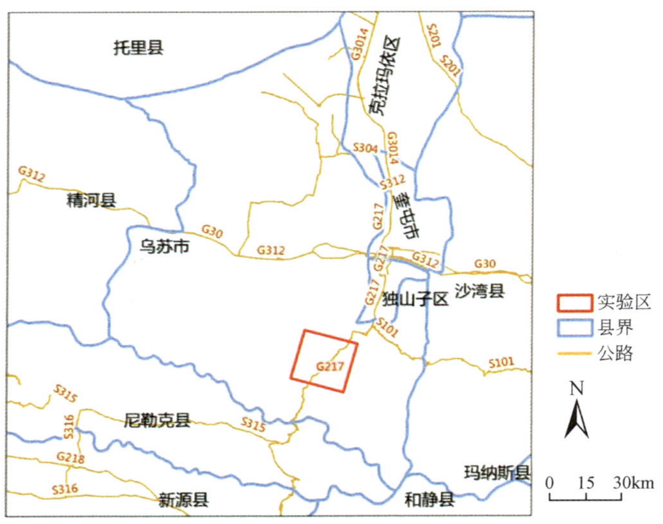

图 6-9　天山冰川泥石流危险度评价试验区范围

数据源。其中遥感图像数据包括 Landsat-8 卫星 OLI 传感器 30m 多光谱数据和 GF-2 卫星 4m 多光谱数据等。

原始数据以 DEM 为基准进行空间配准，以 GF-2 图像区域范围为边界进行数据裁剪，生成了试验区内的相关数据，遥感数据覆盖情况如图 6-10 所示，DEM 数据如图 6-11 所示。

(a) Landsat-8 OLI数据覆盖图

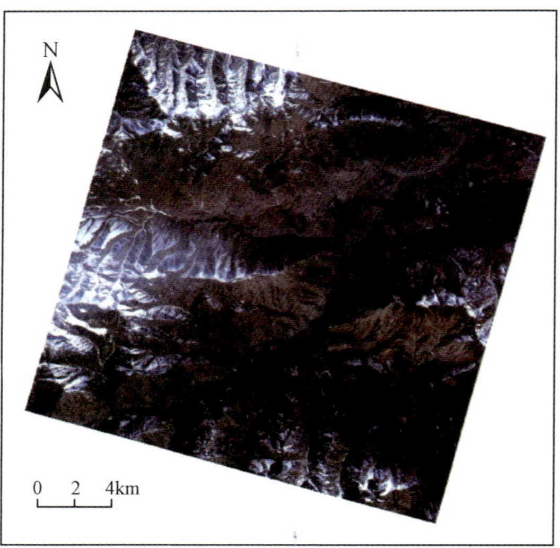

(b) GF-2数据覆盖图

图 6-10　天山公路试验区遥感数据覆盖图

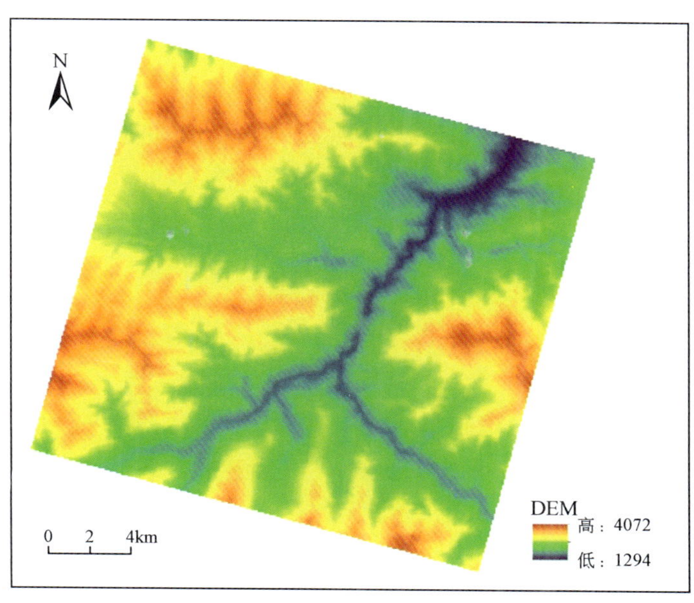

图 6-11　天山公路实验区 DEM 数据

3. 评价指标

泥石流的形成具备三个基本条件。①丰富的松散固体物质：泥石流发育的地方，岩性均软弱，风化强烈，地质构造复杂，极易导致岩层破碎；②足够的水源：降雨主要集中在夏季，且以大、暴雨居多；③陡峭的地形：天山公路沿线大部分地区为山区，山高谷深，地面支离破碎，地势高低起伏，为泥石流的形成提供了较大的势能。由于评价模型中各种指标的获取需耗费大量的人力物力，本书中考虑地形地貌、植被条件及土地利用等泥石流风险的主控因子进行建模，同时也考虑尽量降低模型的复杂程度与指标获取的可行性。在评价中主要选取了以下几方面的因子。

1）地形地貌

乌苏市位于新疆维吾尔自治区西北部，天山北麓，准噶尔盆地西南缘，全区地形自南向北倾斜，由南向北可分为高山区、中/低山区、丘陵区、倾斜平原及荒漠区五个地形带。北部的准噶尔盆地主要由冲积平坦平原构成，中部为盆地到山地的过渡带，由冲积洪积倾斜平原和干燥剥蚀低山区构成，南部为天山山地，由干燥剥蚀中山区、侵蚀剥蚀中山区和冰缘、冰川作用高山区构成。试验区主要位于乌苏市境内南部天山北坡的中山区与高山区，中山区河流深切河谷，地形较为破碎，高山区海拔达 3000 ~ 4500m，地形条件成为该区对泥石流发育分布起控制性作用的条件。

DEM 作为地形数据的集合，利用 DEM 可以自动提取坡度等地形因子。为此，以 DEM 为数据源，提取试验区地形坡度信息（图 6-12），并根据坡度值进行地形因子的作用指数赋值。

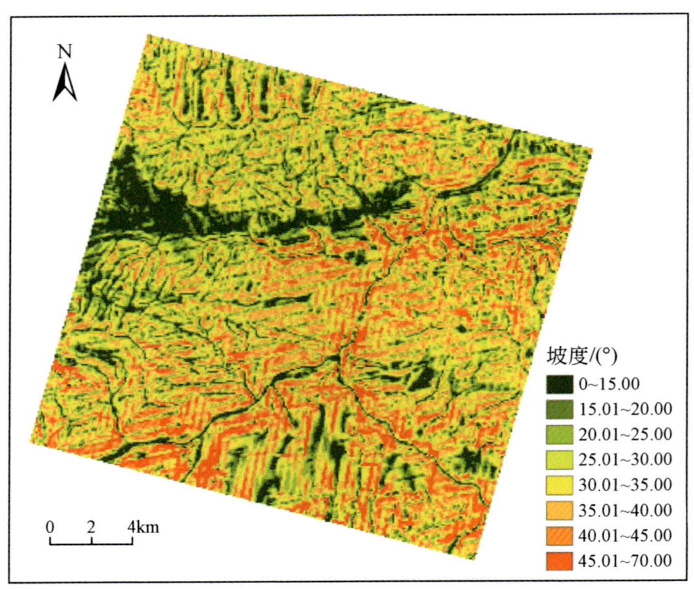

图 6-12　天山试验区坡度分布图

2）植被覆盖

植被覆盖对泥石流的形成具有重大影响，有森林覆盖的土地有利于降水的截留以及土壤性能的保持。本试验区植被覆盖度较低，且由于地质灾害多发，森林植被遭到严重破坏，裸露土壤增加，使雨水更加容易入渗，增加了滑塌的危险性，从而加大了泥石流发生的可能性。

归一化植被指数（NDVI）又称标准化植被指数，是反映土地覆盖植被状况的一种遥感指标，定义为近红外波段与红波段反射率之差与之和的比值，即 NDVI=(NIR−R)/(NIR+R)，其中 NIR 为近红外波段的反射率，R 为红波段的反射率。NDVI 通过比值运算，可以部分消除太阳高度角变化、卫星视角和大气削弱等影响，在使用遥感图像进行植被研究以及植物物候研究中得到广泛应用，它是植物生长状态以及植被空间分布密度的最佳指示因子，与植被分布密度呈线性相关。在确定植被覆盖因子作用指数时，认为植被指数高（NDVI 一般在 0.5 以上）的区域泥石流发生的风险较低，而植被指数低（NDVI 一般在 0.4 以下）的区域，如土壤岩石裸露地区，其发生泥石流的风险相对较高。本书中先利用 Landsat-8 卫星 OLI 传感器数据反演 NDVI，再对结果进行作用指数分级赋值，结果如图 6-13 所示。

3）土地利用

土地利用是自然基础上人类活动的直接反映。大量未利用地及林地转换为耕地或者建设用地，森林植被的减少导致山区坡体抗冲能力的降低，裸露土壤增加，使雨水更加容易入渗，也增加了滑塌的危险性，从而加大了泥石流发生的可能性。因此以土地利用现状为依据，对各土地利用类型的泥石流风险作用指数进行分级赋值，将覆盖度高的林地视为最不利于泥石流发生的类型，草地次之，建设用地（包括居民点、工矿用地、道路等）所占区域及裸地/裸岩区最容易发生泥石流。

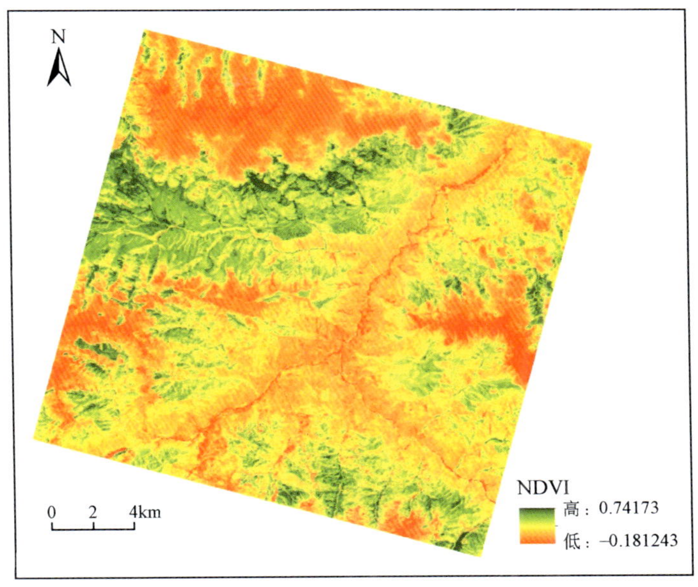

图 6-13　天山试验区 NDVI 分布图

根据试验区的特点，本书将土地利用类型主要归为中高密度植被、低密度植被、裸地/裸岩、水体、冰雪/云、阴影 6 大类。采用 Landsat-8 卫星 OLI 多光谱遥感数据进行监督分类，并利用 GF-2 高分辨率遥感图像对分类结果进行对比验证，得到土地利用分类图，结果如图 6-14 所示，然后依据土地利用分类图对各土地利用类型的作用指数进行赋值。

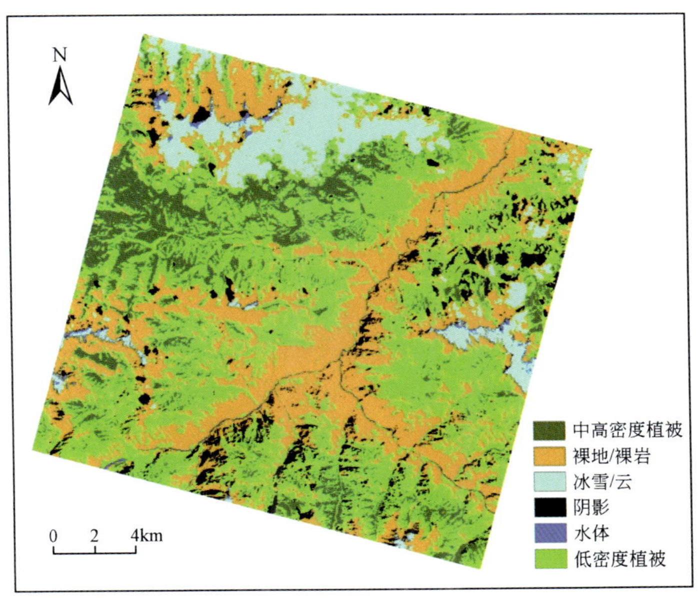

图 6-14　试验区土地利用图

4. 评价模型

公路泥石流灾害危险度评价采用以下流程，即将上述选取的泥石流危险度评价指标进行规范化处理，然后通过专家打分确定各指标的权重，最后建立评价模型。评价模型的建立采用空间分析方法，将 GIS 系统中存储的三类评价因子指标图层进行空间叠加分析，通过多要素综合得到每一评价单元危险度评价分值，从而确定泥石流发生的危险程度。

5. 评价结果

依据上述方法流程，得出试验区泥石流危险度分布图（图 6-15），将试验区泥石流发生的危险度划分为三级区，即高危险区、中危险区、低危险区。为了得到泥石流影响公路的危险区域范围，以公路两侧 500m 范围做缓冲区，对结果进行进一步划分（图 6-16）。

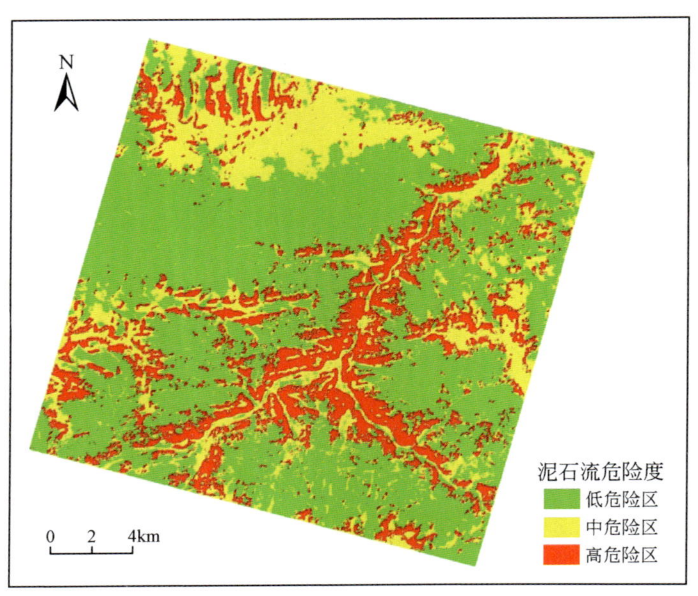

图 6-15　试验区泥石流危险度分布图

以新疆天山公路 G217 线 K636 和 K637 两处千米级泥石流重灾区的高边坡为例，开展路堑高边坡灾害危险性评估，这两处泥石流的几何特征已在第 3 章 3.3 节进行了介绍。

通过专家经验、实地勘测、遥感技术等途径获得这两处路堑边坡均为土质边坡，边坡高度分别为 2098m（K636）和 2064m（K637），坡形坡率均大于 15°，裸露岩体处于全风化状态，植被覆盖度分别为 10%（K636）和 20%（K637），年平均降水量均为 230mm，河网密度均为 1500m/km^2，地表切割密度均为 0.1km/km^2，排水设施有效性均为能满足要求，路侧净空区宽度均为 4m。

在获取天山公路 K636 和 K637 处建设规模（边坡高度、坡形坡率）、地质条件（岩石风化程度）、地理环境（植被覆盖度、年平均降水量、河网密度、地表切割密度）、道路基础设施（排水设施有效性、路侧净空区宽度）等指标信息的基础上，路堑边坡灾害危险性评估的步骤为：

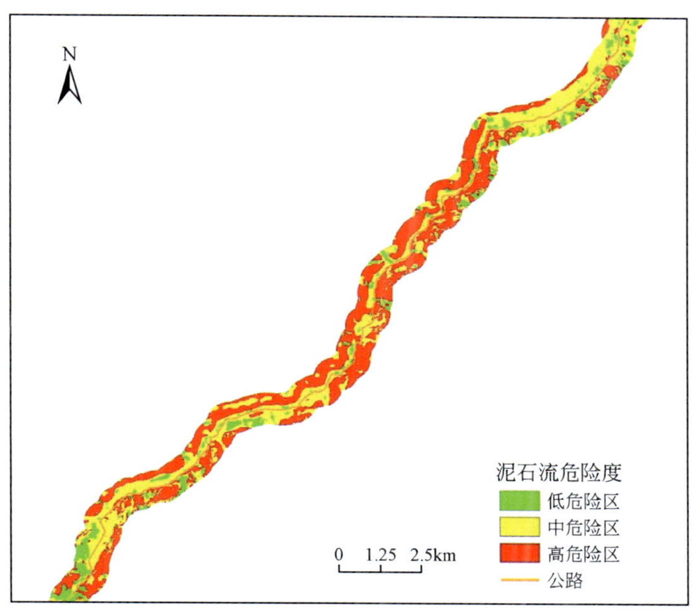

图 6-16　试验区公路沿线泥石流危险度分布图

首先，根据表 6-1，将获取的定性、定量指标值转换为对应的基本分值，K636 和 K637 的评价指标的基本分值向量分别为 $R=[100, 100, 100, 87.5, 40.6, 75, 25, 0, 62]$ 和 $R=[100, 100, 100, 75, 40.6, 75, 25, 0, 62]$。

其次，查找表 6-3，确定各个指标的权重系数。因 K636 和 K637 处选用的评估指标体系相同，二者的权重向量也相同，均为 $W=[0.21, 0.19, 0.16, 0.14, 0.11, 0.09, 0.06, 0.03, 0.01]$。

然后，利用层次分析法建立的公路边坡危险性和受灾评估模型，计算边坡灾害危险性评估分值分别为 81.6（K636）和 79.8（K637）。

最后，对照表 6-4 确定危险性等级，可以判断这两处边坡的灾害危险性评价结果均为等级Ⅳ（极高危险）。

第三篇　基于北斗系统的高寒山区公路地质灾害监测预警

在遥感区域解译后，结合危险区域边坡分布，在现场调研基础上，本篇选定天山山脉和阿勒泰山脉典型的路堑边坡进行单体边坡监测预警，主要基于北斗的定位功能和通信（北斗短报文）功能开展相关研究（Gili et al., 2000）。北斗卫星导航系统空间段计划由35颗卫星组成，由空间段、地面段和用户段三部分组成，在天山无人区主要利用北斗系统的定位和通信（短报文）两个功能开展冰川泥石流监测和数据传输。北斗系统具有以下特点。

（1）北斗系统空间段采用三种轨道卫星组成的混合星座，与其他卫星导航系统相比高轨卫星更多，抗遮挡能力强，尤其是低纬度地区性能特点更为明显。

（2）北斗系统提供多个频点的导航信号，能够通过多频信号组合使用等方式提高服务精度；北斗使用的是三频信号，GPS 使用的是双频信号，这是北斗的后发优势（郝斌，2006；江开超，2006；曹闽，2008；周林丽，2010；朱永辉，2010；郭晋，2011）。

（3）北斗系统创新融合了导航与通信能力，具有实时导航、快速定位、精确授时、位置报告和短报文通信服务五大功能。

考虑到现场泥石流产生为山上冰雪、冻土融化造成的，且经过现场勘察，实地海拔落差较大，地形复杂，上游人工施工困难，本次设计泥石流监测站安装在人员可到达的泥石流沟中游和下游，方便及时报警。

新疆公路泥石流地质灾害在线监测预警系统由前端数据采集系统（野外一体化地灾监测站）、数据通信系统、数据处理分析与发布预警系统三部分组成。因为地灾区相对位置偏远，一般采用太阳能供电，天山山脉里面大部分区域为无人区，没有 GPRS 覆盖，所以本次监测采用北斗卫星的通信功能，短报文传输方式把采集到的数据传输至监控中心。

现场采集的数据传输至监控中心后由服务器后台运行的采集处理软件进行采集处理分析，处理后的数据存入 SQL① 数据库，最后由地灾自动化在线监测软件进行数据分类分析、发布展示、设置报警值、系统巡检、发布报警信息等。

---

① 结构化查询语言（structured query language，SQL）。

第 7 章　高寒山区岩质路堑高边坡稳定性监测评价

S226 处于剥蚀构造中山区，整条道路由于地质灾害频发，施工和治理难度非常大，以 K36+500 附近的边坡为研究代表（图 7-1），该处受河道和堆积体影响，河谷较窄，地表切割较深，地形陡峻。形成的岩质斜坡（高、陡坎）上陡下缓，相对高差 30 ~ 150m，斜坡的坡度局部大于 60°，爆破施工难度较大，容易造成河道变窄或堆积体失稳。

图 7-1　S226 沿线 K36+500 两侧的岩质边坡和堆积体

该区内植被稀疏，岩石裸露，受区域构造影响，岩石节理裂隙发育，岩体较为破碎；该区属典型的大陆性寒温带干旱气候，为全国的高寒地区之一，冻融风化作用严重。依托工程区域地震基本烈度为Ⅷ ~ Ⅸ度等高烈度地区，强烈地震及部分段落受边坡开挖等人类工程活动等影响，破坏了山体原有的平衡。

7.1　富蕴—可可托海 S226 路堑边坡岩体结构特征

7.1.1　S226 坡体结构

S226 沿线的岩性主要为深变质的砂砾岩、片麻岩、片岩夹变质流纹岩、酸性凝灰熔岩、混合岩、变粒岩，底部有石英变粒岩，厚度为 759 ~ 1108m，主要分布于线路里程 K29+520—K37+020 段。第四系（Q）分布在现代河床、阶地、坡麓等处，其成因类型主要有坡积、崩积、冲积、洪积等。

结合公路边坡的工程特点和要求，发现 S226 路堑边坡工程较适于按照边坡的物质组成结合其坡体结构特征进行分类，即主要类型基于边坡物质组成，亚次类型基于坡体结构特征。基于边坡物质组成，路堑边坡类型可以划分为土质边坡、岩质边坡和二元结构边坡三个基本类型，见表 7-1。

表 7-1　路堑边坡分类表

<table>
<tr><th>边坡分类</th><th>一级分类</th><th>二级分类</th><th>三级分类</th></tr>
<tr><td rowspan="17">路堑边坡工程</td><td rowspan="4">土质边坡</td><td>均质边坡</td><td>—</td></tr>
<tr><td rowspan="3">类土质边坡</td><td>坡残积土边坡</td></tr>
<tr><td>风化土边坡</td></tr>
<tr><td>崩塌、滑坡、泥石流堆积土边坡</td></tr>
<tr><td rowspan="11">岩质边坡</td><td>破碎岩石边坡</td><td>—</td></tr>
<tr><td rowspan="4">节理岩石边坡</td><td>楔形体岩石边坡</td></tr>
<tr><td>弱面控制岩石边坡</td></tr>
<tr><td>断续节理岩石边坡</td></tr>
<tr><td>节理化岩石边坡</td></tr>
<tr><td rowspan="6">层状岩石边坡</td><td>近水平层状岩石边坡</td></tr>
<tr><td>缓坡顺倾层状岩石边坡</td></tr>
<tr><td>等坡顺倾层状岩石边坡</td></tr>
<tr><td>陡坡顺倾层状岩石边坡</td></tr>
<tr><td>陡坡反倾层状岩石边坡</td></tr>
<tr><td>缓坡反倾层状岩石边坡</td></tr>
<tr><td rowspan="2">二元结构边坡</td><td>近水平二元结构边坡</td><td rowspan="2">—</td></tr>
<tr><td>倾斜二元结构边坡</td></tr>
</table>

土质边坡是指构成边坡主体为土类物质，根据土类物质的均匀性程度的不同，可分为均质土边坡和类土质边坡（周平根，2004）。均质土边坡是指组成物质成分单一、结构均匀、力学性质相同且各向同性的坡体结构状态。S226 类土质边坡是指边坡主体由不同时期成因坡体堆积物（图 7-2）或岩土体经过强烈风化作用形成（主要为冰碛物）并保留或残存原岩结构特征的风化土体物质或砂土状强风化岩层物质组成的边坡，包括坡残积土边坡、全风化或强风化软岩边坡。

图 7-2　类土质边坡（松散堆积体）

一般地，对于交通道路边坡工程，纯土质边坡较为少见，大多由坡残积土层、全强风化土层和堆填土层组成。均质土边坡，严格地说，即似均质土边坡，常见于填土路基或路堤，其物质组成相对均匀，土层性质较为单一，坡体结构比较简单，其边坡稳定性分析计算理论和方法亦相对完善和可靠；对于路堑边坡，由于其坡体组成土体物质的成因性质和结构状态的差异和变化，坡体结构相对复杂，一般概称为类土质边坡，也可视为含有结构面（或不连续面）的土质边坡，在高寒山区的类土质边坡即冰碛物或冻融风化产物经过长时间的堆积后形成。

S226 沿线岩质边坡是指边坡主体由岩石组成，基于岩体风化破碎程度和结构面特征，富蕴—可可托海地区可以分为节理岩石边坡、破碎岩石边坡和层状岩石边坡。节理岩石边坡是指风化破碎和节理发育不规则的岩体组成的边坡，主要由以下各岩组岩石构成：沉积岩组的巨厚层或厚层石灰岩，白云岩类；变质岩组的混合岩和片麻岩等节理岩石。路堑边坡的组成岩体通常呈块状结构、镶嵌结构或厚层状，岩体较完整，一般稳定性条件较好，易形成高陡边坡，其失稳形态多沿结构面产生崩塌（图 7-3），局部形体破坏或沿复合结构面的整体滑动，稳定性受结构面抗剪强度与岩石抗剪断强度控制，常体现为岩体综合抗剪强度。另外，差异风化界面是节理岩石路堑边坡产生变形破坏的另一个重要依附面，尤其当风化界面过渡较为剧烈时，其物理力学性质差异较大，且产状一般顺倾向坡面，易聚水软化发育成控制性滑移底界。

图 7-3　可可托海路堑岩质边坡

破碎岩石边坡是指坡体由构造破碎带、风化成碎块状的岩体或破碎岩块组成的边坡。破碎岩石边坡的稳定性取决于岩块间的镶嵌情况和咬合力，一般发育为圆弧破坏模式或者圆弧与折线的组合模式。破碎体内经常发育软弱带或软弱夹层，特别是在地下水富集时将成为边坡变形破坏的主要依附面。

因为富蕴地区发育走滑构造，20 世纪初的地震裂带对区域岩体稳定性有着控制性影响。构造破碎体一般发育于大断层破碎带或几条断层交汇处，岩体经历了褶曲等构造挤压、风化和地下水等内外营力作用而严重破碎，节理裂隙密集，岩块尺寸非常小，咬合程度很差。岩体结构面发育，多、短、小且分布不规则，密度大，平整度很差，充填物复杂，其岩体结构一般呈碎裂结构和散体结构，虽然这种破碎岩石边坡在路堑边坡中数量不是很多，但是一旦发生则破坏威胁很大，往往成为极难处理的焦点工程。

层状岩石边坡是指由层状或似层状结构的岩体组成路堑边坡。层状岩石边坡因为特殊的层状岩体结构和结构面、软弱夹层的存在而表现为强烈的各向异性特征，多发育于沉积岩和变质岩地层，火成岩地层也可能存在似层状的坡体结构。其按成因类型一般可划分为两类，一类是以沉积岩为代表的原生层状结构；另一类是以变质岩为主，与构造成因有关。板裂层状岩石边坡的划分有多种方式，将层状结构岩体按边坡与岩层产状关系分为四种类型，即水平岩层边坡、切层边坡、顺层边坡及反倾边坡。根据实际工程，将层状岩石边坡分为层状同向缓倾岩质边坡、层状同向陡倾岩质边坡、层状反向结构岩质边坡和层状斜向结构岩质边坡。

基于岩层产状与坡体形态的相对关系，以及层面倾角对边坡的稳定性影响程度的不同及其边坡变形破坏模式的差异，将 S226 沿线层状岩石边坡分为近水平层状岩石边坡、顺倾层状岩石边坡、直立层状岩石边坡和反倾层状岩石边坡。顺倾层状岩石边坡又可依据其与边坡坡角的相对陡缓细分为缓坡顺倾层状岩石边坡、等坡顺倾层状岩石边坡和陡坡顺倾层状岩石边坡；反倾层状岩石边坡又可根据其倾角陡缓细分为缓坡反倾层状岩石边坡和陡坡反倾层状岩石边坡。这种划分是依据岩层产状与开挖面在平面内的交角组合关系而确立的，一般认为优势结构面走向与线路走向成斜交时，其层状控制效应将弱化。

S226 二元结构边坡是指组成边坡主体的上覆土层与下伏岩体基本相当（图 7-4），其工程特性主要体现其上下二元接触特征。根据土岩接触界面的陡缓，二元结构边坡又可分为近水平二元结构边坡和倾斜二元结构边坡。近水平二元结构边坡下部岩土体较为稳定，边坡的稳定与破坏主要体现在上部土体的变性特征和规律，倾斜二元结构边坡角度一般大于 10°，主要体现在上覆坡残积土层沿下伏基岩顶面的变形和破坏。

图 7-4　S226 沿线坡体的二元结构

7.1.2　S226 边坡冻融破坏块体尺寸几何特征

阿勒泰山脉基岩在冻融破坏等内外动力作用下破坏成极不规则形状的冰碛物，如果把这些复杂的图形简化成立方体、双锥体、长方体等直角六面体，就能有效分析冻融破坏过程。根据直角六面体的长度（a）、宽度（b）、高度（c）及其比值（b/a、c/b），以比值 2/3 为标准提出块体形状分类和圆度分级。块体的几何特征在野外进行判别和成因分析后，有利于分析冰碛物的搬运过程和水力条件，在自然界中真正圆球形，即 $a=b=c$ 是很少见的，往往是 $a>b>c$（表 7-2）。

表 7-2　砾石形状分类及分级

级数		原始破碎形状	b/a	c/b	a/c	块体形状
Ⅰ		泵状或扁平状 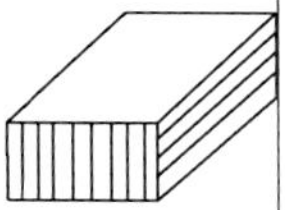	>2/3	<2/3	$1.9<a/c<5$	扁圆形（盘状）
Ⅱ	$Ⅱ_1$	正方体 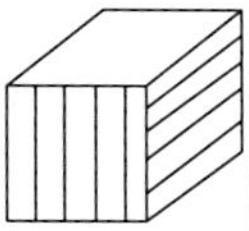	>2/3	>2/3	$1=a/c<1.3$	圆球形
	$Ⅱ_2$	菱形 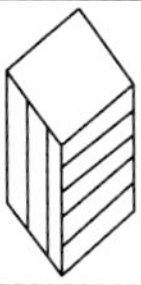	>2/3	>2/3	$1.3<a/c<1.6$	椭球形
Ⅲ		片状 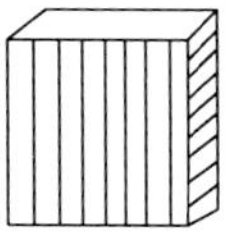	<2/3	<2/3	$a\gg b$ $a\gg c$	三轴（片状）
Ⅳ		柱状 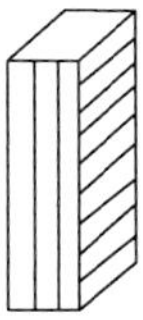	<2/3	>2/3	$a\gg c$ $b\neq c$	圆柱形（棒状）

以堆积物的块石形状分类和圆度分级作为参考，为了使形状和圆度级别在野外判别成因环境时得到利用，对岩石测量的长宽高，做比例分析 b/a、c/b、a/c，判别其形状，见表 7-3。

表 7-3　堆积物块体形状分类及分级

级数	原始破碎形状	b/a	c/b	块体形状
Ⅰ	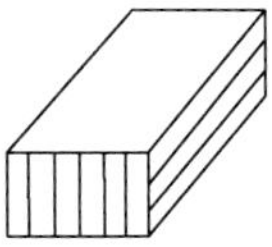	>2/3	<2/3	扁圆（盘状）
Ⅱ	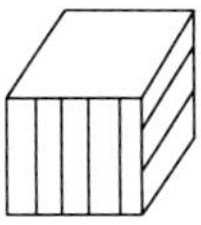	>2/3	>2/3	等轴（球形）

续表

级数	原始破碎形状	b/ a	c / b	块体形状
Ⅲ		<2/3	<2/3	三轴 （片状）
Ⅳ		<2/3	>2/3	细长 （棒状）

将堆积物中各种形状和不同圆度级别的块石分类排列，为判别堆积物的成因环境提供了原始资料。只有准确地确定岩石形状、圆度类别才能正确地利用圆度来判别冻融破坏块体的成因环境、搬运机制等。

对球度较小的颗粒来说，其棱角鲜明，形状不规则，颗粒之间的咬合作用强，在相同的应力增量下，产生的应变就比圆滑的颗粒小，即弹性模量大。由于球度小的颗粒之间咬合作用强烈，从而岩石可以获得更高的承载能力及峰值强度。当岩块强度达到峰值点之后，岩块颗粒之间的胶结作用减弱，颗粒将开始产生较明显的位移。对球度较大的颗粒而言，其形状和球体很相似，比较圆滑，容易发生翻转、滚动，导致峰后岩石强度迅速降低。而球度较小的颗粒，其棱角鲜明，颗粒之间的咬合作用显著，颗粒之间发生滑动、翻转都比较困难，可以通过颗粒之间的咬合、摩擦承担了一定的荷载，残余强度也较高。

S226 坡体岩性为片麻岩，岩石裸露，岩体节理裂隙发育，冻融风化严重，岩体较为破碎。坡体平均坡度为 50°，上部坡体局部直立，坡面岩体破碎，坡脚堆积有已崩塌的岩堆，上部岩体随时有发生崩塌、落石的可能，发生频率高，危害大，直接危及坡脚拟建公路安全；沟谷左侧也分布有两段崩塌，平均坡度为 45°，该处沟较窄，对面也是大型崩塌且崩塌滚石也非常巨大，该区域属于典型倾斜二元结构边坡。

本次野外调查，沿 S226 取五个标段（K27+500、K31+500、K34+100、K34+600、K36+490 ~ 650），每个标段取 100 多个岩石样本进行分析。基岩主要是古生代深变质的花岗片麻岩、各种片岩、砂砾岩和花岗岩，土体中以粒径在 30 ~ 65cm 居多。通过调研发现，样本岩石基本上磨圆度都比较好，75% 以上为扁圆形盘状，少数为椭球型，各标段岩石形状比例见表 7-4。

表 7-4　S226 各标段岩石形状比例表

岩石形状 标段	扁圆形（盘状）/%	椭球形/%	三轴（片状）/%	圆球形/%
K27+500	78	8	14	0

续表

岩石形状 / 标段	扁圆形（盘状）/%	椭球形/%	三轴（片状）/%	圆球形/%
K31+500	78	6	16	0
K34+100	86	2	12	0
K34+600	76	18	4	2
K36+490～650	84	12	4	0

图7-5显示了颗粒的长宽高级配曲线，从图7-5（a）中可以看出，在不同侧向侵蚀堆积里90%的颗粒粒径长度小于90cm，粒径以50～85cm居多，占比在60%～90%；冰碛物宽度以30～65cm居多，占比大概在80%。堆积体的几何特征主要为某比值的占比和级配曲线，通过几何尺寸比值走势图、级配曲线图大概可以看出堆积物的扁平特征，其中几何参数的比值（如长宽比）按照1～1.4，1.4～1.8，…，3～3.4等分成6档次［图7-5（b)］，从而分析不同的比值所占比重。从图7-5（c）、图7-5（d）可以看出，长宽比基本上小于2.6，宽高比以1.5～3.5的比例居多。

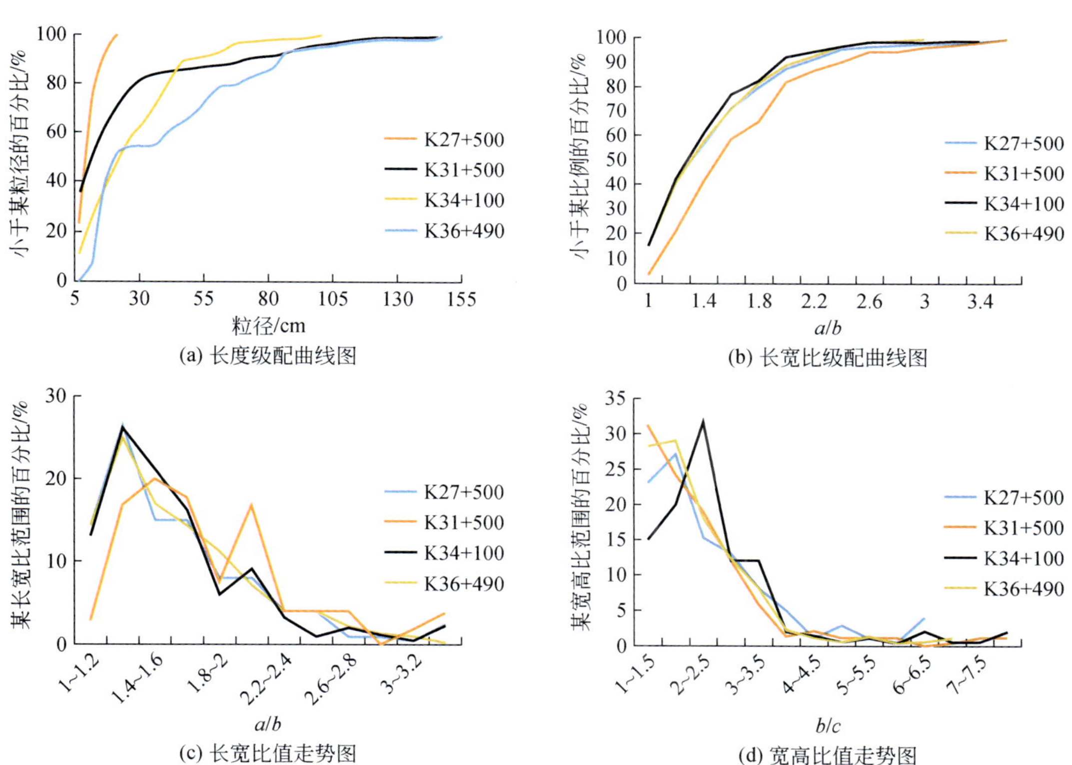

(a) 长度级配曲线图

(b) 长宽比级配曲线图

(c) 长宽比值走势图

(d) 宽高比值走势图

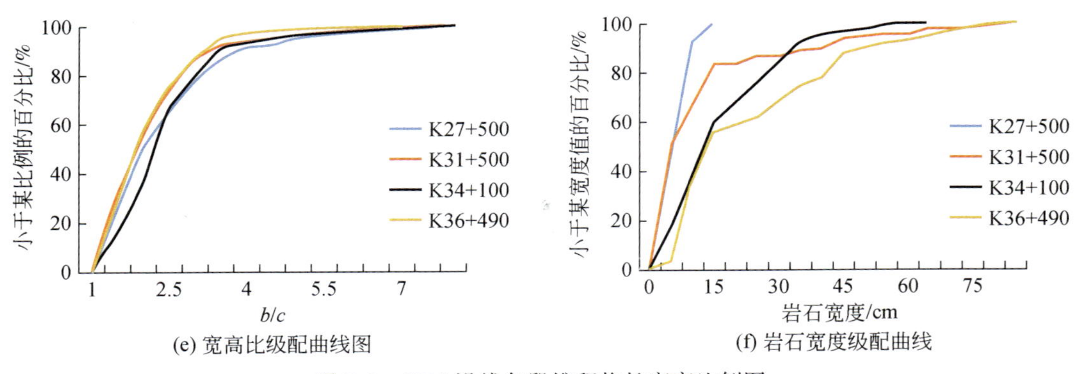

(e) 宽高比级配曲线图　　(f) 岩石宽度级配曲线

图 7-5　S226 沿线各段堆积物长宽高比例图

7.2　富蕴—可可托海 S226 路堑边坡岩体结构力学研究

岩体力学参数在岩质边坡工程中是工程师关心的问题，但是受时间和经费的限制难以大量采用现场原位试验，而其复杂性目前尚无岩体破坏准则能较好地满足实际要求。基于岩体结构分类（如 RMR、GSI）的岩体力学参数估算是目前研究热点，GSI 在 Hoek-Brown（简称 H-B）准则取值过程主观性过强，国内外很多学者针对 GSI 的量化进行了研究。

岩石质量指标（rock quality designation，RQD）是美国迪尔（Deere）在 1964 年提出的一种评价岩石质量的方法。它是以修正的岩心取率方法为基础，用下式表达：RQD =（大于 10cm 的岩心累积长度/进尺总长度）×100%。Deere 根据岩体的 RQD 将岩体分为 5 级，0～100% 的变化代表岩体的完整程度从差到好的变化。

RMR 分类方法共有 6 个基本参数：岩块单轴抗压强度、岩体质量指标 RQD、节理间距、节理面性状、地下水条件及节理产状。6 个基本参数都通过表格给出了相应的评分值，岩体的 RMR 评分值由这 6 个基本参数评分值的总和构成。根据 RMR 评分值将岩体分为 5 级，该方法特别考虑了结构面的走向和倾角对隧道工程的影响。最后，用修正后的总分对照表 7-5，求得岩体的质量级别及相应的不支护边坡临空面、地下硐室的平均稳定时间和岩体强度指标（岩体内摩擦力 C_m、岩体内摩擦角 φ_m）值。按总评分值确定岩体级别及岩体质量。

表 7-5　岩体质量级别与力学性质

评分值	100～81	80～61	60～41	40～21	<20
分级	Ⅰ	Ⅱ	Ⅲ	Ⅳ	Ⅴ
品质描述	非常好的岩体	好岩体	一般岩体	差岩体	非常差岩体
平均稳定时间	15m 跨度，20a	10m 跨度，1a	5m 跨度，7d	2.5m 跨度，10h	1m 跨度，30min
岩体内摩擦力 C_m/kPa	>400	300～400	200～300	100～200	<100
岩体内摩擦角 φ_m/（°）	>45	35～45	25～35	15～25	<15

Q 系统是挪威的 Barton 等（2007）在研究了 212 个隧洞工程实例的基础上建立起来的，它主要考虑了岩体完整性、节理特性、地下水和地应力影响，并以六个参数（统称为 Q 参数）确定反映隧洞围岩稳定性的岩体质量指标 Q 值。Q 值按下式计算：

$$Q=\left(\frac{\mathrm{RQD}}{J_n}\right)\times\left(\frac{J_\mathrm{r}}{J_\mathrm{a}}\right)\times\left(\frac{J_\mathrm{w}}{\mathrm{SRF}}\right) \tag{7-1}$$

式中，RQD 表示 Deere 的岩石质量指标；J_n 表示节理组数；J_r 表示最脆弱节理的粗糙度系数；J_a 表示节理蚀变系数；J_w 表示节理水折减系数；SRF 表示应力折减系数；$\frac{\mathrm{RQD}}{J_n}$表示岩体的完整性；$\frac{J_\mathrm{r}}{J_\mathrm{a}}$表示结构面（节理）的形态、充填物特征及其次生变化程度；$\frac{J_\mathrm{w}}{\mathrm{SRF}}$表示水与其他应力存在时对岩体质量的影响。

另外在高寒山区公路勘察过程通过钻探取心，可以对 G217 岩质边坡的片麻岩和花岗岩围岩提供直观的研究对象。本书将介绍新引进的完整岩心长度（rock core length，RCL）、岩心块度指标（rock core index，RCI）两个指标，利用它们来研究一定尺寸的地下岩心，定量化描述以岩心为代表的地下工程岩体结构，并利用 RCL 来辅助研究 H-B 准则中的 GSI，利用 RCI 来研究不同结构的花岗岩风化带变化。

RCL 是指在钻探工程中独立完整的岩心长度（图 7-6），其测量的是岩心的上下断面中心位置距离长度。对于钻探，RCL 能够揭露出地下断层、节理、地下水的地质环境，能够反映节理间距、节理走向、节理组数及风化情况等特征；因此该指标可以作为一个参数来对 GSI 的岩体结构方面进行研究。

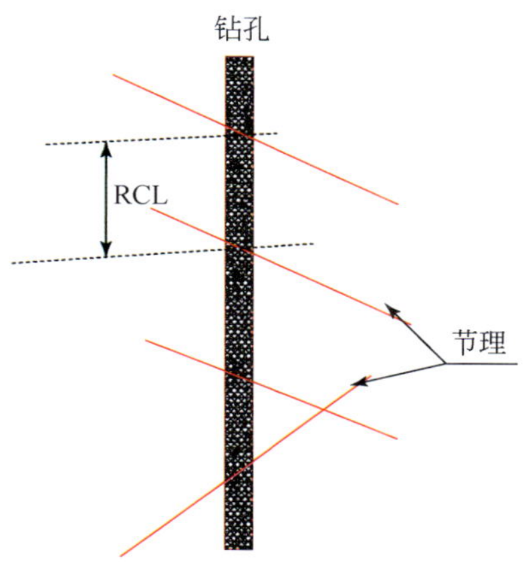

图 7-6　RCL 取值方法

对于 RCL 与岩体结构的对应关系，意大利学者 Russo 针对岩体结构和岩石块度对应关系有过研究，其研究的岩石块度是针对野外露头面，钻探岩心底面积是稳定的，因此本书用 RCL 来表示岩石块度长度。

根据统计研究得出，对于整体状结构岩体，RCL 一般大于 100cm，岩心镶嵌非常好，结构面新鲜粗糙，花岗岩中的云母等暗色矿物光泽度好，斜长石不会高岭土化，钾长石晶面新鲜亮度好，岩块断面新鲜光泽，基本没有什么节理；对于块体状结构，RCL 一般分布在 30 ~ 100cm，岩心为很好的镶嵌状未扰动的岩体，岩心一般呈长柱状，有云母出露，长石不风化，石英新鲜；对于镶嵌结构等，RCL 分布在 10 ~ 30cm，岩心有小部分受扰动，有 3 ~ 4 组不连续面，岩心一般为棱角状岩块，部分云母已经风化，斜长石轻微高岭土化，偶尔能见结构面发铁锈色；对于碎裂状结构，RCL 分布在 3 ~ 10cm，有多组不连续面相互切割，且经历了皱曲或断层活动，形成棱角状岩块，部分云母、斜长石已经风化；对于散体状结构，RCL 分布在 1 ~ 3cm，岩块相互间镶嵌作用差，岩体结构破碎，混合状；对于剪切破碎结构岩体，基本上没有出现完整岩心，采心率极低，云母基本风化，斜长石高岭土化明显，结构面由于地下水流动而发铁锈色，受节理切割明显，岩体基本各向同性。表 7-6 列出了不同岩体结构 RCL 的分布情况，因为浅层花岗岩风化和构造等问题使岩体结构相对复杂，同一等级的岩体结构出现和表 7-6 中 RCL 完全对应的长度是比较少的，表中可以看出当 RQD 为 95%~100% 时候，RCL 变化情况可为 10 ~ 100cm，从整体状结构到镶嵌结构都有分布（林达明等，2011）。

表 7-6　不同岩体结构的岩心特征

岩体结构	RCL/cm	RQD/%	采心率/%	特征
整体状结构	>100	100	接近 100	完整岩体或野外大体积范围内分布有极少的间距大的结构面，岩心采取率极高
块体状结构	30 ~ 100	95 ~ 100	90 ~ 100	很好的镶嵌状未扰动岩体，由三组相互正交的节理面切割，岩体呈立方体状，岩心为长柱状，采取率高
镶嵌结构	10 ~ 30	95 ~ 100	80 ~ 95	结构体相互咬合，由四组或更多组的节理形成多面棱角状岩块，部分扰动，岩心采取率高
碎裂状结构	3 ~ 10	10 ~ 30	50 ~ 90	多组不连续面相互切割，形成棱角状岩块，且经历了褶曲活动，层面或片理连续
散体状结构	1 ~ 3	基本为 0	30 ~ 50	块体间结合程度差，岩体极度破碎，呈混合状，由棱角状和浑圆状岩块组成
剪切破碎结构	基本没有完整岩心	0	<30	基本上没有出现完整岩心，剪节理发育，岩心采取率极低

常规表征岩体结构特征最常用的指标当属岩石质量指标（RQD），该指标具有测试简便、直观明了的特点。随着人们对岩体结构认识的日益深入，对 Deere 提出的该指标是否能真正反映岩体结构特征表示了质疑。

从定义上不难看出，RQD 只将完整岩心分为大于 10cm 和小于 10cm 两段，显然这对于客观评价岩体完整性过于粗略。同样是 RQD = 95% 的岩体，其块度可以是大于 10cm 的任意尺寸，如可以是 10 ~ 20cm，也可以是大于 60cm，甚至大于 100cm，尽管这些状况下的 RQD 相同，但仔细比较可以发现，它们的完整性存在极大的差别。针对此状况，陈德基于 1979 年提出块度模数的概念，用以表征不同尺寸块体组合及其出现的概率优势，具体表达式为

$$M_k = A_k[(A_1+2A_2+3A_3+4A_4+5A_5)/100] \tag{7-2}$$

式中，M_k 为岩体块度模数；A_1、A_2、A_3、A_4 和 A_5 为由 0.01 ~ 1.0m^2 各级块度所占百分

数；A_k 为裂隙性状系数，可根据裂隙充填及胶结程度确定。

块度模数先后在三峡或有露头的岩质边坡等工程中得到应用，但它是基于地表露头或平硐硐壁量测各级块度出露的面积后，再按公式计算得出的。而对于仅有钻孔揭示的岩体就不适用，而且 A_k 的选取带有主观性，普遍适用性受到限制。刘克远和邵宗平（1989）在对二滩坝基岩体质量分类中也提出了岩体块度系数 J_{cm} 的概念，其计算式为

$$J_{cm}=0C_{r10}+20C_{r20}+60C_{r60} \tag{7-3}$$

式中，C_{r10}、C_{r20}、C_{r60} 分别为岩心长度 10～20cm、20～60cm 和大于 60cm 的岩心获得率，以百分数表示，视为权值；10、20、60 为常数。上述完整岩心长度的分级是参考国际岩石力学学会推荐的节理间距分级标准而定的。

从划分的 10、20、60 三个尺寸等级可以明显看出，该指标比 RQD 能更加科学合理地表达出岩体结构。根据国家标准《水利水电工程地质勘察规范》（GB50287－99）中对岩体结构分类标准，提出岩体块度指数（rock blockly index，RBI），在平硐或钻孔中将实测岩心长度按 3～10cm、10～30cm、30～50cm、50～100cm 和大于 100cm 的岩心获得率作为权值与各自相应系数乘积的累计值。

关于 RBI 与 RQD 的关系，很多学者都进行了相关的拟合分析，黄润秋在锦屏 I 级水电站坝基岩体块度指标进行分析拟合得出：

$$\begin{aligned}y=&3.3-0.3x+0.1x^2-0.02x^3+0.001x^4-4.0\times10^{-5}x^5+9.7\times10^{-7}x^6-1.5\times10^{-8}x^7\\&+1.3\times10^{-10}x^8-6.6\times10^{-13}x^9+1.4\times10^{-15}x^{10}\quad(R^2=0.68)\end{aligned} \tag{7-4}$$

式中，y 为 RBI；x 为 RQD。从上面表达式里面可以看出两者的关系式不是很明显，关系式很复杂，操作性不够理想。

借鉴胡卸文提出的 RBI、表 7-6 中岩体结构的分级标准和对应 RCL 分布，下面提出 RCI 的定义，在独库公路勘察钻孔中将 RCL 按 1～3cm、3～10cm、10～30cm、30～50cm、50～100cm 和大于 100cm 的岩心比例作为权值与各自相应长度界限乘积的累计值，用公式表示为

$$\mathrm{RCI}=1\times C_{r1}+3\times C_{r3}+10\times C_{r10}+30\times C_{r30}+50\times C_{r50}+100\times C_{r100} \tag{7-5}$$

式中，C_{r1}、C_{r3}、C_{r10}、C_{r30}、C_{r50}、C_{r100} 分别为岩心长度 1～3cm、3～10cm、10～30cm、30～50cm、50～100cm、大于 100cm 的岩心占进尺长度的比例，以百分数表示，视为权值。以 2.5m 的长度为例，假设 10～30cm 的岩心累计长度为 100cm，大于 100cm 的岩心累计 150cm，则 C_{r30} 为 0.4，C_{r100} 为 0.6，根据计算，则 RCI 为 72；式（7-5）中的 1、3、10、30、50、100 为常数，因此可知 RCI 的分布范围为 0～100。

Hoek 和 Brown（1980）提出 H-B 准则，该准则研究的出发点是：

（1）破坏判据应与试验的强度值相吻合；

（2）破坏判据的表达方式应尽可能简单；

（3）岩石的破坏判据能延伸到节理化岩体和各向异性的情况。

在分析了大量岩柱的单轴和三轴试验结果，应用修正的格里菲斯（Griffith）理论，在充分吸收实际应用经验的基础上，提出了基于南非岩体质量分类体系的用于节理岩体抗剪强度确定的经验公式：

$$\sigma_1=\sigma_3+(m\sigma_c\sigma_3+s\sigma_c^2)^{\frac{1}{2}} \tag{7-6}$$

式中，σ_1、σ_3 分别为最大、最小主应力；σ_c 为岩石单轴抗压强度；m、s 为与岩性及结构面有关的常数，可以查表 7-7 得出，也可据 RMR 值确定，公式如下。

对于受扰动的岩体：

$$\frac{m}{m_i}=\exp\left(\frac{\mathrm{RMR}-100}{14}\right) \tag{7-7}$$

$$s=\exp\left(\frac{\mathrm{RMR}-100}{6}\right) \tag{7-8}$$

对于未扰动岩体：

$$\frac{m}{m_i}=\exp\left(\frac{\mathrm{RMR}-100}{28}\right) \tag{7-9}$$

$$s=\exp\left(\frac{\mathrm{RMR}-100}{9}\right) \tag{7-10}$$

表 7-7　岩体质量和经验材料常数之间的关系表（Hoek-Brown）

岩体状况		具有很好结晶解理的碳酸盐类岩石，如白云岩、灰岩、大理岩	成岩的黏土质岩石，如泥岩、粉砂岩、页岩、板岩（垂直于板理）	强烈结晶，结晶解理不发育的砂质岩石，如砂岩和石英岩	细粒、多矿物结晶岩浆岩，如安山岩、辉绿岩、玄武岩、流纹岩	粗粒、多矿物结晶岩浆岩和变质岩，如角闪岩、辉长岩、片麻岩、花岗岩、石英闪长岩等
完整岩石试件，实验室试件尺寸 RMR=100，Q=500	m	7.0	10.0	15.0	17.0	25.0
	s	1.0	1.0	1.0	1.0	1.0
	A	0.816	0.918	1.044	1.086	1.220
	B	0.658	0.677	0.692	0.696	0.705
	T	−0.140	−0.099	−0.067	−0.059	−0.040
质量非常好的岩体，节理面闭合紧密，未风化，节理间距1～3m RMR=85，Q=100	m	3.5	5.0	7.5	8.5	12.5
	s	0.1	0.1	0.1	0.1	0.1
	A	0.651	0.739	0.848	0.883	0.998
	B	0.679	0.629	0.702	0.705	0.712
	T	−0.028	−0.020	−0.013	−0.012	−0.008
质量好的岩体，新鲜至微风化岩石，节理间距 1～3m RMR=65，Q=10	m	0.7	1.0	1.5	1.7	2.5
	s	0.004	0.004	0.004	0.004	0.004
	A	0.369	0.427	0.501	0.525	0.603
	B	0.669	0.683	0.695	0.698	0.707
	T	−0.006	−0.004	−0.003	−0.002	−0.002
中等质量岩体，中等风化，具有几组节理面，节理间距 0.3～1m RMR=44，Q=1	m	0.14	0.20	0.30	0.34	0.50
	s	0.0001	0.0001	0.0001	0.0001	0.0001
	A	0.198	0.234	0.280	0.295	0.346
	B	0.662	0.675	0.688	0.691	0.700
	T	−0.0007	−0.0005	−0.0003	−0.0003	−0.0002

续表

岩体状况		具有很好结晶解理的碳酸盐类岩石，如白云岩、灰岩、大理岩	成岩的黏土质岩石，如泥岩、粉砂岩、页岩、板岩（垂直于板理）	强烈结晶，结晶解理不发育的砂质岩石，如砂岩和石英岩	细粒、多矿物结晶岩浆岩，如安山岩、辉绿岩、玄武岩、流纹岩	粗粒、多矿物结晶岩浆岩和变质岩，如角闪岩、辉长岩、片麻岩、花岗岩、石英闪长岩等
岩体质量差的岩体，大量风化节理，节理间距 30 ~ 500mm，具有充填物，RMR = 23，Q = 0.1	m	0.04	0.05	0.08	0.09	0.13
	s	0.00001	0.00001	0.00001	0.00001	0.00001
	A	0.115	0.129	0.162	0.172	0.203
	B	0.646	0.655	0.672	0.676	0.686
	T	−0.0002	−0.0002	−0.0001	−0.0001	−0.0001
非常差的岩体，具有大量强风化节理，节理间距 < 50mm，填充夹泥，RMR = 3，Q = 0.01	m	0.007	0.010	0.015	0.017	0.025
	s	0	0	0	0	0
	A	0.042	0.050	0.061	0.065	0.078
	B	0.534	0.539	0.546	0.548	0.556
	T	0	0	0	0	0

表 7-7 是 1988 年 Hoek 和 Brown 对初期 H-B 准则中各个参数进行研究后更新得出，该表对 6 类岩体分别进行节理、风化和节理间距等信息描述后，给出可能的 RMR 和 Q 值，分别给出经验破坏准则的 m、s、A、B 和 T 与各种可能岩性的经验值。

鉴于在地质因素上的优势，H-B 准则得到广泛的推广，各地学者竞相对其研究和改进，不论是对格里菲斯理论、试错法和 H-B 准则的参数，都有大量的研究成果，最突出的是对 H-B 准则参数 m 和 s 的研究，2018 年 Hoek 提出用 GSI 进行地质描述，代替 1988 年的 RMR 和 Q 值系统与 H-B 准则参数的对应关系，GSI 操作性强，比 RMR 更能丰富地进行岩体结构取值。Russo 在 2009 年对 GSI 进行更新（图 7-7）。

D 作为扰动系数等的经验公式：

$$\sigma_1' = \sigma_3' + \sigma_c \left(m_b \frac{\sigma_3'}{\sigma_c} + s \right)^a \tag{7-11}$$

$$m_b = m_i \exp\left(\frac{\text{GSI}-100}{28-14D} \right) \tag{7-12}$$

$$S = \exp\left(\frac{\text{GSI}-100}{9-3D} \right) \tag{7-13}$$

$$a = 0.5 + \frac{1}{6}\left(e^{-\text{GSI}/15} - e^{-20/3} \right) \tag{7-14}$$

式中，σ_1'、σ_3'分别为岩体破坏时的最大、最小主应力；σ_c 为岩体块单轴抗压强度；m_i、s 均为经验参数；m_i 为组成岩体的完整岩块的 Hoek-Brown 常数，在 RocLab 软件中 m_i 的取值跟岩石的种类有关，还可以考虑岩体结构进行取值；m_b 为受扰动后岩石的参数；s 反映岩体破坏程度，其取值范围在 0 ~ 1，对于完整岩块来说 $s=1$，即岩块的抗压强度；对于裂隙岩体来说，必有 $s<1$；D 反映工程开挖过程中受爆破及应力释放以后岩体的扰动程度。

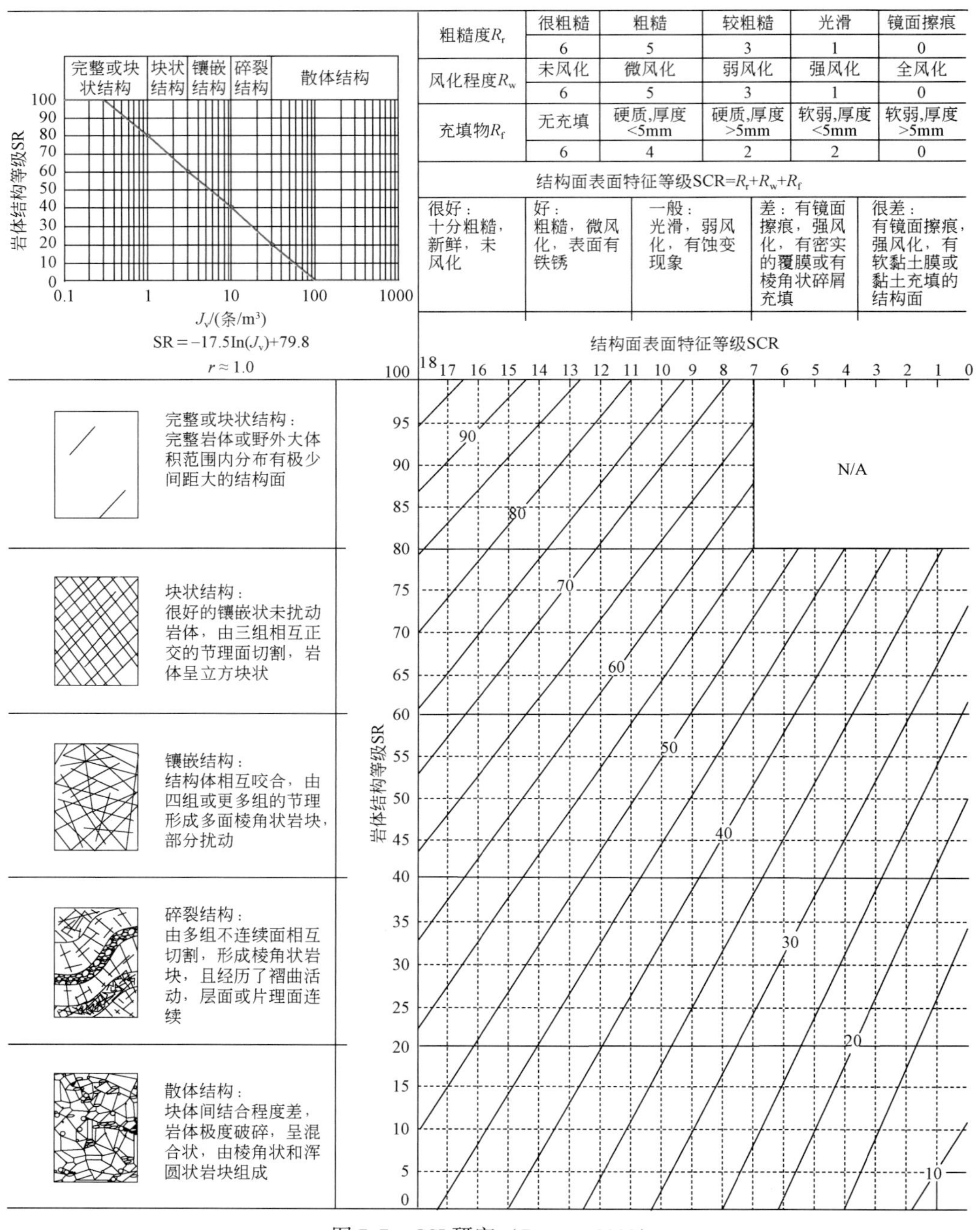

图 7-7　GSI 研究（Russo，2009）

由式（7-11），令 $\sigma_3=0$，可得岩体的单轴抗压强度为

$$\sigma_{mc}=s^a\sigma_c \tag{7-15}$$

令 $\sigma_1'=\sigma_3'=\sigma_{mt}$ 可得岩体的单轴抗拉强度 σ_{mt}：

$$\sigma_{\mathrm{mt}}=-\frac{s\sigma_{\mathrm{c}}}{m_b} \tag{7-16}$$

对于岩体变形弹性模量：

当 $\sigma_{\mathrm{c}}\leqslant 100\mathrm{MPa}$ 时

$$E_m=\left(1-\frac{D}{2}\right)\sqrt{\frac{\sigma_{\mathrm{c}}}{100}}\times 10^{(\mathrm{GSI}-10)/40} \tag{7-17}$$

当 $\sigma_{\mathrm{c}}>100\mathrm{MPa}$ 时

$$E_m=\left(1-\frac{D}{2}\right)\times 10^{(\mathrm{GSI}-10)/40} \tag{7-18}$$

$$\phi=\sin^{-1}\left[\frac{6am_{\mathrm{b}}(s+m_{\mathrm{b}}\sigma'_{3n})^{a-1}}{2(1+a)(2+a)+6am_{\mathrm{b}}(s+m_{\mathrm{b}}\sigma'_{3n})^{a-1}}\right] \tag{7-19}$$

$$c=\frac{\sigma_c[(1+2a)s+(1-a)m_{\mathrm{b}}\sigma'_{3n}](s+m_{\mathrm{b}}\sigma'_{3n})^{a-1}}{(1+a)(2+a)\sqrt{1+6am_{\mathrm{b}}(s+m_{\mathrm{b}}\sigma'_{3n})^{a-1}/(1+a)(2+a)}} \tag{7-20}$$

式中，E_{m} 为岩体变形弹性模量，单位为 GPa。

利用式（7-11）~式（7-20）可以对单轴抗压强度 σ_{mc} 及单轴抗拉强度 σ_{mt} 进行估算，同时可以作出剪切强度包络线并求得岩体剪切强度参数。进行估算时，需先通过工程地质调查，得出工程所在区域的岩体强度指标 GSI、岩石类型及岩块单轴抗压强度 σ_{c}，特别指出的是 Hoek-Brown 准则把岩体的强度参数 c 视为随荷载变化的瞬时值，体现出了岩体强度的非线性特征，比把强度参数视为常量的 Mohr-Coulomb 线性强度理论更能合理地描述断续节理岩体强度性质。

7.3 富蕴—可可托海 S226 路堑边坡稳定性监测评价

富蕴—可可托海 S226 公路工程处于阿勒泰山脉的东段南坡及准噶尔盆地北缘地区，地势自东向西渐次倾斜，由北向南呈明显的阶梯下降趋势。沿线构造主要为北西–南东向断裂带，断裂最新构造活动表现十分强烈，形成宽达数十米至数百米的挤压破碎带，褪色蚀变带广泛发育，是以扭力作用为特征的压扭性断裂。

通过详细地质调查表明，S226 线的 K36+490—K36+650 段基本上能够代表 S226 线最为危险、影响范围最大的滑坡段。该段由左右两侧边坡组成，对道路能够造成影响的边坡或者堆积体的体积在 $46800\mathrm{m}^3$ 左右，如图 7-1 所示，左右边坡的形成条件为断面节理发育，冻融风化严重，岩石破碎，右边坡上部容易有危岩掉落，发生频率大。

7.3.1 监测现场实施方案

根据现场地形地质条件，在充分考虑供电、精度和信号传输等因素基础上，图 7-1 中左边坡拟布设北斗地表位移 4 套、雨量计 1 套、裂缝计 6 套、深部多点位移计 3 套，通信以北斗短报文功能为主。因此左边坡由以下 3 大系统组成。

1）中央控制中心

中央控制中心位于左边坡滑坡监测点斜上方稳定基岩处，经过实地勘察，该位置地质结构稳定，山体平缓，有一定空间建造设备存放点且离左边坡各监测点较近，因此选择该处建造控制中心。控制中心系统由设备存放房、避雷系统、两台服务器、三套北斗和GNSS接收机、供电防护系统等部分组成，整体山区公路地质灾害野外数据通信系统拓扑结构如图7-8所示。

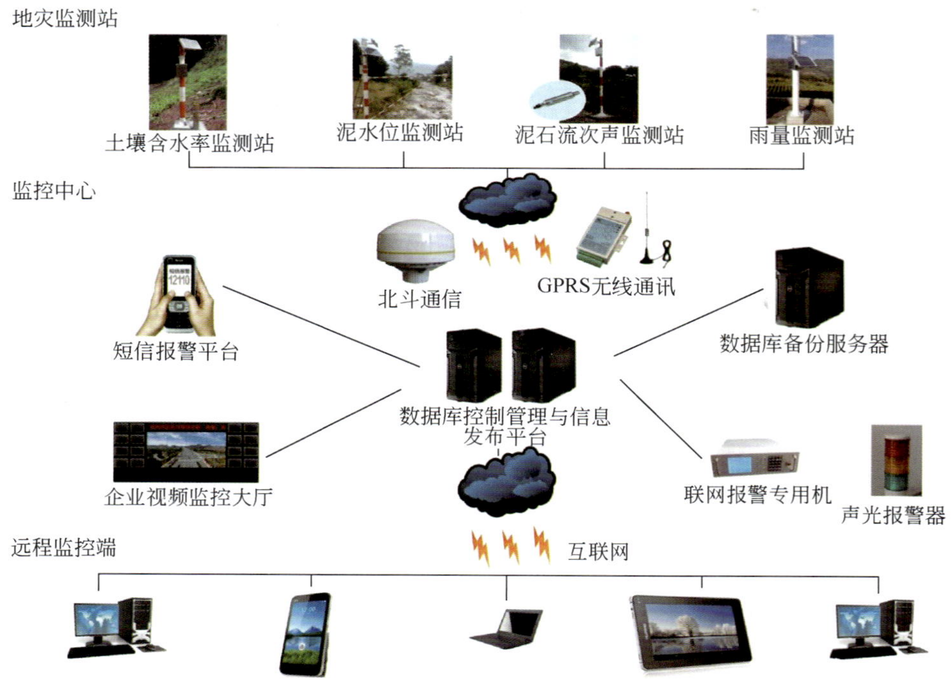

图7-8　山区公路地质灾害野外数据通信系统拓扑结构图

2）监测墩组成部分

监测墩组成部分由控制中心附近的基准站墩和山脚滑坡堆积体处的两个监测墩点组成。结构由墩体、避雷、卫星天线及天线电缆线组成。

3）太阳能供电系统

太阳能供电系统位于左边坡整体后方接受日照较强的位置。由于左边坡监测施工位置在整个日间处于太阳光照遮挡区，为保证左边坡整个系统正常供电，经多次实地考察选取该点日照条件及整体施工难度比较适宜的位置架设太阳能供电系统，由太阳能板、蓄电池、逆变器及控制器专用箱组成。

左边坡监测点全天无阳光直射，太阳能供电系统最理想位置是架设在山顶，而当地特殊山体地貌对施工架设存在很大风险，加之对冬天的大风及大雪等多方面考虑，将系统架设在左边坡山体右后方半山腰处，如图7-9所示，施工可经图7-10峡谷运送设备架设，加快工期保证设备安全。

图 7-9　太阳能供电系统位置

图 7-10　设备运输道路

（1）太阳能板支架固定牢固（防风），太阳能板要求距离地面 30cm 以上（防雪）。

（2）太阳能板、蓄电池、控制器、逆变器放入特制铁柜埋入地下 1m，放置外面加装保温层（保证蓄电池低温正常工作）。

（3）太阳能输入线及转出到控制中心 200m 的 220V 电缆线需加装 PVC① 套管防护。

基于监测点所处地理位置、当地气候环境及配套设施等因素，该方案做了以下几项措施进行设计优化。

（1）由于监测点附近无供电设施，采用太阳能供电系统 24 小时连续供电。

（2）为方便施工，在满足供电的基础上对太阳能供电系统进行选址。

（3）左边坡集中供电设计，该设计把左边坡各监测点所有供电设备全部集中于控制中心，节省了整个系统的电能损耗、设备开支（各监测点的机箱、配件、光纤铺设等项费用）。同时设备集中一处方便冬季保温、防风及安全管理的施工可行性。

控制中心的房屋建在左边坡半山腰处，具体规格如图 7-11 所示。

房屋要求地面平整结实；墙体需加装保温层，内外墙用水泥抹平；安全铁门厚实坚固，加装棉门帘，房屋四周安装铁网围栏、警示标识，预留进线孔；左边坡进行观测墩建设。

左边坡观测墩建设如图 7-12 所示施工。

地下墩坑尽量满足要求，钢筋笼坚固稳定，水泥沙石配比必须达标，强制对中盘要求水平放置，水平尺校准。满足条件下尽量打磨平测试点岩面，填充水泥要求对中基座与岩体尽量成为一个整体；太阳能板、机箱固定牢靠（过静珺等，2006）。以上所有设施都需加装避雷设施及防护网警告标识。

① 聚氯乙烯（polyvinyl chloride，PVC）。

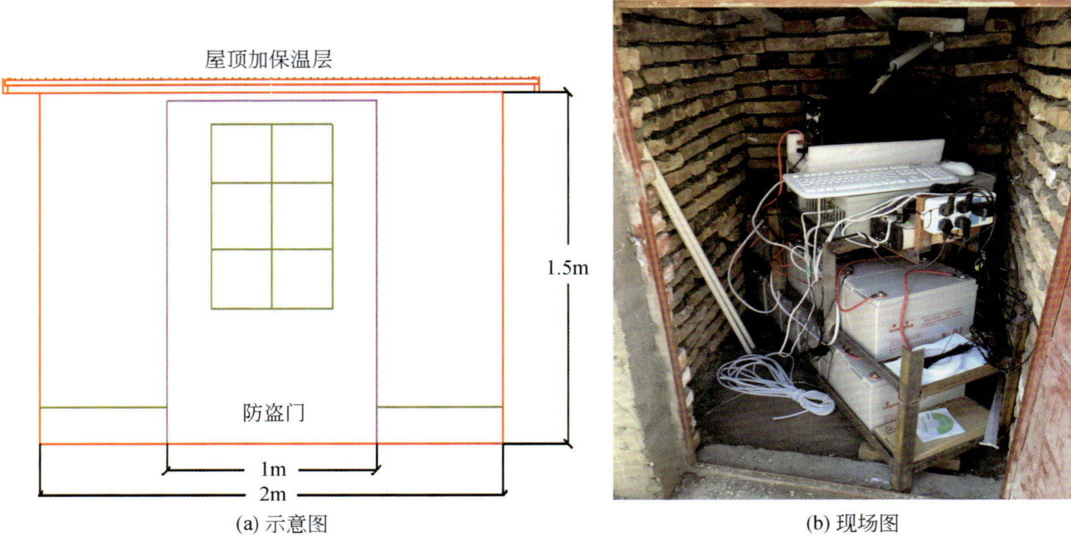

(a) 示意图　(b) 现场图

图 7-11　房屋建设示意与现场图

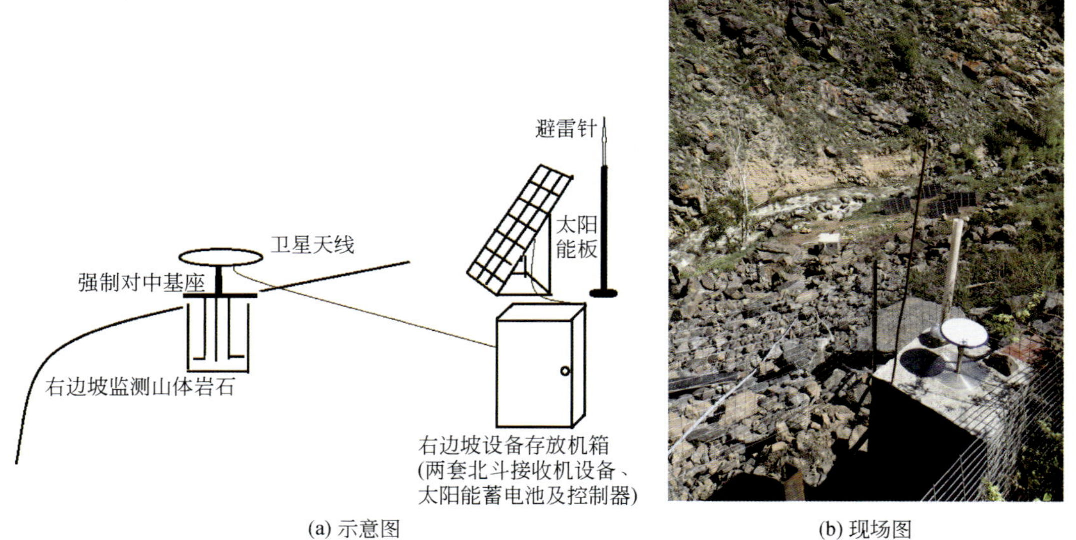

(a) 示意图　(b) 现场图

图 7-12　左边坡观测墩建设示意与现场图

7.3.2　路堑高边坡稳定性监测评价

K36 附近有大量的花岗岩、闪长岩基岩，它们都属于坚硬的脆性岩体，这种类型的岩体在相同的体积变形时，所受冻胀力的影响较大，容易发生灾害。同时，其在许多危险地段往往被多组结构面的复杂组合所切割。实际上，正是因为该部位被复杂组合所切割而显得十分破碎，其整体强度在冻融作用下遭到严重破坏，所以在冻融作用下发生滑塌，使得大小不同、形状各异的大量岩块沿着不同结构面的组合而解体。

K36 因为岩体结构相对较好，从监测数据显示该处边坡相对稳定，但是该处为走滑构造活动区域，且河道窄，如果发生垮塌或失稳，会造成严重危害，因此要坚持连续监测，防止地质灾害对路堑施工与营运造成重大损失。对该地区地表北斗位移、岩石裂缝和雨量监测数据进行分析，分析结果如下。

（1）图 7-13 显示了监测站的数据精度，从该图可以看出在富蕴—可可托海的 S226 监测数据，水平精度和高程精度均在 0.04m 以内，数据传输过程稳定可靠。

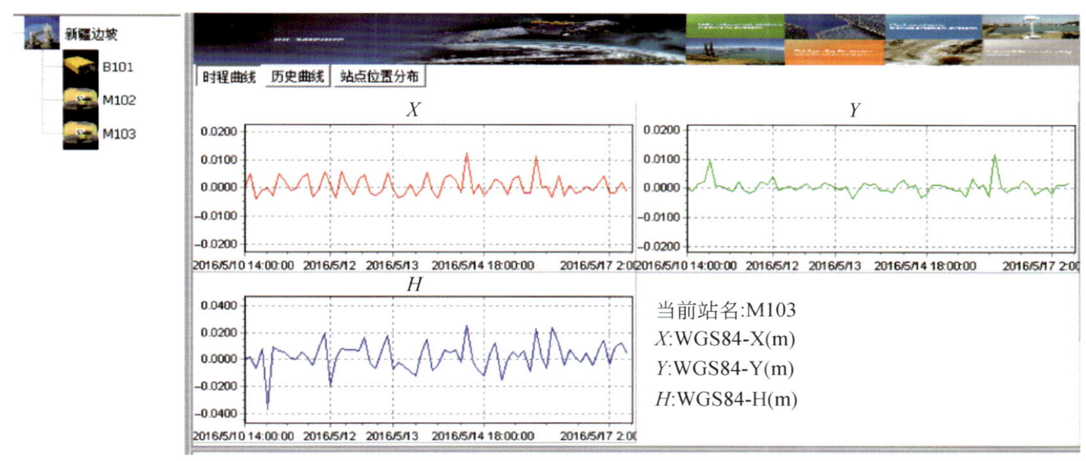

图 7-13　K36 岩质边坡监测数据水平与高程精度

（2）在天然条件下，边坡整体处于稳定状态。如图 7-14 和图 7-15 裂缝监测数据与雨量监测数据中可以看出，当没有降雨量存在时，裂缝位移波动特别小，几乎没有变化，即边坡整体比较稳定。

（3）当发生降雨情况时后，如雨量监测数据显示 2017 年 8 月 1 日 10：51 ~ 12：51 以及 17 点左右发生降雨，此时对比裂缝位移数据可知裂缝位移有明显变化，其波动幅度比平时略大，经过现场实地调研，此波动为误差范围。但是仍然可说明此时降雨对岩质边坡会有一定的诱发失稳作用，应该及时采取关注，定期巡查。

路线 K36 沿吐尔洪沟沟谷右侧坡脚通过，该段沟谷较窄，平均宽度约 20m，沟底落差较大，沟谷两侧岩质坡体较陡，坡体崩塌严重且两边均有分布。坡体岩性为片麻岩，岩石裸露，岩体节理裂隙发育，冻融风化严重，岩体较为破碎。根据本次物探和地质调查，路线左侧坡崩塌段全长 110m，宽约 20m，厚约 4m，崩塌体积近万方。坡体平均坡度 50°，上部坡体局部直立，坡面岩体破碎，坡脚堆积有已崩塌的岩堆，上部岩体有随时发生崩塌、落石可能，发生频率高，危害大，直接危及坡脚拟建公路安全。

沟谷左侧也分布有两段崩塌，平均坡度 45°，上部坡体局部直立，坡面岩体破碎，上部岩体有随时发生崩塌、落石可能，发生频率高，危害大，直接危及拟建公路安全。由于该处沟较窄，对面也是大型崩塌，且崩塌滚石非常巨大，建议路线在该段清除危岩、危石，设拦石墙，设置防护网，提高路面高度。

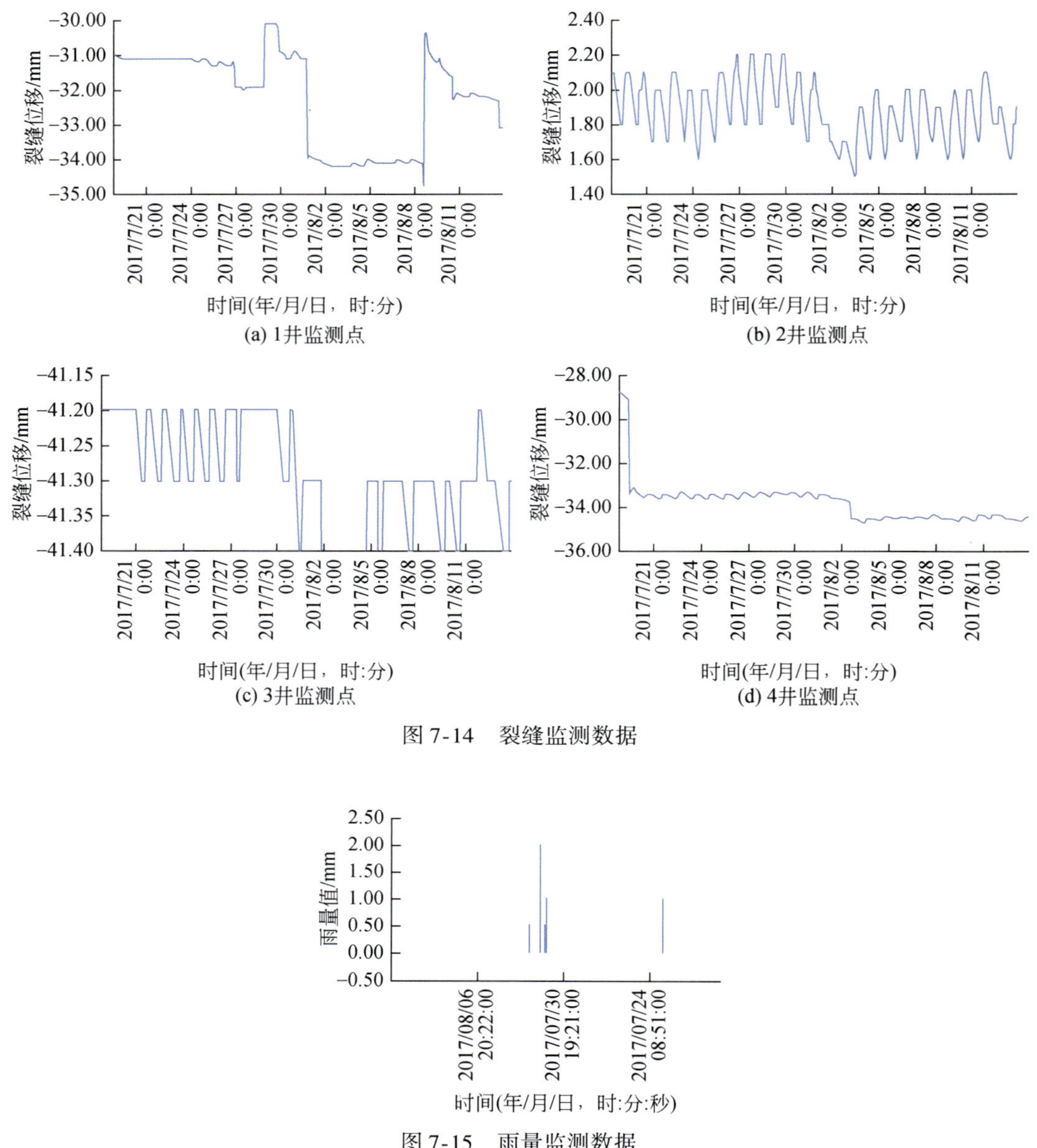

图 7-14　裂缝监测数据

图 7-15　雨量监测数据

7.4　S226 路堑边坡稳定性模拟分析

7.4.1　基于极限平衡法的边坡稳定性分析

阿勒泰山区冬季降雪量大，受制监测时间周期、太阳能供电及信号传输的缺陷，为有效弥补监测数据单一性，本书借助数值模拟全面分析 S226 路堑边坡的稳定性（苏堆田等，2003；李磊，2007；张磊等，2008；张敏江和郑欣桐，2011；刘波和黄卫，2014）。本次模拟与分析采用 GeoStudio 软件，该软件 seep 模块能够分析出边坡的地下水条件以及孔隙水压力的分布（程彬和卢靖，2010；徐凯等，2014），solpe 模块能够用极限平衡原理计算出公路边坡在不同条件下的稳定系数以及边坡可能出现滑移面的位置。quake 模块能够分析公路边坡初始的应力状态，并可以输入地震波信息，分析公路边坡在地震作用下坡体内部的应力状态以及公路边坡整体的滑动位移情况。

1）seep 模块

利用 seep 模块模拟边坡，分析出边坡的地下水条件，以便在 slope 模块中输入实际的地下水的孔隙水压力曲线，为后续计算边坡的天然状态下的稳定系数做准备。

根据现场勘查所得图片以及该地段的现场勘查报告，该边坡的高度大约为 110m，边坡坡脚到坡顶后源的长度为 200m，边坡的坡度大约为 45°。建立的 K36+500 地段的二维剖面图及现场图，如图 7-16 所示。

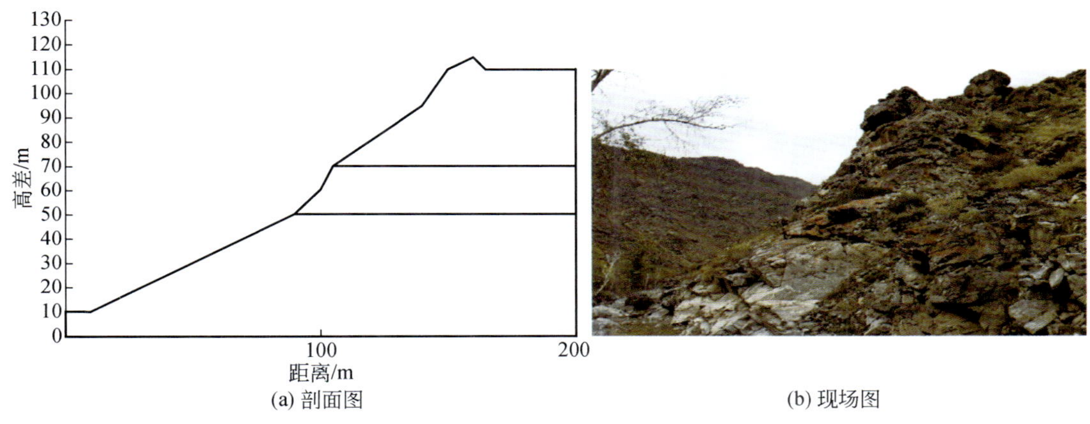

(a) 剖面图　(b) 现场图

图 7-16　S226 典型边坡二维公路边坡剖面与现场图

根据现场勘查，该公路边坡的主要岩性为花岗岩及片麻岩，并伴随有变质作用，风化作用强烈。根据这一调查结果，在分析与计算过程中将该公路边坡划分为三个有限元区域，其中最底层为花岗岩，上面两层为片麻岩。但是因为研究区该地段的风化作用明显，坡顶部分的风化作用比较强烈，岩石的力学参数也会有相应的变化，所以将岩性为片麻岩的部分划分为两个有限元区域，坡顶部分为风化作用强烈的片麻岩，中间层为风化作用较弱的片麻岩，为后续分析中对有限元区域赋材料参数值做好铺垫。

在 seep 模块中，需要定义的条件是分析类型、公路边坡的边界条件以及各个区域岩石的渗透系数。在本次数值模拟分析中，设定分析类型为稳定渗流（steady-state）。在已知公路边坡的各种具体数值后，设置好工作区域、比例以及网格后输入材料参数。因为此次分析类型为稳定状态饱和渗流，所以渗透系数设定为恒定的常数（表 7-8）。

表 7-8　坡体分区及渗透系数表

坡体分区	花岗岩	弱风化片麻岩	强风化片麻岩
渗透系数/（m/s）	2.7×10^{-5}	1.3×10^{-5}	1.9×10^{-5}

在定义公路边坡的边界条件时，需要输入左右两侧的地下水水位，根据现场勘查以及资料显示，在该地段的地下水埋深较浅，假设左侧的地下水水头为 6m，右侧边坡坡顶处的地下水水头为 72m，画出水头对应区域的线段，将两者用假定潜在的渗流线连接起来。此时 seep 模块的数值模拟的模型制作完毕。检查模型后，开始计算。

选择 solve 选项进行有限元计算，计算完毕后选择 counter 选项函数查看分析计算结果，在 GeoStudio 软件中，根据不同要求可以查看计算后的公路边坡的多种渗流条件。

根据图 7-17 和图 7-18，图中的箭头代表速度矢量，可以看出在天然条件下地下水流动基本呈现正常现象，从坡顶向坡底流动，水头也是从坡顶到坡底逐渐由 60 降为 0。图中深蓝色的曲线代表经过计算后潜在的渗流线，既在 slope 模块中需要设置的孔隙水压力线。可以看出地下水流动与预先假设的 0 渗流曲线的走向基本一致，都是从坡顶到坡底的顺层流动。

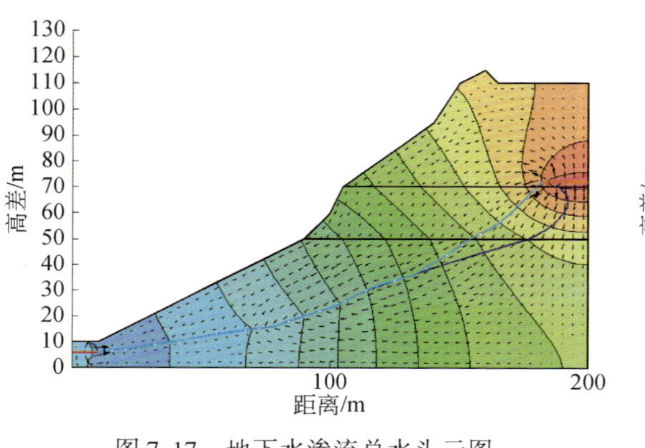

图 7-17　地下水渗流总水头云图

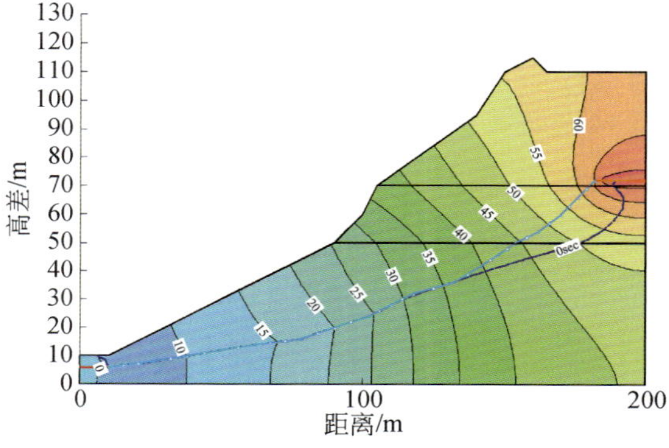

图 7-18　地下水渗流总水头数值图

因为该边坡的风化作用以及变质作用比较强烈，所以岩体表面的破损比较严重，导致岩体中的孔隙水在岩体内部流动比较顺畅，在重力作用下，该边坡内部岩体中的孔隙水逐渐向下流动直到坡体底部。根据地质勘查了解到，研究区内的降雨稀少，分布不均，并且 K36+500 地段边坡的风化变质导致坡体岩石较碎，所以本次分析中对降雨作用的影响暂且忽略。

2）slope 模块

因为 GeoStudio 软件的特性，不同模块可以进行耦合分析，即所有模块的分析与计算可以在相同的环境下运行，所以在 seep 模块中建立的模型、赋予的参数以及分析计算出的结果可以直接用在 slope 模块中，因此计算公路边坡在天然条件下的稳定系数时只需赋予运用极限平衡理论时需要赋予的对应参数，以及假定滑移面的进出口的位置即可得到。

首先设定此次分析的类型，分析方法采用摩尔库伦准则，边界显示函数为半正弦函数（half-sine function）。孔隙水压力采用在 seep 模块中的渗流分析结果，材料参数根据现场勘查以及后续的岩体力学参数试验测得，需要的参数有岩石的重度、内聚力以及内摩擦角，具体参数见表 7-9。对于滑动面的位置，采用绘制滑移面进出口的方式进行绘制，因为滑移面位置具有不确定性（于生飞等，2012），所以根据该边坡以往的滑动灾害发生的历史记录以及边坡的具体形态来看，绘制了三种不同进出口的滑移面。

表 7-9　研究区材料参数

材料名称 \ 材料参数	内聚力 c/kPa	内摩擦角 ϕ/（°）	重度 γ/（KN/m^3）
花岗岩	1500	51	28
片麻岩	200	33	22
风化片麻岩	40	27	22

模型设置完毕后，选择 solve 选项进行极限平衡计算，计算完毕后同样选择 counter 选项函数查看分析计算结果。对于本次分析，绘制了三种不同位置的滑移面。第一种，当滑移面的进口位置位于坡顶，出口位置位于坡底，计算后的稳定系数达到 5.966（图 7-19），可见当把滑移面的出口位置设置在坡底部时，该边坡处于十分稳定的状态，即边坡不会发生整体的失稳滑坡或崩塌。第二种，滑移面的出口位置位于边坡中部，即片麻岩层，此时的计算分析结果如图 7-20 所示，边坡稳定系数为 1.273，已经基本处于稳定状态的临界值，依据《公路路基设计规范》（JTG D30—2015），此时的稳定系数已经不符合安全系数的标准，表示边坡随时可能在外界周围环境改变的情况下发生滑坡或者崩塌破坏。第三种，当滑移面的位置位于公路边坡的顶层即风化作用较强烈的片麻岩层时，计算分析得出的结果如图 7-21 所示，边坡的稳定系数为 1.099，此时边坡已经处于不稳定状态，随后可能发生地质灾害，不过因为滑移面的出入口距离较短，所以地质灾害的规模也会比较小，根据现场勘探，此边坡的上部随时有中小规模的崩塌现象出现，有落石滚下出现在边坡底部，影响公路的正常运行，也验证了本次分析的结果。

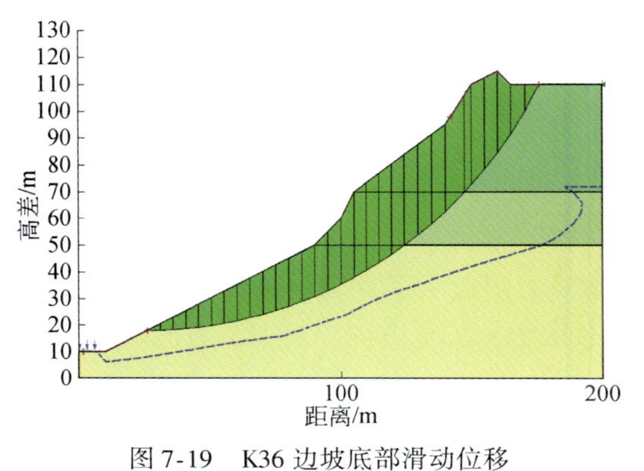

图 7-19　K36 边坡底部滑动位移
稳定系数为 5.966

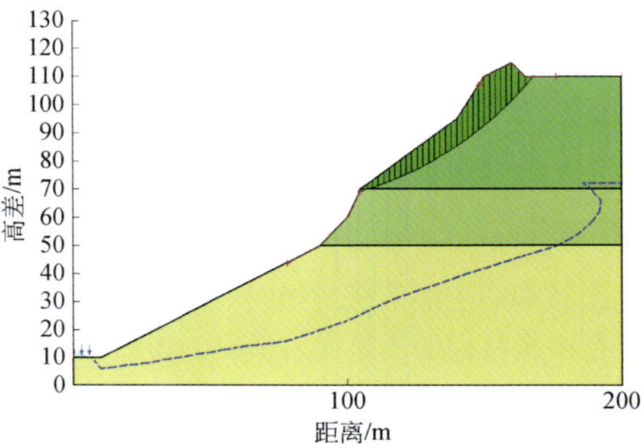

图 7-20　K36 边坡中部滑动位移
稳定系数为 1.273

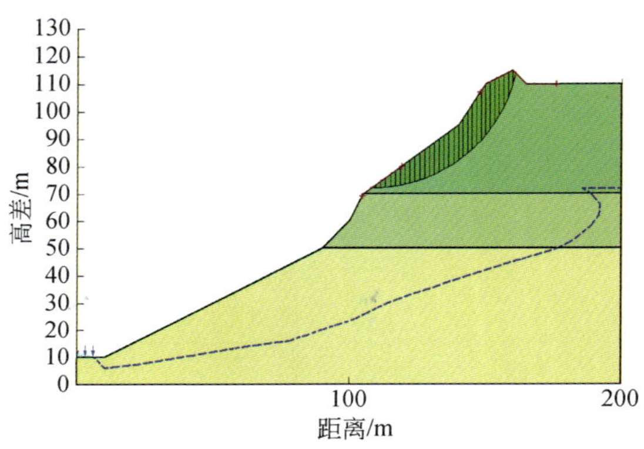

图 7-21　K36 边坡顶部滑动位移

稳定系数为 1. 099

除此之外，在 GeoStudio 软件中还可以同时查看多个可能的滑移面，如图 7-22 所示，以及在当前的极限平衡分析方法下多个最危险滑移面所对应的稳定系数，如图 7-23 所示。可以看出，在 Ordinary 法下，最危险滑移面为 Slip117 滑移面，对应的稳定系数为 1. 238。

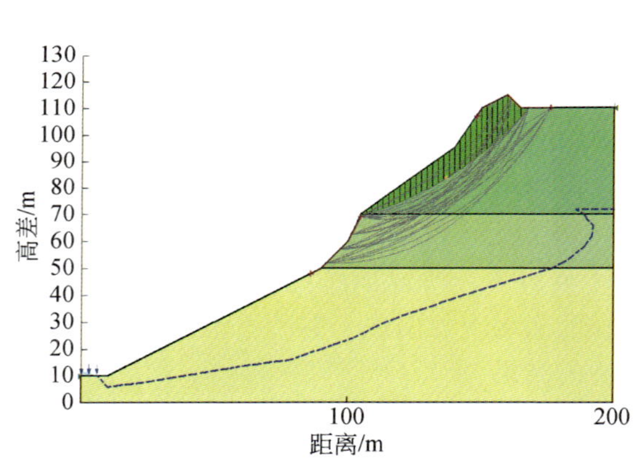

图 7-22　多个滑移面位置图

稳定系数为 1. 225

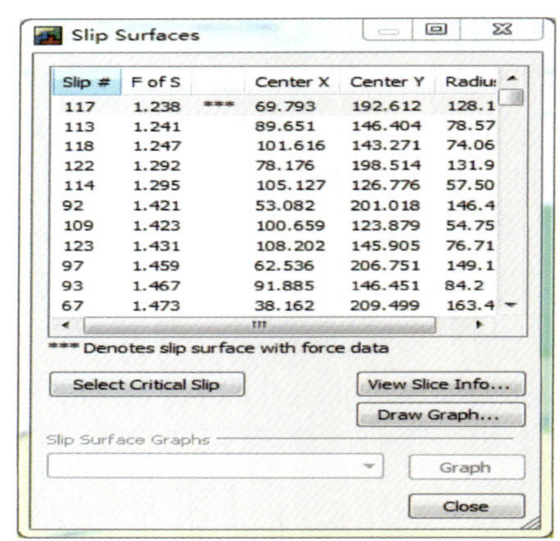

图 7-23　多个危险滑移面稳定系数

对最危险滑移面做进一步的分析，可以通过 Slice Information 选项查看该公路边坡最危险滑移面的土条信息，如图 7-24 所示，该自由体受力图显示了在当前选择的计算方法下最危险滑移面的土条受力情况，其中箭头的方向代表力的矢量方向。其中，力的闭合也表明该土条达到了平衡状态。

3）quake 模块

在该模块下，可以进行公路边坡动力响应分析，由于研究区在富蕴地区，位于阿勒泰地震带，自 1917 年有地震记录以来已经发生过多次地震，包括在 20 世纪 30 年代发生的一次震惊全球的 8. 0 级大地震。2. 0 级以上的地震在该地区每一时期都有发生，且该地区

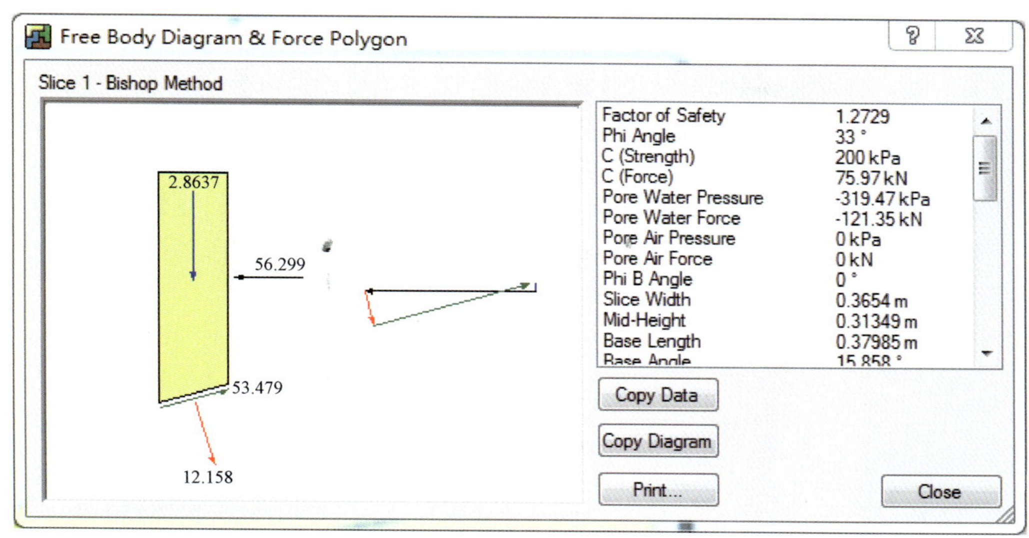

图 7-24　最危险滑移面土条受力情况

地形地貌为山地沟谷密布，一旦发生地震，所引起的地质灾害对该地区的地形地貌的影响极大。因为地震造成的公路边坡失稳破坏影响公路运行的例子数不胜数，所以对于 K36+500 地段的边坡进行地震响应分析是十分有必要的。在 quake 模块下，能够模拟边坡的初始应力状态，基于此，输入地震波信息，该软件就能够模拟随着时间变化的边坡整体的位移情况。同时，因为 GeoStudio 的耦合效应，可以利用在之前的两个模块的模型以及分析结果，再输入 quake 模块所需要的参数信息即可。

在 quake 模块里计算边坡的初始应力状态，分析类型选择震前的初始应力状态，因为模拟环境不变，所以工作区域、坐标轴、比例、有限元区域等基本设置保持之前的设定不变。对于在 quake 模块的模拟，进行的是线弹性地震响应分析，所需要的材料属性发生了一些变化，对于这种类型的分析需要的是材料的重度、泊松比、阻尼系数、剪切模量等参数，具体数据见表 7-10。在 quake 模块中，需要定义模型的边界条件，因为目前进行的是初始应力状态的分析，所以在模型底部的 X 和 Y 方向都需要进行 Fix 边界固定，模型的两侧在 X 方向进行 Fix 边界固定，因为当地环境条件，不考虑外部水压力的情况。

表 7-10　quake 模块下的材料参数赋值

材料参数 / 材料名称	重度/（KN/m^3）	泊松比	阻尼系数	剪切模量/kPa
花岗岩	28	0. 3	0. 6	1×10^8
片麻岩	25	0. 4	0. 2	1.85×10^6
风化片麻岩	22	0. 44	0. 1	4.2×10^5

在做好基本边界条件后，检查模型即可进行计算，分析初始应力状态。结果如图 7-25 所示，根据应力云图显示可知，在天然状态下，公路边坡的初始应力状态比较规则，最顶

部的等高线应力为 200kPa，边坡最底部的等高线应力为 2000kPa。

在计算完初始应力状态后，进行公路边坡的地震响应分析，新建一个地震响应分析的模拟文件，其中分析类型选择等效线性动力分析。然后需要设置一个时间步，本次在时间步的设置上直接导入了一个 50 秒的地震波记录，地震波是根据某地区地震局的地震波记录，结合研究区当地的地震烈度以及相应的位置做一定的衰减所得。同时，边界条件也要做相应的改变，在边坡底部依然在 X 和 Y 方向上进行 Fix 边界固定，而在公路边坡的左右两侧，则需要在 Y 方向上选择 Fix，允许边坡发生滑动，所以在 X 方向上不做限制。检查好模型后，即可进行计算求解。

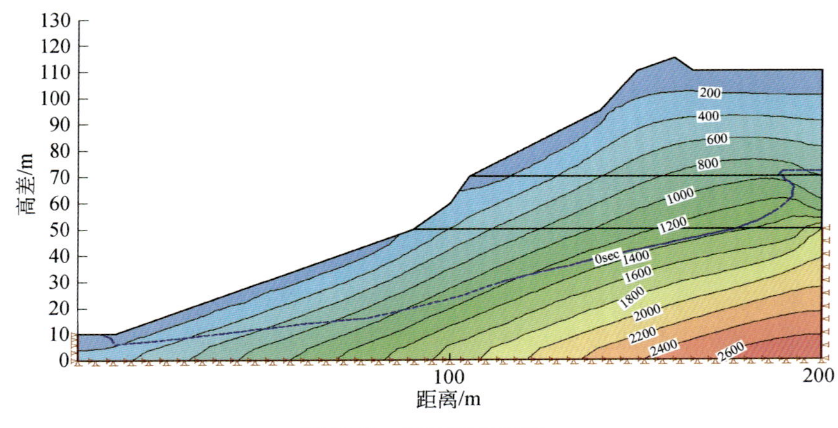

图 7-25　初始应力云图

经过软件的计算后，查看结果，得到震后边坡整体的位移滑动趋势如图 7-26 所示，根据图片显示可知，在经过 50 秒的地震后，边坡整体向边坡底部方向位移一小段距离。

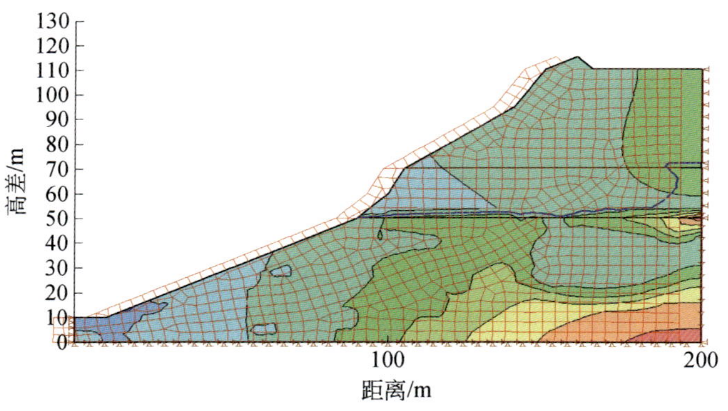

图 7-26　震后边坡变形网络

对震前震后的孔隙水压力云图和总水头云图做对比，得到图 7-27 和 7-28。根据图片显示在震前孔隙水压力云图［图 7-27（a）］和总水头云图［图 7-28（a）］都是规则的，其中孔隙水压力在坡顶等高线处的数值是+400Pa，在边坡底部的数值是−400Pa。总水头从坡顶到坡脚逐次降低，从最高处 70 一直降到坡脚的 10。而对于震后的孔隙水压力云

[图7-28（b）]和总水头云图［图7-28（b）］，可知两者在公路边坡内部的分布都已经随着地震引起公路边坡内部结构的改变而变得极其不规则，同时根据图片显示，地下水的渗流沿地震后边坡中部的花岗岩层和片麻岩层的接触面到达公路边坡的表面，边坡底部的地下水排除受阻，可能会引发震动液化现象，使边坡底部变成液化区，使边坡发生失稳破坏。

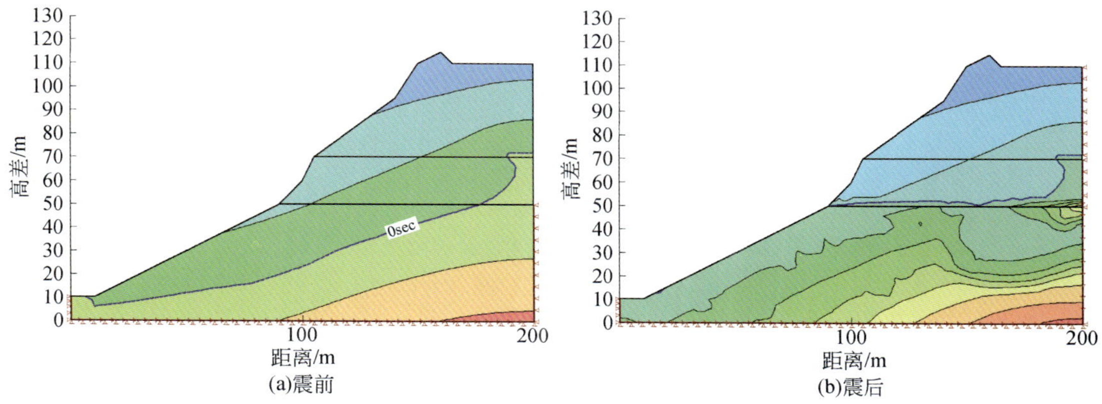

图7-27　震前震后孔隙水压力云图对比

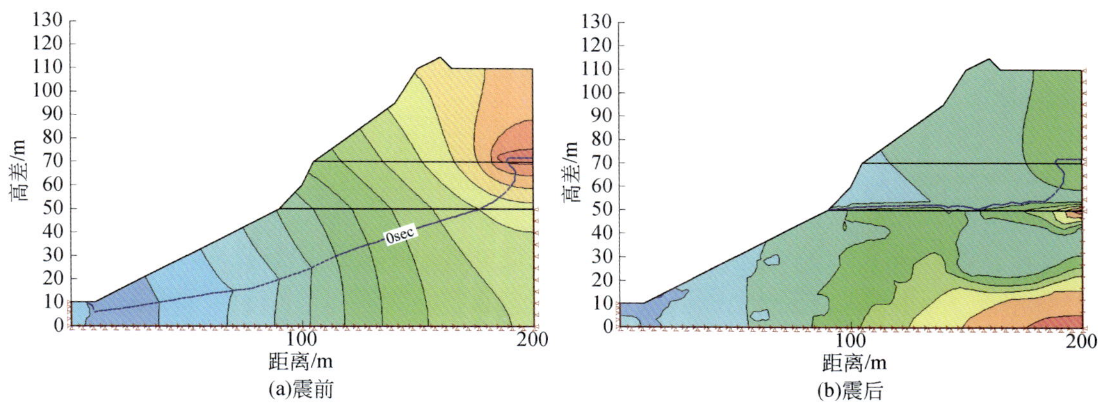

图7-28　震前震后总水头云图对比

4）slope 模块

在对公路边坡进行地震响应分析后，再次回到 slope 模块运用极限平衡原理对边坡进行稳定性分析，求出边坡稳定系数。根据 GeoStudio 软件的特性，所有材料参数以及工作区域等基本属性都已经在之前的分析中赋值完毕，只需要再次对滑移面的进出口位置进行绘制即可，同时因为在地震作用后，岩石的各种材料参数都会发生相应的变化，在 slope 模块中加上地震后的水平以及竖向加速度后分析边坡的稳定性如图7-29和图7-30所示，此次分析采用的是极限平衡原理中的 Morgenstern-Price 法。

根据图7-29和图7-30可知，当滑移面出口在边坡最上部的有限元区域时，公路边坡的稳定系数为0.596，当滑移面的出口在边坡的中部的有限元区域也就是片麻岩区域时，边坡的稳定系数为0.745，当滑移面的出口在边坡底部时，公路边坡的稳定系数为2.54。

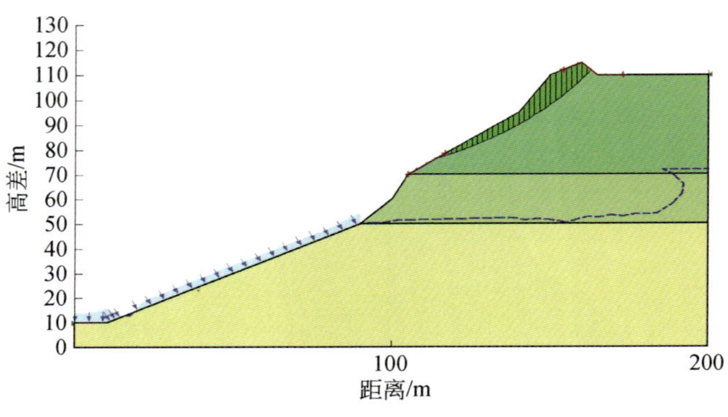

图 7-29　震后边坡滑动位移图 1

稳定系数为 0. 596

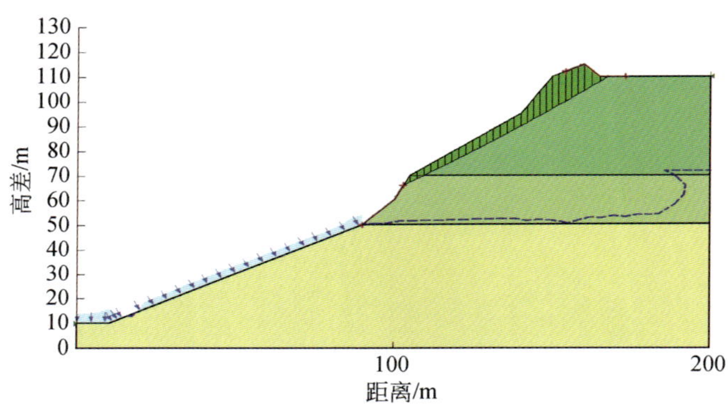

图 7-30　震后边坡滑动位移图 2

稳定系数为 0. 745

所以，根据分析结果可知，当地震作用发生以后，边坡的中上部稳定系数极低，已经完全地发生了失稳破坏。而边坡整体依然能保持稳定性。根据之前在 quake 模块中的分析可知，公路边坡虽然没有发生整体的滑坡或者坍塌现象，但是由于地震作用的影响，边坡向着公路方向偏移，仍然能够对公路的正常使用产生影响。综上所述，地震作用对公路边坡的影响是很大的，如果不事先做好防范工作，很容易发生地质灾害并造成公路交通事故。

运用 GeoStudio 软件，根据极限平衡原理以及有限元分析方法对研究区内 K36+500 处的重点边坡进行了分析，分析结果表明：

（1）在天然条件下，边坡整体处于稳定状态，但是边坡上部的岩体容易发生局部的崩塌和滑落现象，经过软件的计算后，稳定系数为 1. 269 和 1. 1。可见在天然条件下，边坡上部基本处于稳定状态。

（2）当地震作用发生后，边坡的整体情况有了显著变化，边坡整体向左移动，边坡内部岩体发生挤压变形，同时公路边坡内部的地下水渗流作用紊乱。在地震作用的条件下对边坡进行极限平衡分析，边坡的稳定系数降到 0. 75，说明边坡已经失稳破坏，上部发生整体坍塌，需要及时地采取防护措施。

7.4.2　基于有限差分法的边坡稳定性分析

FLAC-3D 是美国 Itasca 公司研究开发的一个运用三维有限差分方法进行力学分析的程序。它的基本方法是拉格朗日差分法，在解决大变形问题中具有明显的优势，它较好地吸取了有限元法，在形式上类似于离散元法（贺续文等，2011；孟京京，2014），但又是能进行连续计算的一种数值模拟方法（Williamson，1985；Titov and Synolakis，1998；Xu et al.，2004；Oñate and Rojek，2004；Wu et al.，2008）。拉格朗日差分法是一种源于流体力学的方法，在固体介质的研究中，把研究区划分成网格，网格结点就类似于流体中的质点，继而研究结点的运动。当结点的受力不平衡时，就会产生位移，然后在一个时间步中计算出速度和位移变化率，对应地就可以得到应变与应力的关系，经过一轮又一轮的重复计算，直到达到所设置的极限值，即收敛状态，则模拟运算完毕（周世良等，2010；桂蕾等，2011；王立文，2012；戴自航和徐祥，2012；刘丰，2014；王学鹏，2015；葛琪等，2017）。

拉格朗日差分法是基于显式差分法来求解偏微分方程。将计算区域划分为差分网格后，对某节点施加荷载，该节点的运动方程可以写成时间步长 Δt 的有限差分形式。在某一个微小时段内，作用在该节点的荷载只对周围的若干节点有影响，根据单元节点的速度变化和时段 Δr 可以求出单元之间的相对位移，进而求出单元应变，由单元材料的本构方程求出单元应力。这一过程将随时间扩展到整个计算范围，直到边界。经计算得到单元之间的不平衡力，将此不平衡力重新加到各节点上，再进行下一步迭代运算，直到不平衡力足够小或者各节点的位移趋于平衡为止（郑颖人等，2001；彭文祥等，2006；赵杰，2006；李世海等，2009；苏利军，2012；吴应祥等，2013；张春波，2014）。

通过迭代求解，便可求出各个时步边坡上各单元（或结点）的应力、位移，进而可模拟出整个边坡变形破坏的全过程。其迭代求解过程如图 7-31 所示。

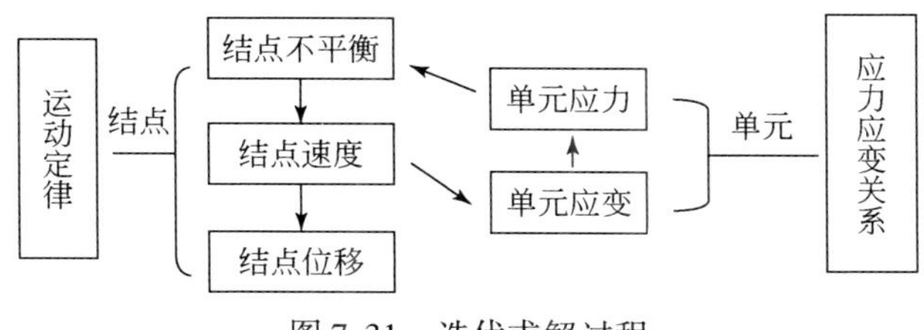

图 7-31　迭代求解过程

一维流体力学运动中的质团是“有序的”，因此拉格朗日差分法特别适于计算一维流动问题。它不能处理大变形和不同物质间剪切间断的滑移现象，故对于一些复杂的大变形的二、三维多物质流动问题会遇到困难，但借助滑移面技术和再分区技术在一定程度上可以克服这些困难。为了克服有限元等不能求解大变形问题的缺陷，人们根据有限差分的原理，提出了 FLAC 数值分析方法（彭文斌，2008；陈育民和徐鼎平，2013）。该方法相对有限元法能更好地考虑岩土体的不连续和大变形特性，求解速度较快，缺点是计算边界、单元网格的划分带有很大的随意性。

在经过用 GeoStudio 软件进行定量分析后，再次用 FLAC-3D 软件进行三维数值模拟，查看边坡内部的变形特征（李典庆，2016）。在极限平衡分析中，因为研究方法本身的缺陷，不能够最大限度地反映出边坡变形发生滑动位移时的真实特征。通过三维建模的数值模拟了解边坡内部的变形具体情况，能够让我们对公路边坡的研究有更加清晰的认识。

FLAC-3D 分析公路边坡的主要步骤有以下几点。

（1）生成几何模型：根据现场勘查图片以及相关数据测量结果建立三维几何模型，然后根据公路边坡内部岩体性质的不同，把公路边坡分为几个区域，生成有限差分网格；在本次计算过程中，分区情况同之前的极限平衡分析，为三个部分，即花岗岩区域、片麻岩区域、风化片麻岩区域，如图 7-32 所示。

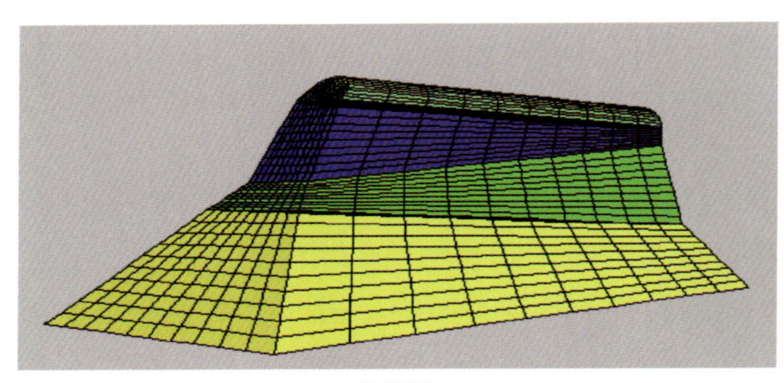
(a) 三维模型

(b) 现场图

图 7-32　阿勒泰山公路边坡三维模型与现场图

（2）定义材料参数：在公路边坡稳定性分析问题中，通常采用的是摩尔–库伦模型，对于材料，要设置的参数主要是密度、体积模量、剪切模量、内摩擦角、内聚力、抗拉强度，其中相关参数根据现场勘查结果及岩土力学试验和相关的经验公式获取；体积模量、剪切模量可以通过弹性模量和泊松比之间的关系计算得出，岩体力学参数见表 7-11。

$$K=\frac{E}{3\ (1-2\mu)} \tag{7-21}$$

$$G=\frac{E}{2\ (1+\mu)} \tag{7-22}$$

式中，E 为体积模量；μ 为泊松比；K 为体积模量；G 为剪切模量。

表 7-11　岩体力学参数表

材料参数 / 材料名称	体积模量/Pa	剪切模量/Pa	内摩擦角/（°）	内聚力/Pa	抗拉强度/Pa	密度/(kg/m³)
花岗岩	1.67×10^{10}	1×10^{10}	55	1.5×10^{6}	0.7×10^{6}	2800
片麻岩	5.5×10^{9}	1.85×10^{9}	33	2×10^{5}	0.5×10^{6}	2500
风化片麻岩	4.16×10^{9}	4.2×10^{8}	27	4×10^{4}	0.3×10^{6}	2200

（3）设置边界条件：对于公路边坡的模拟问题，设置好重力加速度，在 X 和 Y 方向上即水平面上设置好约束，在 Z 方向即竖直方向上，在边坡底部设置约束。

（4）求解：在 FLAC-3D 的数值模拟运算中，求解过程采用的是迭代法；在迭代过程中，利用某些变量的改变来判断边坡模型是否达到收敛。

（5）分析：根据剪应力云图、速度矢量图、点位剖面图等分析公路边坡的滑动位移情况。

本次 K36+500 公路边坡极限平衡分析及数值的模拟，在对公路边坡的稳定性评价中涉及两个评判标准量：稳定系数及安全系数。这两者都代表了公路边坡的稳定性情况，但是取值标准却并不一样。稳定系数是指边坡不会发生失稳破坏的临界数值，可以说它代表了边坡的一种极限状态，一旦低于这个系数，边坡就会发生地质灾害；而安全系数对同一边坡而言通常会取值稍微大，它指的是能让公路正常运营的公路边坡的评判标准，这就需要边坡有一定的承受周围环境变换带来的压力，如承受降雨、降雪、轻微地震的能力。一旦有这些自然天气变化的情况，边坡依然不会发生失稳破坏。所以，在平时的工作中，需要更加关注边坡的安全系数（马永志等，2013），而通过软件模拟或者计算得来的数值一般为稳定系数，即边坡到达临界平衡状态的系数。

对于不同种类的边坡，系数的取值范围也不一样，一般情况下，对于矿上边坡等临时边坡系数要求较低，而对于公路边坡等永久边坡，要求的安全系数值则较高，以保证长时间的使用。

具体安全规范标准可参照《建筑边坡工程技术规范》（GB 50330−2013）规定，得出表 7-12。

表 7-12　边坡稳定安全系数

计算方法	一级边坡	二级边坡	三级边坡
平面滑动法	1.35	1.30	1.25
折线滑动法	1.35	1.30	1.25
圆弧滑动法	1.30	1.25	1.20

而在对公路边坡进行数值模拟时，评价取值情况可按表 7-13。

表 7-13　滑坡安全评价稳定性评判标准

稳定系数	<1.0	1.0~1.1	1.1~1.2	>1.2
稳定性	不稳定	欠稳定	基本稳定	稳定

按照前文所述的条件，建立好程序输入到 FLAC-3D 中，进行本构模型为摩尔−库伦模型的公路边坡的数值模拟，当系统达到平衡状态时，观察公路边坡内部的变形特征。

（1）最大不平衡力：设置最大不平衡力与内力的比值为 1×10^{-5} 时，公路边坡的模拟达到平衡状态；当公路边坡达到收敛状态时，最大不平衡力显示如图 7-33 所示，可以看到，当软件计算到 5447 步时在最后最大不平衡力达到 0，说明公路边坡此时已经达到平衡状态。

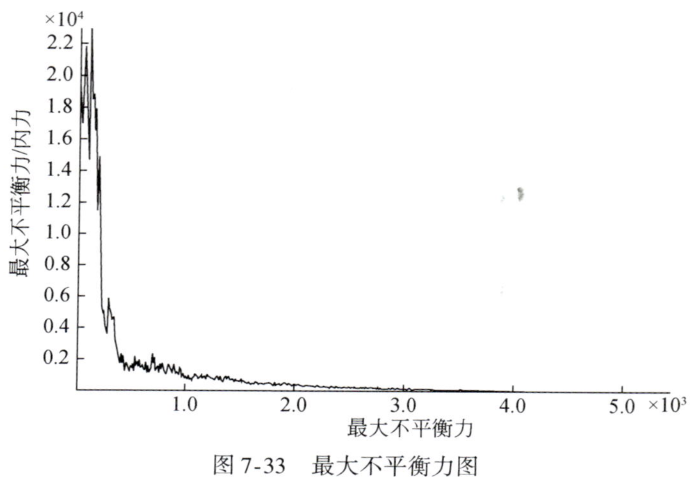

图 7-33　最大不平衡力图

（2）塑性区：从图 7-34 中可以看出，塑性区主要集中在边坡中上部位，也就是边坡的片麻岩和风化作用强烈的片麻岩区域，但是塑性区并未贯穿整个边坡区域，说明边坡并没有发生完全的失稳破坏，但是可能会有局部的落石产生。

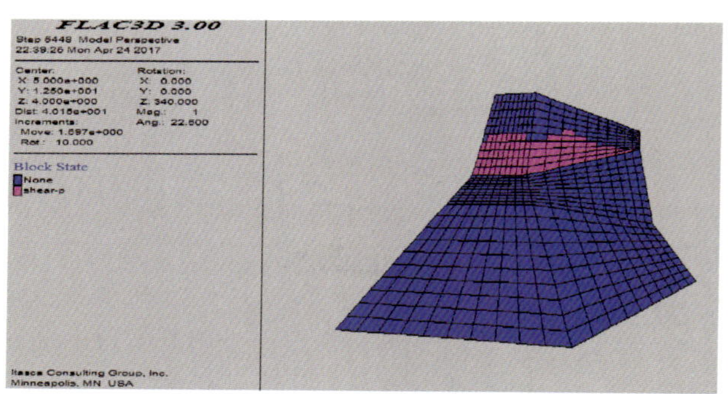

图 7-34　边坡的塑性区显示图

（3）剪应变速率图：从图 7-35 可以看出，剪应变速率较大的区域同样集中在边坡的

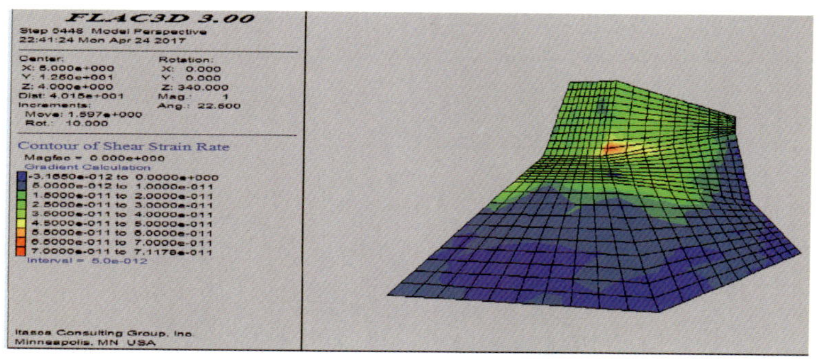

图 7-35　公路边坡剪应变速率图

中上部，但是根据图中不同颜色代表的速率看，边坡主要的剪应变速率集中为绿色区域，在边坡中上部有小部分区域达到橙色区域代表的速率，同样表明边坡并未完全达到失稳破坏的状态，但是可能有小规模的崩塌等地质灾害现象发生。

S226 地处阿勒泰山脉，沿线受河流、雨雪和走滑构造影响，使得公路建设难度增大，K36 区域处于河道边缘，沟谷宽度在 15m 左右，路面宽度接近沟谷宽度，沟谷两侧是大型冰碛物堆积体滑坡与岩质边坡，爆破开挖难度大，路基坐落于岩质边坡下方，因此需要对该处的边坡进行长期稳定性监测，从图 7-14 监测数据显示该区域边坡处于相对稳定状态。

经过对该高寒山区公路的模拟研究后，发现边坡的不稳定区域主要集中在上半部分。其中图 7-34 和图 7-35 的结果表明，在边坡上部可能会发生崩塌落石等小型地质灾害。

因此监测数据和基于有限差分与极限平衡的模拟计算结果相吻合，说明富蕴—可可托海 S226 在短期内处于相对稳定的状态，但是受该区域走滑构造和河道影响，仍需进行长期稳定性监测。

第 8 章　G217 天山公路冰川泥石流监测预警

冰川泥石流的形成至少需要丰富的松散冰碛物、充足的水条件（降雨与融雪）和陡峻的沟谷地形 3 个条件，与一般的降雨型泥石流有着相似的形成过程，但是同时有自己的特点。处在冰川下方的冰碛区，其以大量的冰碛物、冰水沉积物、沟岸两侧的崩滑堆积体为主要物质来源，冰雪融水、冰崩和雪崩为水源条件，在爆发时以比同样冰雪融水大数倍的流量沿着沟床迅猛下泄，最后在沟外地势平缓处发生堆积形成冰川泥石流堆积扇。与暴雨泥石流相比，冰川泥石流具有规模大、流动时间长、大冲大淤等特征，是现阶段最快速的地质地貌动力过程之一。

8.1　冰川泥石流北斗监测实施方案

天山区域温度对泥石流致灾作用主要体现在：①在春季（2～4 月）温度的冰点附近反复循环，寒冻风化强烈，岩体白天暴晒膨胀，夜晚寒冻收缩，反复热胀冷缩导致其微裂纹发生，岩体崩解碎落，为泥石流的形成提供丰富的物源条件，根据气象监测，2016 年内海拔 2200m 处在 0℃上下反复冻胀次数达到 90 多次；②高寒气候，年平均温度 5.6℃，降雨稀少与基岩裸露导致植被生长困难，使得表层松散冰碛物固结效果极差，内聚力低，容易失稳；③夏季（5～8 月）日照强，气温高，融雪快速，水源丰富，容易爆发泥石流。

影响冰川泥石流的主要原因之一就是夏季高温导致的冰川雪水融化。在全球变暖的大背景下，天山、昆仑和青藏高原大部分冰川均处于加速退缩状态；短时间内冰川加速退缩会使河川径流量增加，为泥石流发生提供丰富的水源，降低泥石流堆积体的内聚力。

在 K636 泥石流沟中游沿泥石流沟岸布设 2 套超声波泥水位一体化监测站（判断泥石流产生的重要指标，为防止误判，布设 2 套），如图 8-1 所示，1 套土壤含水率一体化监测站（从上到下根据土层深度安放 5 个传感器），4 套拉线式地表位移计。考虑到大雨天气泥石流产生机率会增大，泥石流沟中部再增加 1 个雨量监测站、温度和湿度监测站。

现场采集的数据传输至监控中心后由服务器后台运行的采集处理软件进行采集处理分析，处理后的数据存入 SQL 数据库，最后由地灾自动化在线监测软件进行数据分类分析、发布展示、设置报警值、系统巡检、发布报警信息等（刘传正等，2004；李颖，2012；何朝阳等，2014）。

根据上下游监测站报警时间间隔，可计算泥石流到达下游公路所需的时间，给管理人员留出一定的决策准备时间。系统建立综合性的监管平台，依托智能的软件系统，当泥石流地灾发生时，第一时间预报预警，提醒相关部门尽快启动相应的处理措施及预案，保证公路正常运营（图 8-2）。

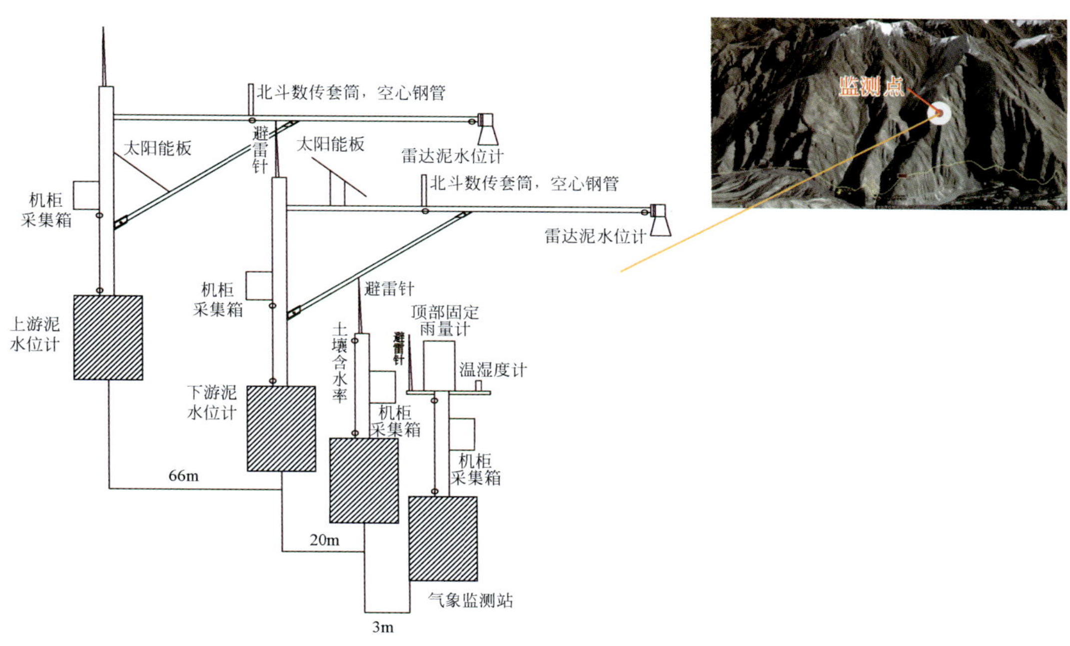

图 8-1　基于北斗系统的冰川泥石流监测示意图

作者根据千米级高差与搬运距离的冰川泥石流致灾特征，开发出了在线安全监测系统平台，该平台采用 B/S① 架构，无须安装客户端软件，可通过 Web 浏览器直接登录访问，支持 Windows 7 及以上操作系统；具备对监测设备进行远程控制与管理、数据采集与建库、数据处理与分析、安全管理与预警、信息发布与图形报表输出、人工安全监测接口等功能（图 8-3）。可根据用户要求修改系统设置、设备参数及采集周期，结合现场巡查，可进行数据补测、比测。

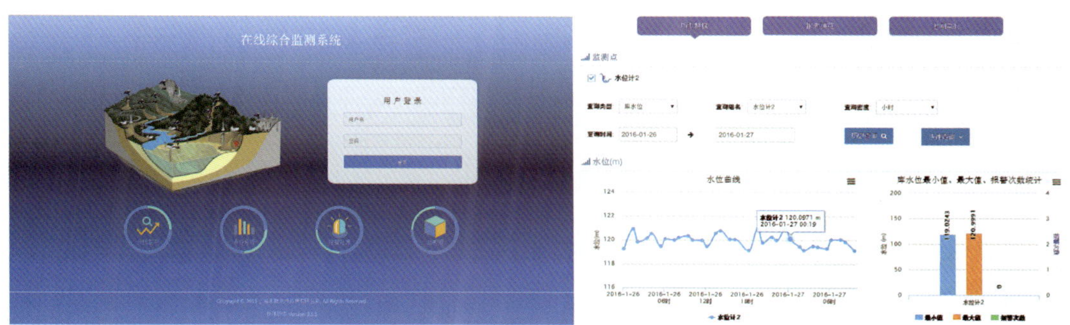

图 8-2　在线综合监测系统界面与监测曲线查询结果显示

① 浏览器/服务器（browser/server）

图 8-3 声光报警装置

泥石流在线安全监测系统是在泥石流沟内布置自动监测仪器设备，通过智能传感器自动化测量、北斗卫星通信及计算机技术实现对泥石流沟全天候自动监测、监控、分析和报警的系统（图 8-4）。

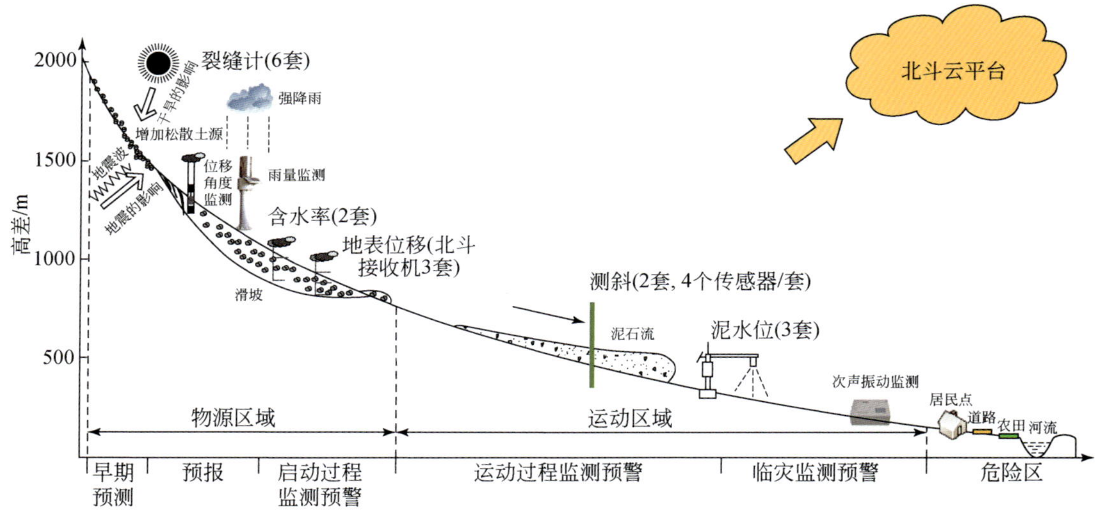

图 8-4 基于形成过程的泥石流综合监测预警体系

考虑到现场泥石流是山上冰雪、冻土融化造成的，且经过现场勘察，实地海拔落差较大，地形复杂，上游人工施工困难，本次设计泥石流监测站安装在人员可到达的泥石流沟中游和下游，一旦泥石流发生，系统能及时报警，提醒相关公路养护人员及时到现场处理。监测方案中主要有以下设备组成。

1. 前端数据采集系统组成

1）超声波泥石流泥水位监测站

北斗一体化智能泥水位监测系统具有智能判断触发机制，可远程和本地设定预警阈值，支持两种通信方式相互备份，GPRS 通信支持多中心工作模式，可向多达 4 个中心站并发数据，并响应中心命令，采用工业级、自锁式的接口，一体式铝合金壳体设计，满足室外多种应用环境，具体监测系统组成如图 8-5 所示。

2）雨量监测站

雨量监测系统由雨量传感器、智能数据网关、北斗无线通信系统、GPRS 通信系统、太阳能供电系统及其他辅助系统组成，本次研究中雨量监测系统如图 8-6 所示。

图 8-5　上游北斗一体化超声波泥水位与地表位移监测系统组成图

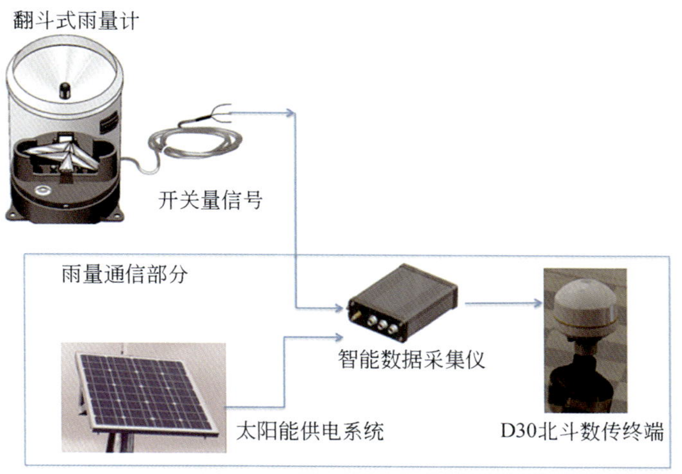

图 8-6　北斗一体化智能雨量监测系统组成图

3）北斗一体化次声监测站

泥石流的次声监测系统具有灵敏度高、维护方便、抗干扰能力强等优点，泥石流次声监测设备原理是通过捕捉泥石流次声（振动）信号，并利用空气为介质，以约 344m/s 的速度极小衰减，并可通过极小缝隙等特点实现监测和报警。监测站由次声传感器、通信电缆、带北斗传输的智能数据采集仪、太阳能供电系统、避雷系统、不锈钢防水机柜等组成，本次研究中北斗一体化次声监测系统组成如图 8-7 所示。

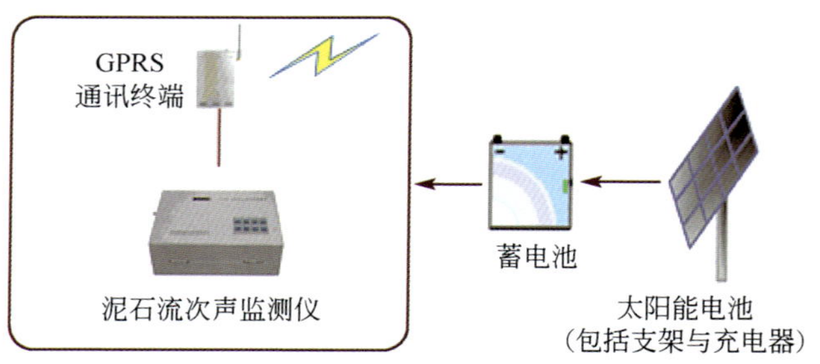

图 8-7　北斗一体化次声监测系统组成图

4）北斗一体化土壤含水率监测站

北斗一体化土壤含水率监测站由五部分组成：智能数据网关、土壤含水率传感器、通信设备、太阳能供电系统、辅助设备，本次研究中北斗一体化土壤含水率监测站组成如图 8-8 所示。

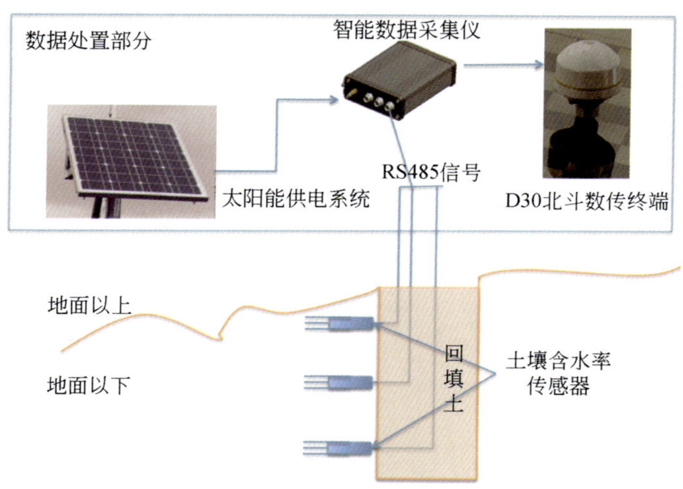

图 8-8　北斗一体化土壤含水率监测站组成图

5）北斗一体化智能裂缝监测系统

北斗一体化智能裂缝监测系统由五部分组成：智能数据网关、传感器部分、通信设备、太阳能供电系统、辅助设备，本次研究中北斗一体化智能裂缝监测系统如图 8-9 所示。

2. 数据通信、供电设计

受复杂地质构造活动与冰川历史活动控制，G217 独库公路冰川泥石流沟具有窄而深、多弯道跌水等特点，沟内多处堵塞，这些堵塞一方面来自沟床两侧崩塌和风化坡积物的下滑，另一方面是夏季冰雪融水和降雨形成的小股泥石流因动力不足停积在沟内的堆积物。

基于北斗的在线监测预警系统由前端数据采集系统（野外一体化地灾监测站）、数据通信系统、数据处理分析与发布预警系统三部分组成。因为地灾区相对位置偏远，一般采

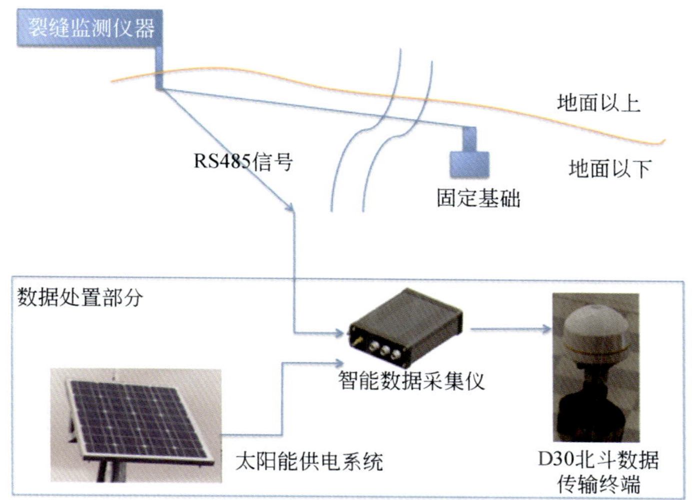

图 8-9 北斗一体化智能裂缝监测系统组成图

用太阳能供电。天山山脉里面大部分区域为无人区，没有 GPRS 覆盖，所以本次监测采用北斗卫星的通信功能。短报文传输方式把采集到的数据传输至监控中心，北斗传输采用最新的 D30 进行数据传输。

8.2 冰川泥石流致灾临界条件监测

8.2.1 冰川泥石流气温临界条件监测预警

8.2.1.1 气温监测与致灾曲线模型

天山北坡升温时间早于南坡，即纬度高气温低的地域比纬度低气温高的地域升温早（图 8-10）。该区属于干旱气候，光照充足，热量丰富，降雨稀少，但季节性强。昼夜温差大，G217 海拔 2200m 处在 2017 年最高气温 37℃，最低气温-27.2℃。

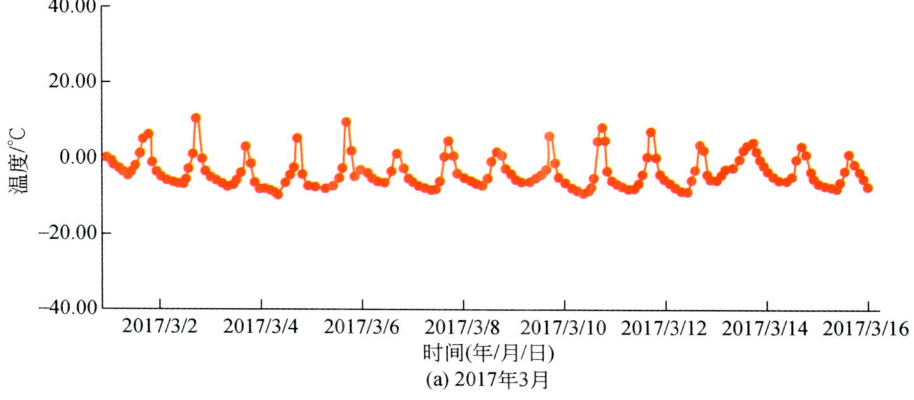

(a) 2017年3月

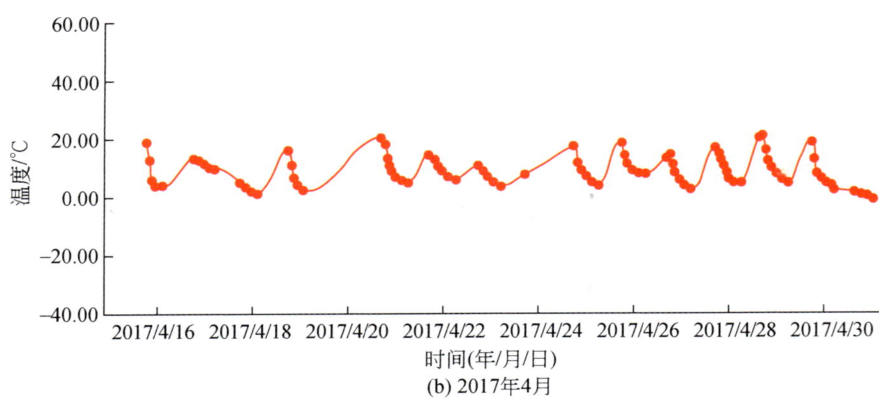

(b) 2017年4月

图 8-10　2017 年独库公路春季温度冰点附近反复循环热胀冷缩

据中国科学院天山积雪雪崩研究站（海拔 1776m）气象推算，哈希勒根达坂年均气温在-3.0℃，每年气温在 0℃上下波动的次数在 100 次以内。天山南坡（阳坡）海拔 3460～3540m 处，坡度 10°～20°活动层表面寒冻蠕变量为 0～2.4cm/a，平均 1.13cm/a。

与融冻泥流表面速率相比，蠕变速率要小很多。全球其他冰缘融冻泥流作用引起的地表运动速率为 0.5～10cm/a。因为天山地区地形坡降较大，水分条件好和冻融作用频繁，相比之下，天山融冻泥流表面运动速率较快。随着融冻泥流进一步发展，冰碛物的物源补给量超过了沟谷或者坡体稳定范围，融冻泥流在深切沟谷和雪水融化的共同作用下将有可能发育成泥石流（刘耕年和熊黑钢，1994；王建刚和胡修棉，2008）。

根据 1984～1987 年的历史资料显示，独库公路在沟口海拔 2230m 处的最高气温达到 25℃时，源头海拔 4000m 冰川表面的最高气温为 12.4℃就会发生冰川泥石流。据西藏东南部古乡泥石流沟源头（海拔 5200m），当冰川表面日平均温度达到 5℃和日最高温度达到 9℃时就会发生冰川泥石流。该区域比古乡冰川表面气温高 3℃以上时才会爆发冰川泥石流，这可能是因为独库公路沿线的冰川属于极大陆型冷性冰川的缘故（韩添丁等，2002；郭玲鹏等，2012；孙才奇等，2013）。

据独山子养路段资料统计，泥石流一般发生于气温较高的 6、7 月，以 6 月最多，独库公路山坡积雪（海拔 3800m 以下）在每年 5 月底虽已消融殆尽，但大部分渗入沟内松散固体物质之中。前期降雨和冰川融水的浸润或遇高温天气之后高强度暴雨，冰川融水与降雨径流叠加，在沟内固体物质含水量较高的情况下极易引发冰川或冰川暴雨混合泥石流，这是 6、7 月泥石流暴发居多的原因之一（伍琪琳，2011；何鹍，2013；王蕊颖，2014）。

图 8-11 显示了 K636 冬季空气湿度变化频率曲线（周期：4 小时）与夏季日平均变化曲线。图中由于太阳能供电原因，出现了部分数据丢失，根据该监测数据仍然可以显示处可知，天山区域进入冬季后，空气湿度变化幅度从 20%～85% 均有出现，白天和夜晚差异比较大，但是仍然是整体干燥的状态；进入夏季后，独库公路 6 月进入雨季，降水有明显的峰值，据气象站 1984～2017 年资料统计，每年第一轮高温导致 6 月为全年降水最高月，整个 6 月日均空气湿度在 50% 左右稳定徘徊，但是在 2017 年 7 月 14 日致灾当天，空气湿度出现一个明显的上扬，作者认为是由于滑体搓动扰动，物源颗粒具有一定的跳跃流动

性，颗粒各个维度的几何表面的水膜接触空气的概率增加，其挥发出来的水蒸气在一定程度上增加了空气的湿度，说明空气湿度跟致灾水力条件呈正相关性。

作者通过现场调研认为，在冰川泥石流致灾前夕，浅表层的冰碛物堆积层已经出现不同程度的局部失稳扰动，物源块体颗粒的扰动和滚动，对地表水汇流产生一定影响，加速地表水汇流蒸发，泥石流沟沟谷沿线空气湿度增加也能一定程度上作为冰川泥石流预警的指标。

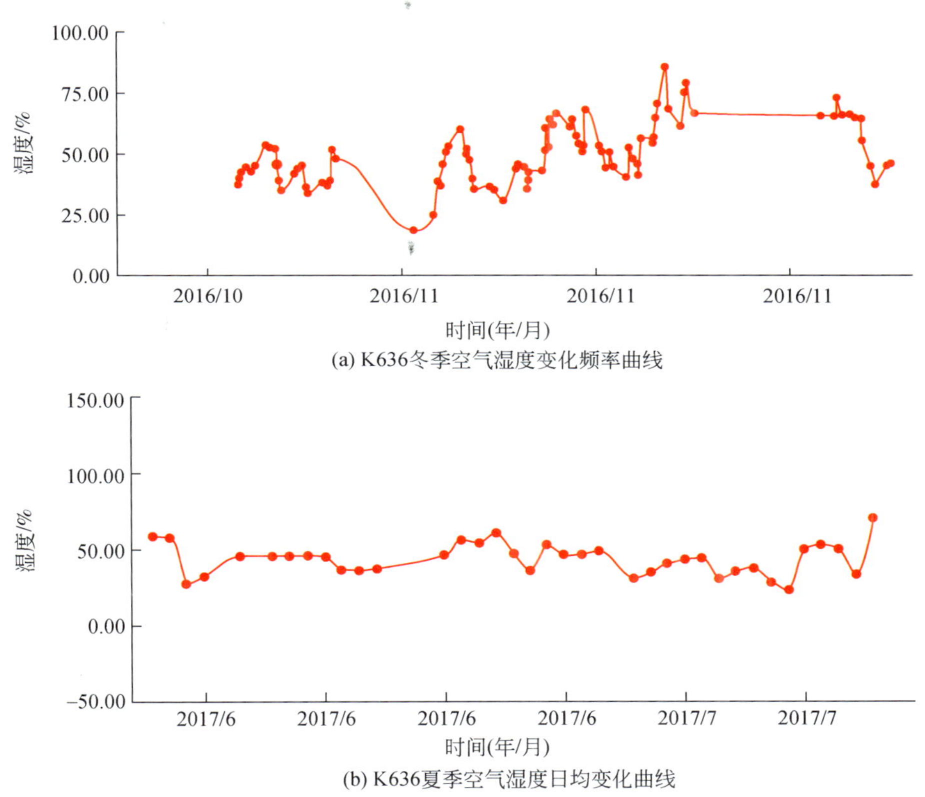

(a) K636冬季空气湿度变化频率曲线

(b) K636夏季空气湿度日均变化曲线

图 8-11　K636 冬季空气湿度变化频率曲线（周期：4 小时）与夏季日平均变化曲线

从 1984～2017 年的历史数据显示，K636 处致灾峰值温度临界值从 25℃上升到 37℃，致灾临界温度值的变化反映出，全球气候变暖，使得稳定雪线大幅度上升，冰川面积迅速缩小，低海拔区域的雪水融化量相比历史上渐渐降低，泥石流致灾所需的融雪水动力条件大幅度提高。

由冰川末端融化特征可知，天山冰川面积和稳定雪线跟 20 世纪已经有了很大差异，冰川末端海拔变化根据冰川的末端海拔，以 200m 为海拔梯度进行统计分析表明，该区冰川末端海拔主要分布在 3300～3500m、3500～3700m、3700～3900m 的区间内；冰川末端退缩变化较大，根据历史影像发现，独库公路 K636 区域的冰川末端海拔从 1984 年的 3118m 上升到 2017 年的 3754m，即随着全球变暖趋势，冰川末端稳定雪线每年上升速率是 19. 3m/a。

根据独库公路 1984～2017 年温度监测数据（张立芸等，2014；赵培培等，2015）显示的致灾临界特征分析发现，温度曲线大致可以分为三种：上升型（图 8-12）、高峰下降型（图 8-13）和复合型（图 8-14）。在一次连续高温过程中，如果在其中的某一段时间突然遇到降雨，在温度曲线会出现先下降，降雨在独库公路一般持续 3～5 天后，温度会再度上升，在上升过程线上有明显的致灾峰值，这种温度致灾为上升型。

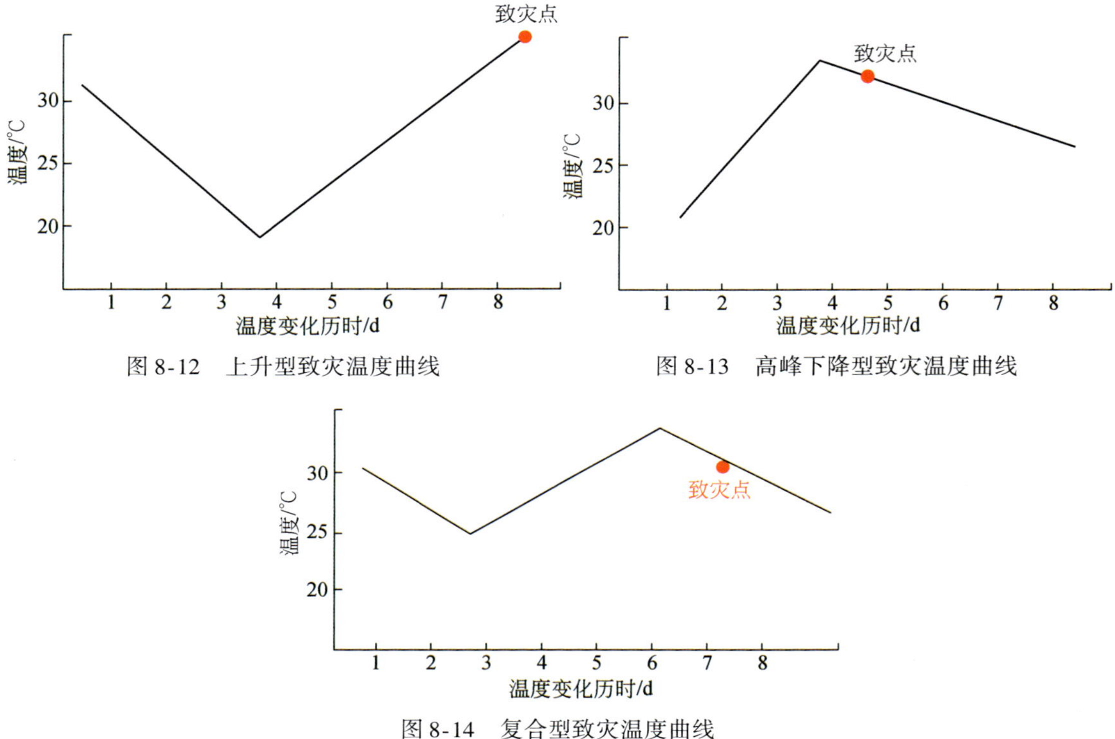

图 8-12　上升型致灾温度曲线

图 8-13　高峰下降型致灾温度曲线

图 8-14　复合型致灾温度曲线

反之在连续多天的升温过程（如 2017 年 7 月），冰雪融化已经使得冰碛物、松散土等表层堆积物饱和，地表水开始出现涡流或速流，流速大概在 1.2m/s（2017 年 7 月 10 日温度如图 8-15 所示），这个时候天山高海拔区域蒸发量大，会出现降雨和随之而来的降温，在降雨达到一定厚度或者雨强达到一定数值，泥石流一般会马上发生（陈宁生等，2010），因此称这种先升温后降雨导致泥石流致灾的为高峰下降型致灾温度曲线，温度高峰以 2012～2017 年为例分析，在海拔 2200m 处温度一般可达到 35～37℃。

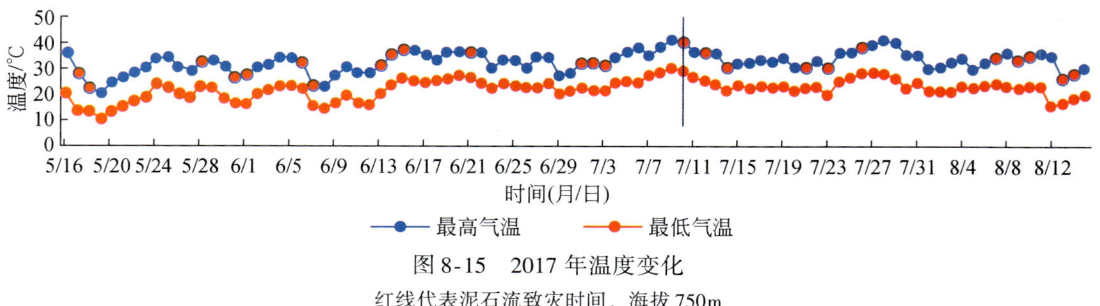

图 8-15　2017 年温度变化

红线代表泥石流致灾时间，海拔 750m

上升型和高峰下降型致灾温度曲线，都是在连续升温和降雨过程中冰川泥石流沟的水文动力条件相对充足时出现的。在天山冰川泥石流的致灾因素研究过程中还发现，当6～8月连续升温天数不足一定数量（如小于6天）或者降雨强度不足（如日降雨厚度不足7mm）时，会出现一个降雨或温度的再次轮回，此时称这种温度变化过程为复合型致灾温度曲线（2016年的致灾过程如图8-16所示）。

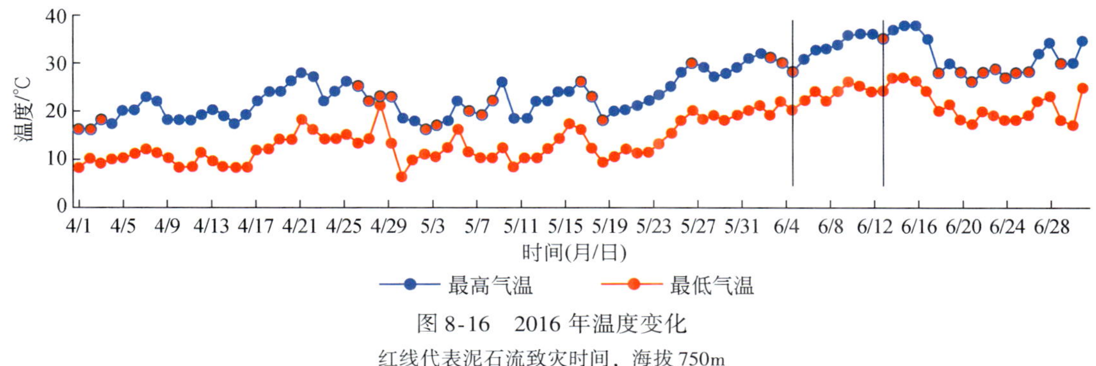

图 8-16　2016 年温度变化

红线代表泥石流致灾时间，海拔 750m

因此，在天山千米级冰川泥石流致灾温度变化过程中，在一次升温和降雨相互耦合作用时，可能只有一次峰值（上升型和高峰下降型），也可能出现多个峰值（复合型）；在温度变化周期过程，降雨出现的位置离散性比较大，可能出现在温度升高的前期，也可能在中期或后期；降雨时间一般较短（间断性不超过7天），单日雨强一般小于100mm。从目前来看天山公路引起冰川泥石流的典型温度曲线主要以这三种为主。

气温及其导致的冰川融化是冰川泥石流发育发展的重要控制性因素，温度决定冰川消融，独库公路沿线有大面积的冰川覆盖，2013年独库公路改扩建完成后每年发生泥石流，至2017年累计发生5次大型的冰川泥石流，对沿线的道路保通抢通造成了巨大的影响，2013年显示的致灾温度是连续6天升温，在6月11日达到32℃，当天下午发生泥石流灾害，在连续高温前还有5天的连续降雨。同样从2014～2017年，都显示了在连续高温天气致灾过程中有降雨作为刺激因素存在。

8.2.1.2　气温致灾预警模型与分级

天山区域温度上升的缓急，不仅影响融化径流的形成，同样也影响泥石流的形成和发展。不同的雪水，将使土体含水率不同，从而土体的内部结构、应力状况、抗蚀性、抗滑性等均有差异（庞恒茂，2013；王利等，2015）。不同的气温导致雪水融化既影响清水产汇流，也影响固体物质的补给。

高温导致的雪水融化是冰碛物饱和和失稳的主要因素（杨青等，2006）。通过天山公路沿线实测温度及示范点所在地区的历史高温导致泥石流灾害的资料进行分析，并结合K636区域历史上爆发泥石流的当天气温及连续高温下未发生泥石流进行回归分析，得出该区临界高温，并得出有效高温模型：

$$T_n = (\sum_{i=0}^{n} T_i K^i)/n \tag{8-1}$$

式中，T_n为前 n 日有效高温（℃）；T_i为前第 i 天有效高温（℃）；i 为前 i 天；K 为衰减系数，与天山泥石流沟地形地貌、地质条件、气候条件等多种因素有关，国际上对于沟谷型泥石流通常取 0.84。高温对冰川融化雪水作用周期相对较长，尤其通过下渗到冰碛物和松散土体。上述模型对于连续高温、累积高温等情况均有良好的作用。

当海拔 2200m 处的日最高气温达到 28℃～30℃时，可以利用该有效高温模型开始对冰川泥石流进行气温预警（表 8-1），一般 n 以 6～8 天为主，不超过 20 天。

表 8-1　基于连续有效高温模型的冰川泥石流气温预警分级（海拔 2200m）

T_n（连续有效高温）/℃	危险特征与等级				是否预警
	遥感分区	危险等级	危险特征	预警分值	
T_n<15	低危险区	Ⅰ	安全	0～24	否
	中危险区	Ⅰ	安全	0～24	
	高危险区	Ⅰ	安全	0～24	
15≤T_n<25	低危险区	Ⅰ	安全	0～24	是
	中危险区	Ⅱ	中度危险	25～49	
	高危险区	Ⅲ	高度危险	50～74	
25≤T_n≤35	低危险区	Ⅱ	中度危险	25～49	是
	中危险区	Ⅲ	高度危险	50～74	
	高危险区	Ⅳ	极其危险	75～100	
T_n>35	低危险区	Ⅱ	中度危险	25～49	是
	中危险区	Ⅳ	极其危险	75～100	
	高危险区	Ⅳ	极其危险	75～100	

从 1984～2017 年的历史灾害数据显示，20 世纪 90 年代稳定雪线在 3100m 左右时，其致灾稳定表面平均在 18.7℃左右，以海拔梯度每提高 100m 气温降低 0.71℃依此类推，当海拔 3754m 的致灾温度在 18.7℃时，G217 在海拔 2200m 的 K636 区域的致灾温度为 29.35℃左右，此时如果发生连续多天气温在此温度之上，泥石流发生概率将大大提高。

通过对 K636 区域的多年资料发现，如果在该区域（海拔 2200m）连续 7 天左右温度达到 29.35℃左右（峰值可能超过 35℃）如图 8-17～图 8-19 所示，厚 30～50m 的冰舌末端产生大量冰崩，大量冰体坠落到比冰舌低 100m 的沟底，产生强烈消融，使沟内流量猛增，极易形成冰川泥石流。

连续高温导致冰川消融蒸发量较大，如果在连续高温过程或连续高温前后出现降雨，则临界温度存在±5℃左右的变动幅度。即受夏季降雨影响，在目前的冰川面积和稳定雪线背景下，夏季致灾高温对泥石流分布范围在 24.35℃～34.35℃。K636 在 1984～2017 年发生的几十次泥石流中，有 90% 是在高温天气条件下由于冰川发生冰崩和强烈消融而产生的，多发于傍晚和夜间，K636 致灾临界温度从 1984 年的 25℃上升到 2017 年的 34.5℃，平均致灾临界温度每年提高 0.29℃左右。

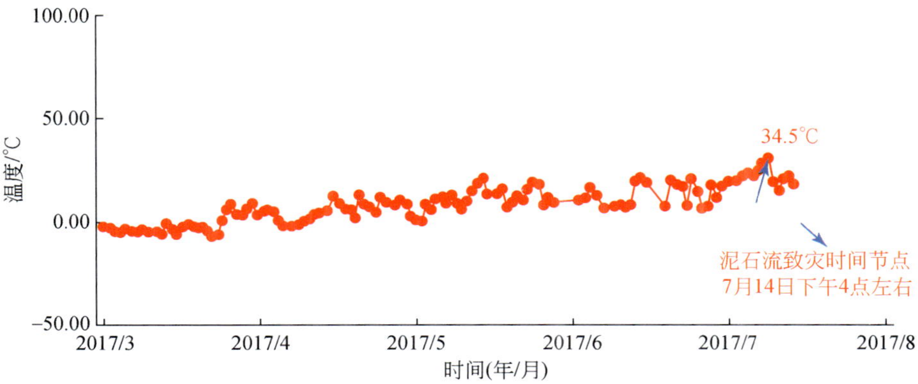

图 8-17　2017 年春夏独库公路 K636（海拔 2200m）泥石流致灾前平均日气温变化

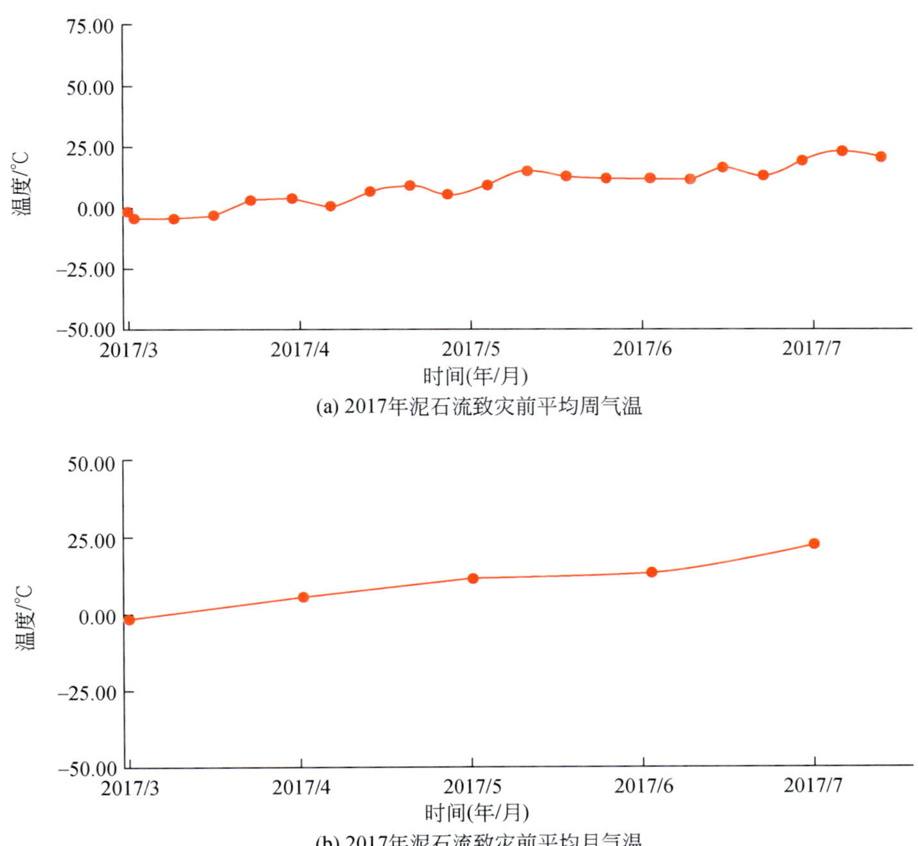

图 8-18　2017 年独库公路 K636（海拔 2200m）泥石流致灾前平均周气温和平均月气温变化

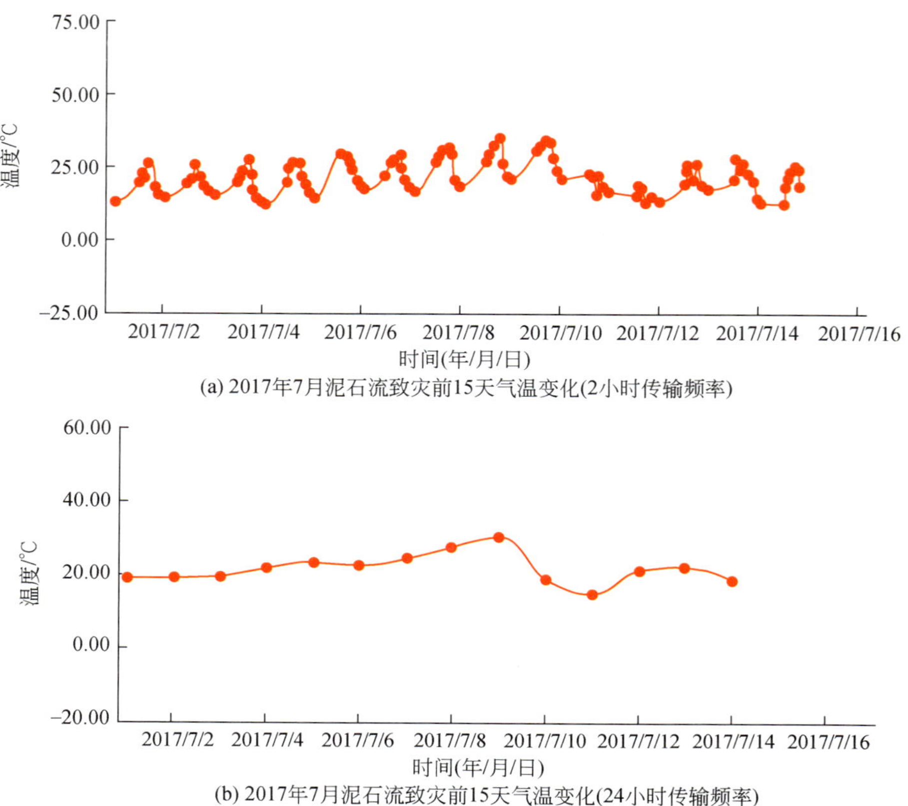

图 8-19 2017 年夏季独库 K636（海拔 2200m）泥石流致灾前 15 天气温变化（2 小时和 24 小时传输频率）

因此通过本节可以看出，气温致灾临界条件受多种因素影响，通过 1984 ~ 2017 年的历史灾害数据分析，即随着全球变暖趋势，冰川末端稳定雪线每年上升速率是 19.3m/a，冰川泥石流平均致灾临界温度每年提高 0.29℃左右，2017 年数据显示，如果连续高温 29.35℃的天数超过 6 天，临界温度为 34.5℃时，容易致灾，即致灾有效高温周期为 6 ~ 8 天。

8.2.2 冰川泥石流水力临界条件监测预警

8.2.2.1 融雪量及土壤含水率监测

冰雪融化对泥石流的作用机制与降雨类似，但又不完全不同，其两者诱发泥石流灾害的时间和规模也不相同（王秀琴等，2013；李海燕，2014）。①由于冰雪融化所形成的雪水量远远未能达到强降雨级别，其绝大部分入渗地表松散堆积体中，径流较少（坡度较大的山坡和气温迅速升高情况下可能例外），不会对坡体形成冲刷，也不会在坡体内部形成较大的动水压力。②坡体岩土体在反复冻融作用下，其孔隙度的增大使得雪水可以充分入渗而软化泥石流体和滑动面，且由于昼夜温差，冰雪融化缓慢，在坡体表面不会产生有压渗透，从而入渗速度缓慢。因此，与降雨相比，其引起的坡体变形是浅层的、局部的、缓慢的。③在植被发育地区，长时间的冰雪覆盖导致了植被折断，使得植被的根固作用减弱，在增加坡体荷载的同时减弱了其阻滑力。因此，植被发育的山区在极端冰雪灾害条件下，泥石流灾害的发生概率高于其在降雨条件下的发生概率。

当融雪条件满足时，积雪开始融化，这时重要的是要估计融雪强度或速率，以及在一定时间段内的融雪量。融雪强度和融雪量决定于积雪的状态和融雪的热量平衡条件。日本学者 Niwa 等于 1990 年在分析大坝渗流时建立了融雪径流模型，之后 Kazama 等对其进行了修正，建立了降雪与融雪联合的融雪模型（snow water equivalent model），并被推广应用。本书借鉴其思想，建立了简化的有效融雪模型。

引入度日因子 a，定义为每天气温上升 1℃ 所产生的融雪深度。采用经验公式进行确定：

$$a = 1.1 \times (\rho_s / \rho_w) \tag{8-2}$$

式中，a 为引入度日因子（cm/℃ · d）；ρ_s 为积雪密度（g/cm）；ρ_w 为水密度（g/cm^3）。积雪密度采用表 8-2 中的月平均值。引入雪雨当量 SRE（snowmelt rainfall equivalent），定义为融雪期间雪融化成水的日降雨当量（mm/d）。建立的有效融雪模型如图 8-20 所示。

表 8-2　月平均积雪密度

月份	6	7	8	9
积雪密度/（g/cm^3）	0.136	0.149	0.170	0.181

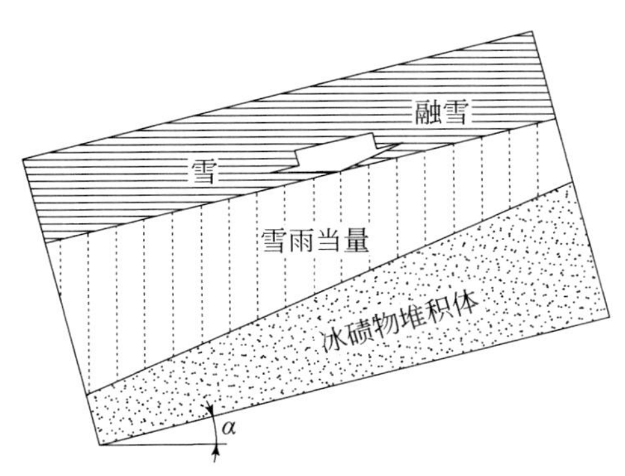

图 8-20　简化的冰川有效融雪模型示意图

根据融雪前后质量守恒，得

$$a\mathrm{T}\rho_s = \mathrm{SRE}\rho_w \tag{8-3}$$

$$\mathrm{SRE} = a\mathrm{T}\rho_s / \rho_w = 0.1496 \times \frac{0.136}{1.000} \times T = 0.2T \tag{8-4}$$

式中，T 为融雪期间温度（℃）。考虑到独库公路夏季极端冰雪灾害条件的特点，如积雪深度、日气温变化等因素，T 的取值范围定为［15℃，40℃］。因此当独库公路地面温度为 30℃时，K636 冰川表面融雪深度等效降雨量大概为 6mm/d，当其为 35℃时，等效降雨量大概为 7mm/d。

雪的特性（如积雪面积、雪深等）是重要参数，根据国内外对融雪入渗条件下边坡渗流计算及稳定性分析，作者根据降雪折合成水层的深度-降雨量（即 $W=d\delta$，d 为雪深，δ 为新雪密度），以毫米为单位计算，天山平均新雪密度为 $80kg/m^3$，通过推算不同的等效雨量，从而考虑不同积雪深度对边坡渗流场变化的影响。

另外根据相关资料显示，融雪厚度与一定量降雨具有明显相关性，即融化 8～12cm 的雪和 1cm 的降雨量对泥石流的影响接近。因此当天气温度为 35℃时，等效雨量为 7mm/d，其等效融雪量为 7cm 左右。

根据融雪当量等效降雨量，在 2017 年 6 月 11 日～7 月 11 日实测温度平均为 30℃左右，通过 SRE 融雪模型与 K636 实测冰川面积 $1.75km^2$ 的情况下，计算夏季融雪量为

$$1.75km^2 \times 0.007m/d \times 40d = 420000m^3$$

与表 8-3 中实测的数据接近，说明该融雪模型适用于天山等区域的冰川泥石流融雪量的估算。

表 8-3　天山独库公路冰川泥石流 2017 年 6 月 11 日～7 月 11 日冰川融雪量实测值

位置	沟口海拔/m	堆积扇面积/km^2	冰川面积/km^2	冰川融雪量/m^3
K636	2200	0.14	1.75	4.3×10^5

注：冰川融雪量为在 K636 沟设水文点实测流量。

就降雨和冰川融雪作为水力诱导条件而言，激发泥石流的不单是临时降雨量及融雪量，还涉及前期有效雨雪当量、一次暴雨时间和短时雨强（朱永辉等，2010；袁润，2014）。这与千米级冰川泥石流的常规降雨型泥石流有明显差异，暴雨型泥石流区域（典型的如福建、湖北、甘肃等地区）一般选 1 小时雨强作为短历时暴雨强度，千米级搬运距离与高差的冰川泥石流一般选 6 小时或 12 小时雨强作为临界预警的依据之一。降雨激发冰川泥石流是短期雨量与前期雨雪当量共同作用的结果（赵俊荣等，2008；高志勇，2010）。一般冰川雪水型泥石流取前 7 天进行研究，大暴雨取前 3 天即可，极个别特大暴雨的泥石流主要取决于本次降雨过程。

进入夏季 6 月以后，冰川融雪导致低海拔沟谷（海拔分布在 2100～2500m）松散土体率先饱和，该地段的地表水流动具有“蓄满产流”的特点。高海拔（海拔>2500m）土壤含水率相对较高，除非有小范围的堰塞湖出现，“蓄满产流”现象相对较少。这现象和极限平衡计算结果得出的水力破坏基本吻合。

土壤含水率能够有效反映雪水渗透松散体过程，图 8-21 显示独库公路泥石流致灾前期海拔 2200m 处深 1.5m 土壤含水率变化情况，从该图可以看出泥石流沟沟底浅表层在 3 月含水率基本为零，进入 6 月后土壤含水率呈干燥状态—湿润—地表汇流的过程，6 月 13 日，日平均气温从 27℃迅速升至 38℃，浅地表的土壤含水率在融雪的滋润下迅速攀升。

因此前期雨量与雪水融化极为重要，它影响着松散冰碛物含水量的饱和程度。冰碛物饱和后，土体之间的凝聚力、土体与下伏基岩面之间的摩擦力很小，土体达到临界失稳状态。

(a) 2017年泥石流致灾前土壤含水率(3月)变化情况

(b) 2017年泥石流致灾临界状态的土壤含水率(6~7月)变化情况

图 8-21　独库公路泥石流致灾前期海拔 2200m 处深 1.5m 土壤含水率变化情况

8.2.2.2　冰川泥石流临界雨量监测预警

即使天山区域降雨量每年在 200 ~ 400mm，但是天山多数的冰川泥石流仍然是以雪水融化和降雨诱发为主，连续高温后的诱发降雨持续时间一般较短，通常只有几十分钟到几个小时，这种短历时的诱发降雨在泥石流研究中被称为泥石流的激发雨量。不同短历时的降雨均可以作为泥石流激发雪水的辅助因素，天山区域通常选用 6 小时雨强或 12 小时雨强等作为泥石流的激发雨量，需根据具体情况而定。本书的分析以 6 小时雨强为例。

前期影响雨量是指导致泥石流激发的 6 小时峰值雨量前的总降雨量（卫通，2003；朱永辉，2010；常鸣，2014；邓文彬，2014），可以表示为

$$P_a = P_{s0} + R_t \tag{8-5}$$

式中，P_a为泥石流的前期影响雨雪当量（mm）；P_{s0}为前期有效雨雪当量（mm）；R_t为激发雨量（mm）。

激发雨量 R_t 是指 6 小时雨强前的本次（日）降雨过程的总降雨量，它直接影响固体补给物质的含水状况，直接参与泥石流的形成，因此：

$$R_t = \sum_{t_0}^{t_n} r \tag{8-6}$$

式中，t_0 为本次（日）降雨过程的开始时间；t_n 为 6 小时雨强前的时间；r 为降雨量（mm）。

前期有效雨雪当量 P_{s0} 是指泥石流暴发日前对固体补给物质含水状况仍起作用的降雨量，它受时空的变化、辐射强度、蒸发量以及土壤渗透能力等多种因素的影响。为了正确揭示固体补给物质含水率的实际情况，可采用下式：

$$P_{s0}=KP_{s_1}+K^2P_{s_2}+K^3P_{s_3}+\cdots+K^nP_{sn} \tag{8-7}$$

式中，P_{sn}（n=1，2，3，…，n）为泥石流暴发前 n 天的逐日有效雨雪当量（mm）；K 为递减系数。

式（8-7）能相对说明泥石流暴发前 1 天的固体物质含水率的情况，其关键在于递减系数 K 值的确定。在水文计算中，K 值为 0.8 ~ 0.9，可根据天气状况，如晴天、多云天和阴天的不同而确定恰当的 K 值。

夏季一次全过程的雪水融化量，经过 K 值的逐日递减，一般在 7 天就基本耗尽。不同类型的暴雨泥石流沟，所需前期间降雨量的天数不同，根据泥石流激发有效雨雪当量和前期雨量的关系而确定具体天数（图 8-22）。冰川泥石流沟的激发，主要决定于本轮降雨与连续高温过程，前期降融雪和降雨不可忽略不计。前期雨量主要包括爆发日前 3 天（特大暴雨型考虑前 3 天）和当日前期雨量，若前 3 天降水或融雪较多，激发泥石流的当日前期降雨需求就较低，反之需求较高。

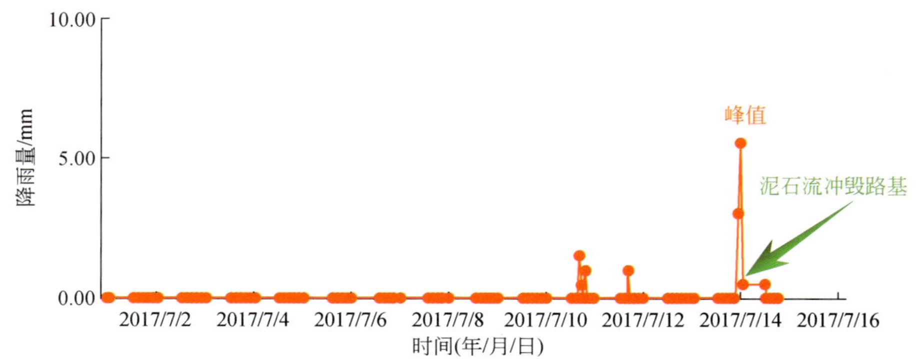

图 8-22　2017 年春夏独库公路 K636（海拔 2200m）泥石流致灾前 15 天（雨强/小时）降雨量分布

对泥石流进行雨量预警，需要在泥石流沟流域内，尤其是在泥石流形成区，按照雨量站的布置原则至少布设一个雨量站。通过雨量站对流域降雨的实时观测资料，以及式（8-5）、式（8-7）可以得出前期影响雨量。

对于天山地区，雨雪融化量尤其重要，通过 1984 ~ 2017 年地质灾害的数据发现，该区冰川泥石流主要发生在连续高温 7 天左右的周期，在海拔为 2200m 的地方连续 7 天日平均温度都超过 27.5℃的情况下（图 8-23、图 8-24），发生泥石流的概率为 85% 以上。天山地区连续多天高温的情况下，由于蒸发量过大，如果随后伴随着降雨，此时发生泥石流的概率为 95% 以上。

连续高温后千米级泥石流多发于高雨强（按照气象部门的降雨强度划分标准，一般为中雨或大雨标准）稍后或 6 ~ 12 小时，一般不超过 18 小时，有时很短。独库公路一般发生在 16 点 ~20 点和 20 点 ~ 次日 0 点，又称为午后和夜雨型。以 2017 年为例，K636 从 7 月 7 日开始连续 7 天高温晴天，最高温度为 34.5℃，路面温度一度超过 40℃，在 7 月 14

日发生一场强降雨，导致 7 月 14 日 16:30 左右发生了泥石流灾害。

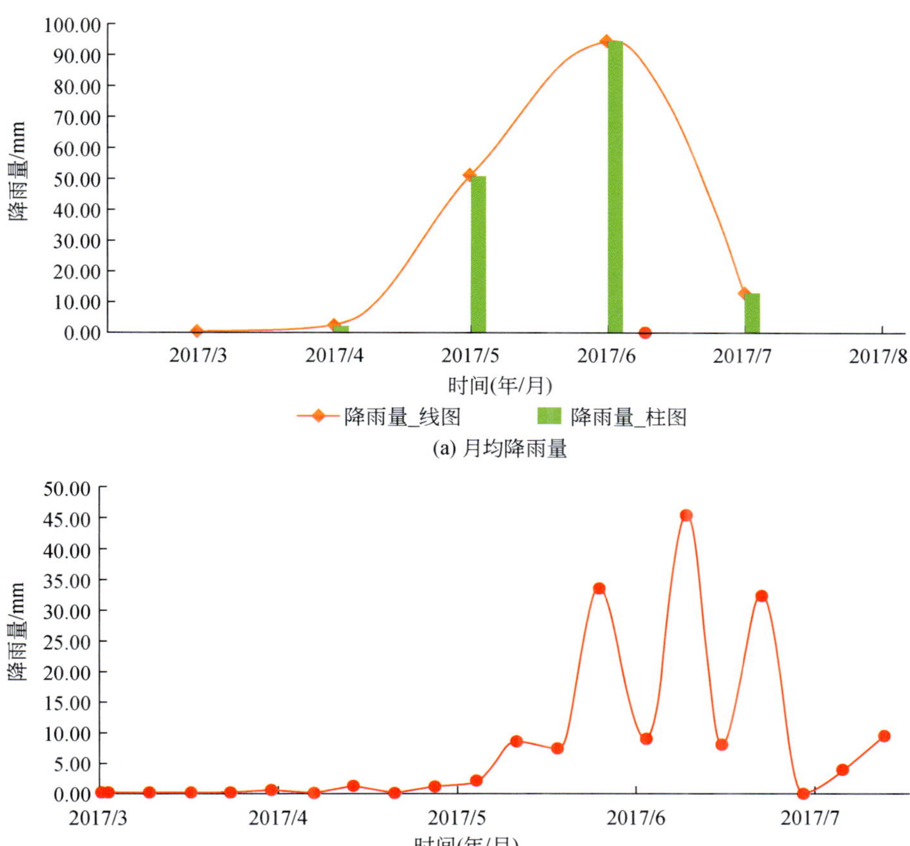

(a) 月均降雨量

(b) 周均降雨量

图 8-23　2017 年 3 ~ 7 月独库公路 K636 海拔 2200m 处月均降雨量与周均降雨量

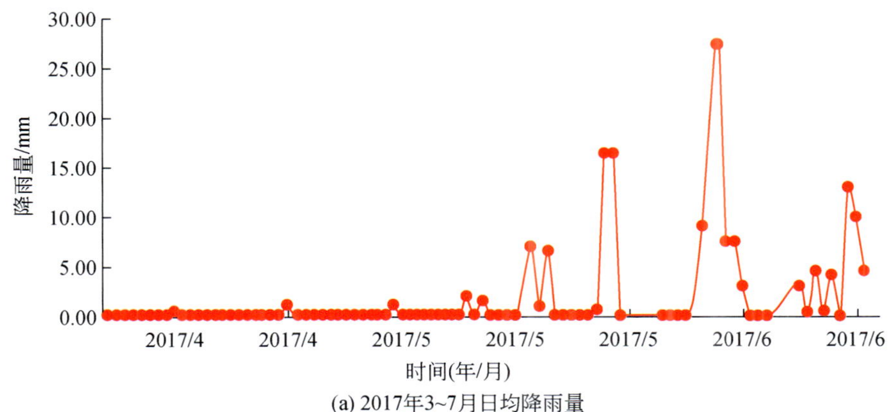

(a) 2017年3~7月日均降雨量

(b) 致灾前15天日均降雨量

图 8-24　2017 年 3 ~ 7 月独库公路 K636 海拔 2200m 处日均降雨量与致灾前 15 天日均降雨量分布

根据上述材料可知天山地区千米级冰川泥石流的致灾诱发主要为高温融雪和降雨，本质上都是水动力作为诱发主导因素。根据雨雪等效模型的概念可知，$SRE = a\ T\rho_s/\rho_w = 0.2T$，按照本书分析，假设当连续高温超过 29. 5℃达 8 天后，其累计融雪等效降雨量达为 0. 2×29. 5℃×8 = 47. 2mm。以 2017 年 7 月 14 日为例，致灾前 24 小时降雨达到 8mm 作为叠加因素，可知当等效降雨量达到 55. 2mm 时即可发布预警信息。

8. 2. 2. 3　天山公路 K636 湿度监测

综合考虑了温度变化对融雪降雨收支的影响，采用相对湿润指数的方法表征气候的干湿程度。温度和融雪降雨量是相对湿润指数变化的主要因子，空间上分布差异显著，靠近 G217 独库公路因为有奎屯河为高值区，高海拔地区为相对低值区，潜在蒸散量呈波动上升趋势，各区变化趋势较一致，基本上保持同增同减的过程，相对湿润指数季节性差异明显。

作者通过现场调研认为，在冰川泥石流致灾前夕，浅表层的冰碛物堆积层已经出现不同程度的局部失稳扰动，物源块体颗粒的扰动和滚动，对地表水汇流产生一定影响，加速地表水汇流蒸发，泥石流沟沟谷沿线空气湿度增加也能一定程度上作为冰川泥石流预警的指标。

8. 2. 3　冰川泥石流位移临界条件监测预警

8. 2. 3. 1　冰川泥石流泥水位临界状态监测预警

泥石流运动过程存在泥位顶部高程暴涨暴落、变动沟床、冲淤变化急剧等特性。借鉴河道水位概念，泥石流泥水位是衡量沟床升降变迁的主要依据（邓建辉等，2001；陈志波和简文彬，2005；李光耀等，2008），通常是用同流量下的泥水位变化来判断泥石流致灾特征，在弯道冲坑超高过程，离心力作用会形成离心力超高和顶冲作用而形成顶冲超高。在本节暂时不考虑横向泥水位比降，用两岸平均泥水位衡量沟床冲淤变化（图 8-25），并结合地表位移变化情况进行致灾临界条件分析。

(a) 2015年10月　　(b) 2016年6月

图 8-25　K636 海拔 2750m 处堵溃（2015 年 10 月）与致灾（2016 年 6 月）

受天山冰川施工条件和北斗短报文信号传输数据量限制，在 K636 泥石流布设了 3 套泥水位雷达传感器（图 8-26）、6 套地表裂缝计（固定端在基座上，滑动端在泥石流流体里面，使用过程被沟侧冰碛物落石砸坏了 2 个），泥水位雷达传感器和地表裂缝计均能用于分析泥石流滑体滑动速率。上游泥水位雷达传感器的沟谷南侧山体高 100.7m，沟宽 11m，北侧山体沟高 37.6m，与下游泥水位间距 62.4m。下游泥水位雷达传感器的南侧山体高 51.7m，沟宽 6.9m，北侧山体高 30.6m。

(a) 上游　　(b) 下游

图 8-26　K636 泥水位雷达传感器全貌图

对于 K636、K637 等冰川泥石流沟，在一定时间内（规模性的变化一般需要 3 天的周期）其流域内物源条件、沟床坡度条件、融雪降雨条件是相对稳定的，其泥水位和速度是相对唯一的，对于两侧堆积体岸坡、溃堵淤积体等承灾体，其位置及抗灾能力是确定的，一旦泥石流的致灾能力大于承灾体的承灾能力，就会形成灾害，通过泥石流沟道的泥水位高低可有效预警泥石流灾害。在气温、降雨和含水率基础上，本节将进一步分析冰川泥石流致灾临界状态时泥水位与地表位移条件。

1）天山公路 K636 泥石流上游沟泥水位变化监测

在冰川泥石流的千米级搬运过程中，沟谷的堆积体表层高度起伏变化可有效反映冰碛物於堵溃决，通过超声波雷达沟谷冰碛物高程变化特征可以得到有效反射，所以研究团队认为泥位监测可以有效监测到千米级冰川泥石流的孕育过程、爆发时间、历时、流速、泥位、冲淤变化等。

通过对传感器所在位置的冰碛物初始泥水位归零，图 8-27（a）显示了 K636 在 2017 年 3 月开始淤积的过程，从该图可以看出在开春 3 月，整个冰川泥石流沟谷淤积堵溃现象并不多，这和气温、水力条件对千米级搬运致灾的机制反映一致。进入 6 月后，上游传感器所在的冰碛物泥水位循环堵溃现象开始发育，但是从图 8-27（b）可以看出，整个循环堵溃过程的泥水位变化幅度主要分布在 0.2 ~ 0.3m（不超过 0.5m）。结合现场调研踏勘发现，造成这种现象主要是由于 6 月后地表水汇流现象频繁，对局部的溃堵造成冲击。但是水力条件还不充分，此时雪水汇流会带走颗粒粒径相对较小的冰碛物，从而导致泥水位小幅度变化，这个过程并未造成规模性的泥石流，也未对沿线的基础设施造成冲击。

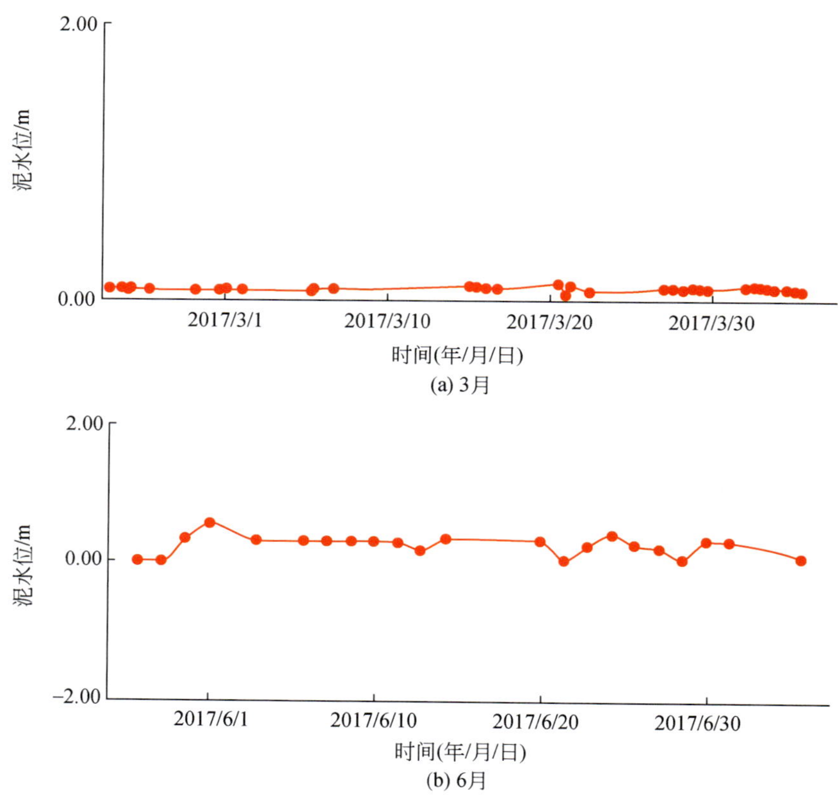

图 8-27　2017 年独库公路 3 月和 6 月 K636 泥石流上游沟泥水位变化情况

进入 7 月后，上游泥水位在雪水汇流的带动下，开始频繁出现大冲大淤（图 8-28）。独库公路沿线以重力成因黏性泥石流为主，沟内皆多处堵塞，这些堵塞一方面来自沟床两侧崩塌和风化坡积物的下滑，另一方面是夏季冰雪融水和降雨形成的小股泥石流因动力不足停积在沟内的堆积物。利用设置在上游断面位置处的泥水位雷达传感器，监测到泥石流泥水位所达到的高度。

通过多次实地调研，在查清沟内可形成泥石流松散固体物质的储备及分布、流域降雨

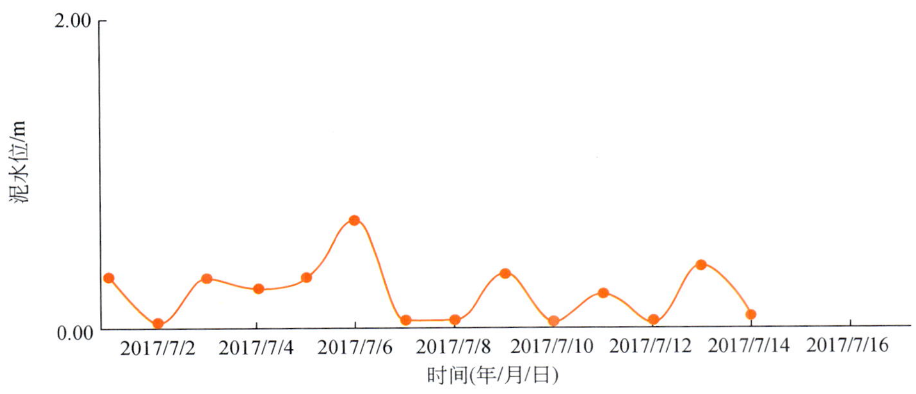

图 8-28　2017 年 7 月 1 日 ~7 月 14 日独库公路 K636 泥石流上游沟泥水位致灾临界情况

条件、沟道特征等的情况下，图 8-29 显示了 2017 年独库公路 K636 泥石流下游沟泥水位致灾临界情况，从图 8-29（a）可以看出 2017 年 5 ~ 7 月下游超声波雷达传感器监测到的泥水位，在该周期范围内出现了两次泥水位跳涨，第一次跳涨至 2.1m 出现在 5 月 20 日，该异常主要是由于下游泥水位传感器所在位置发生侧沟坍塌，使得传感器周边 $20m^2$ 范围内的沟谷都出现堵塞，该堵塞在随后 3 天被地表雪水汇流冲走，堵塞土方量不足 $30m^3$，下游传感器离路面距离 500m，这 $30m^3$ 的冰碛物在流动过程分散在沿线沟谷，所以并未对道路交通造成影响。第二次跳涨出现在 7 月 14 日，如图 8-29（b）所示，由于下游泥水位距离上游泥水位 62.4m，现场调研发现此时上游雷达监测到的泥水位是此次单次溃决的滑体后端，而下游雷达监测到的是此次单次溃决的前端，此时泥水位抬高 1.73m，根据初步估算该次溃决土方量为

$$62.4\text{m}（长）\times 20\text{m}（宽）\times 1.73\text{m}（高）= 2160\text{m}^3$$

这些冰碛物在 2017 年 7 月 14 日下午对独库公路的通行造成了严重影响。

当遇有连续高温天气，增大的冰崩、冰川融水或与高强度暴雨二者叠加形成的洪水在沟内层层受阻壅高形成较大的溃坝流量，从图 8-28 看出上游泥水位在 2017 年 7 月 11 日之前泥位计多次循环的上升和下降，通过推测和现场实地调研发现，这是因为在上游泥水位区域单次循环溃滑体处于临界欠稳定状态，出现了多次局部失稳侧滑，导致其上部泥面高程反复上升和下降。

2）天山公路 K636 泥石流下游沟谷泥水位变化监测

下游的沟谷在泥石流形成下泄过程中，一方面冲刷切割沟床，另一方面掏挖沟床两侧坡脚和堵塞的下滑物，受泥石流掏挖极易失稳形成崩塌，使沿程不断增加补给和增大泥石流规模，这种断断续续的补给是黏性阵性流形成的主要原因。

在 2017 年 7 月 13 日后沟床两侧冰碛物因前期连续高温冰雪融化和雨水的浸润，使龙头加高到一定程度始得启动，补充的过程发生流量积累，7 月 14 日 15:15 下游泥位计观测到泥石流龙头在达到断面，泥石流冲垮沟谷沿线的不稳定体，最终冲出沟谷，在 17:43 冰川泥石流冲到道路路面边缘。

因此根据泥水位可估算泥石流在相应融雪降雨诱发下的冰川泥石流规模大小，结合前面公式可计算出泥石流峰值的相关流量和流速等，通过分析其流经的指定断面泥水位高

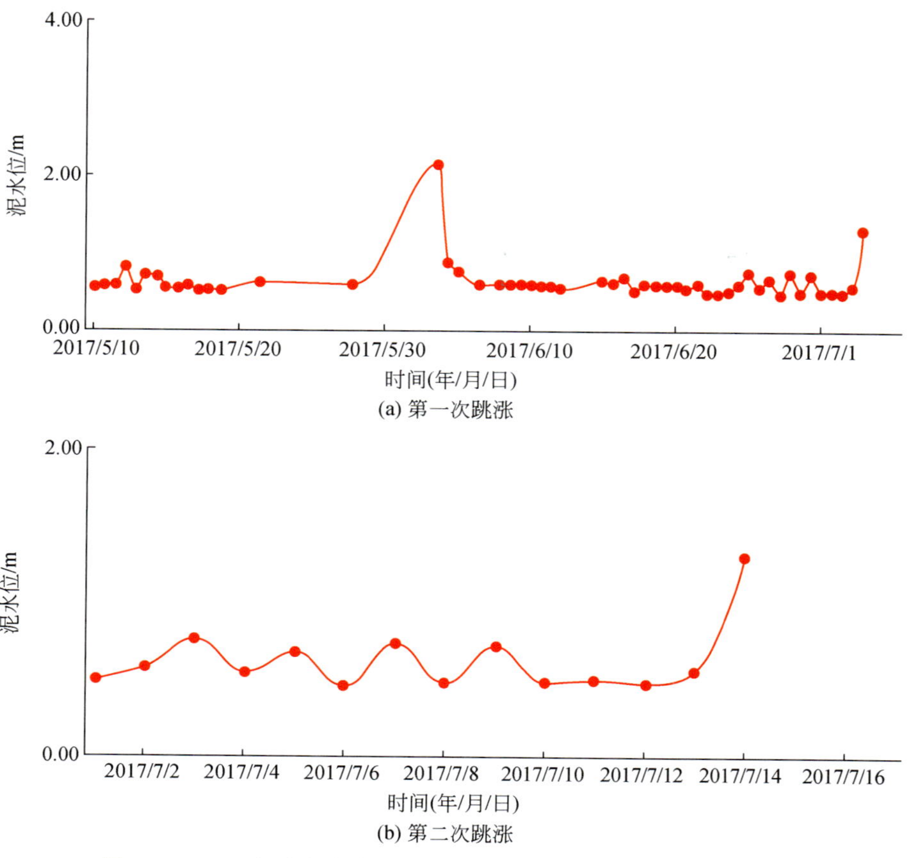

(a) 第一次跳涨

(b) 第二次跳涨

图 8-29　2017 年独库公路 K636 泥石流下游沟谷泥位致灾临界情况

度，可及时评估公路桥涵及沟道的过流能力，根据灾害危害性及危险性大小，分析警戒级别与泥位要素之间的对应关系，及时发布预警预报信息，作者在 7 月 14 日 15：15 马上通过北斗短报文，把致灾失稳短信发给交通厅、公路局和相关单位，最终为抢险保通赢得了 2 个多小时的有效黄金时间，有效降低了致灾影响。

8.2.3.2　天山公路地表裂缝监测分析

采用可伸缩式的裂缝计（量程−150～150cm），受制冰碛物泥石流沟设备安装条件恶劣，很难安全地找到一个合适稳固的区域安装固定端，作者对传感器进行方向设置并归零，当裂缝计处于收缩状态时，传回的数值为正值，当裂缝计处于拉伸状态时，传回的数值为负值，通过数值情况能有效地反映沟中冰碛物滑体滑经裂缝计固定端的地表位移变化（肖进，2009）。

作者在泥水位传感器断面的沟中和沟边都布设传感器，受现场岸坡掉块影响，传感器设备有 60% 保持正常运行，监测数值见表 8-4 和图 8-30，从表 8-4 可以发现沟边冰碛物裂缝值变化随着致灾临近处于稳定增长过程，增长幅度相对较小。而沟中裂缝计受大冲大淤影响，裂缝值在致灾前急剧收缩和拉伸，致灾前期裂缝绝对值达到 82.7mm

(2017/07/14，14:22:00)。

表 8-4　上游沟边裂缝变化

上游沟边裂缝值/mm	监测时间 (年/月/日，时:分:秒)	下游沟中裂缝值/mm	监测时间 (年/月/日，时:分:秒)
5.3	2017/07/14，15:46:00	-37.7	2017/07/14，20:22:00
5.1	2017/07/14，14:40:00	45.7	2017/07/14，12:44:00
5.1	2017/07/14，13:35:00	45	2017/07/07，12:46:00
5	2017/07/14，12:29:00	41.4	2017/07/04，15:01:00
4.5	2017/07/13，11:26:00	40.6	2017/07/03，23:46:00
—	—	35.6	2017/07/01，00:56：00
—	—	12.42	2017/06/27，15:17:58

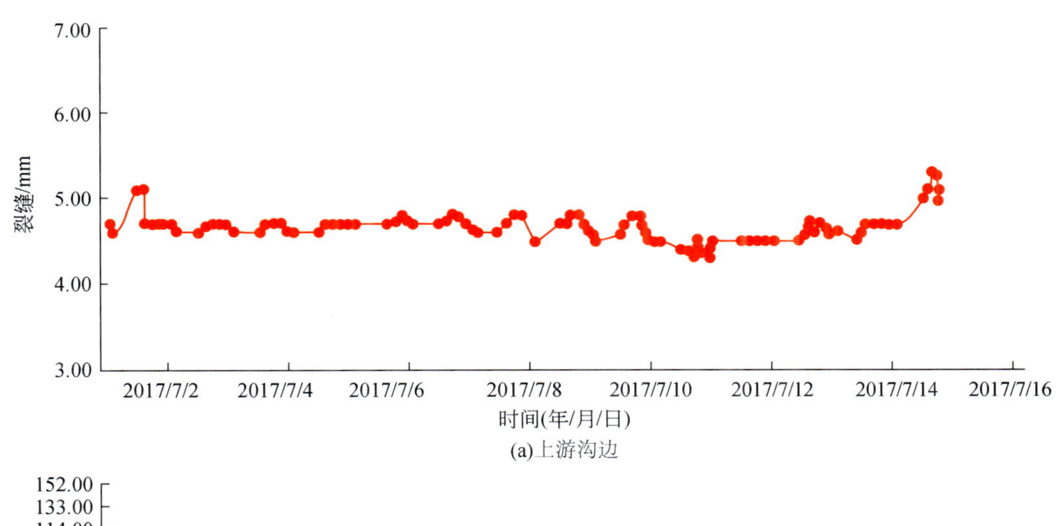

(a)上游沟边

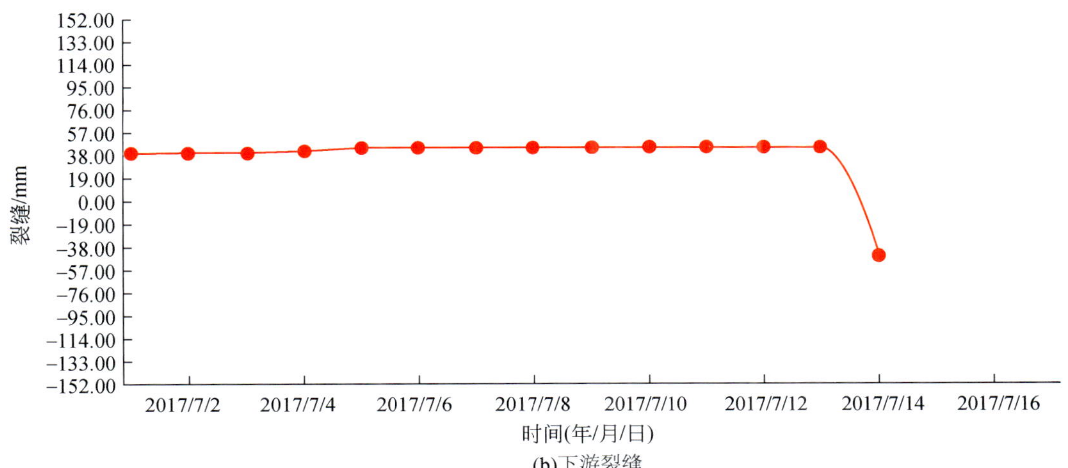

(b)下游裂缝

图 8-30　上游沟边与下游沟中裂缝计监测图

作者在协同预报模型微分方程基础上推导出加速度达到最大值时刻的计算公式，并利用 Matlab 软件编程，实现了快速方便地计算协同模型预报泥石流发生时间的方法。根据 Matlab 显示该泥石流沟发生大规模滑移时间为 2017 年 7 月 14 日 14:00；预报时间与泥石流实际发生时间（2017 年 7 月 14 日 15:15）较接近，且稍早于泥石流实际发生时间，故其预报效果较好，可以起到提前预报的作用。该次泥石流从高海拔陡窄的狭小沟谷，通过不同海拔的侧滑崩塌冰碛物堆积，在低海拔区域冰碛物流量大幅增加，最终冰碛物冲出沟谷，埋断独库公路 200 多米的路面，对道路保通造成了一定影响。

8.3　基于极限平衡法天山地区 GeoStudio 模拟

极限平衡法是目前常用的滑坡、堆积体稳定性分析方法，从朗肯和库伦在 18 世纪后期研究土压力所采用的方法（Janbu，1957），发展到适用于滑坡的稳定性，现在已经可以适用于岩土体。该方法逐渐发展成一个独立的方法体系，现在从一维已经可以运用于二维，但是目前最常用的还是方便简洁的一维方法，又称刚体极限平衡方法。

极限平衡法的基本特点是只考虑泥石流处于破坏的一瞬间的静力平衡的方程组，它的基础是摩尔-库伦破坏准则。但是很多时候的静力平衡方程涉及未知数的个数要比方程数更多，也就是想要求解方程组，就需要对一些未知数做出假设。

K636 泥石流极限平衡计算的参数取值见表 8-5。

表 8-5　K636 泥石流极限平衡计算参数

冰碛物堆积层参数			基岩地层参数		
黏聚力 c/ kPa	内摩擦角 φ/(°)	重度 γ/(kN/m^3)	黏聚力 c/ kPa	内摩擦角 φ/(°)	重度 γ/(kN/m^3)
74	36	21	7000	50	27

注：夏季融雪降雨汇流工况参数如下，冰碛物堆积层的渗透系数是 10^{-6} m/s，饱和含水率为 26%；基岩地层的渗透系数为 10^{-8} m/s；饱和含水率为 0.7%。

图 8-31 显示了连续 4 年中的 K636 典型失稳破坏周期（2014～2017 年）中的一个周期（2016 年 11 月～2017 年 10 月），如前面所述，独库公路降雪和降雨季节性明显，千米级搬运距离与高差的特征使得泥石流沟谷里多期循环淤积破坏现象普遍存在。经过上一周期的泥石流灾害稳定后，天山进入冬季低温降雪阶段（2016 年 11 月～2017 年 3 月），地表水渗流基本消失，地下水不活跃，整个千米级泥石流基本处于稳定状态。

开春后，天山地区温度开始回升，冰川融雪现象开始出现，雪水通过渗透进入地表冰碛物淤积物，地表冰碛物主要来自于冰川基岩（片麻岩等变质岩）冻融破坏，加上高海拔区域坡降普遍较高（甚至达到 1.7），导致新一轮泥石流灾害周期（2017 年 3～5 月）的失稳区域一般分布在高海拔区域（海拔 4000m）。

新周期在高海拔地区数千米的沟谷里通过发生多次循环破坏和淤积后，虽然对沟谷下面的结构物没有造成实质性的冲击破坏，甚至通过淤积自循环达成了二次稳定状态（2017 年 4～7 月），但是此时已经是危机四伏，因为淤积破坏的潜在区域已经下移到低海拔区域，且这些区域靠近路基、桥梁、铁路、水利等基础设施。

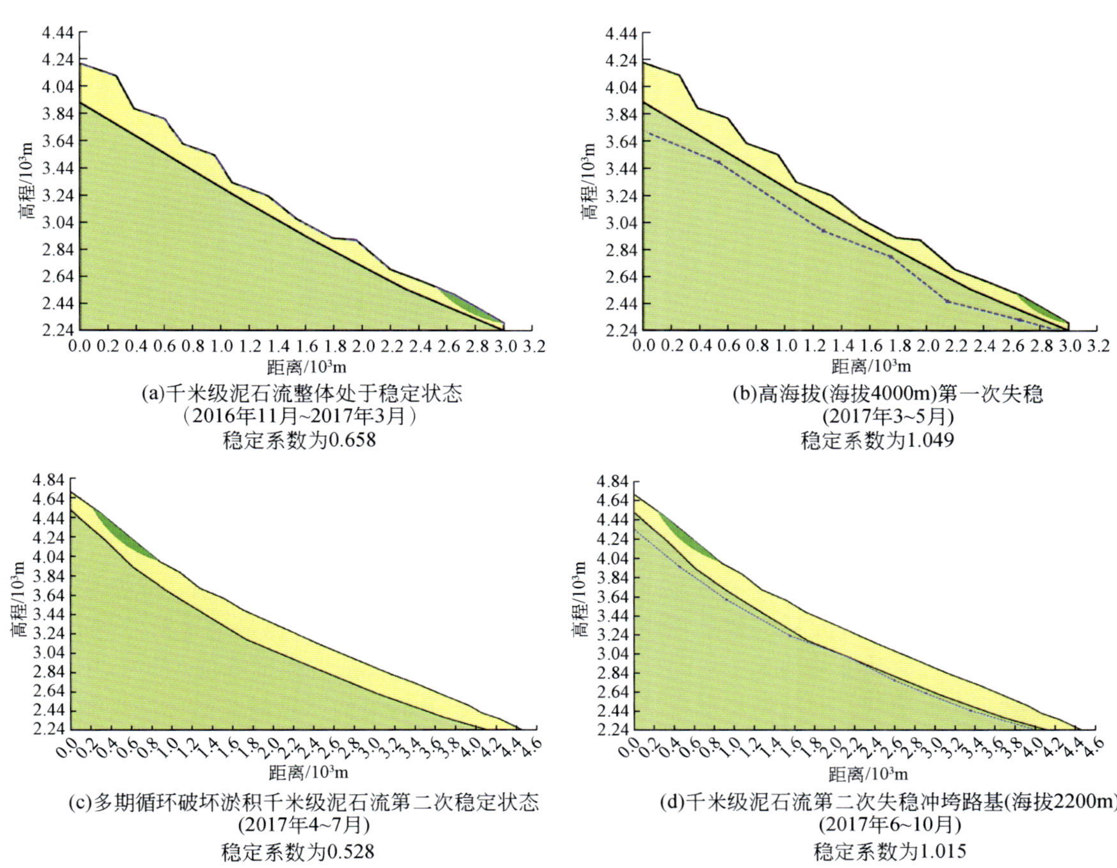

图 8-31　千米级冰川泥石流失稳周期过程分析

经过 2017 年 4 ~ 7 月的连续升温和高温后，此时数千米沟谷上的季节性冰川基本融化，地下水活动已经从松散物下渗变成地表水汇流，在汇流流量和流速达到一定级别后(2017 年 7 月汇流流速为 3m/s)，整个泥石流发生第二次失稳（2017 年 6 ~ 10 月），失稳条块的几何特征为 25m×67m×27m 并冲毁沿线的路基等基础设施。

图 8-32 显示了整个泥石流致灾周期过程，不同时间不同致灾区域的受力情况以及力的多边形，从该图可以看出第一次稳定状态和失稳状态，堆积区块在几何特征为 25m×67m×27m 条件（高程 2300m，距离最高峰 3600m）下，通过失稳分析可以得出即时底部法向力和法向应力分别为 36027kN 和 1287. 4kPa，基底抗剪力和基底抗剪应力分别为 −8141. 7kN和 − 290. 94kPa，基底运动剪力和基底运动剪应力分别为 − 15999kN 和 −571. 72kPa，左侧法向力和左侧剪切力分别为 58441kN 和 14399kN，右侧法向力和右侧剪切力分别为 58829kN 和 14674kN。

第二次稳定后再失稳过程受力分析同样如图 8-32 所示，从该图可以看出失稳前后，底部法向力和基底抗剪力等均有不同程度提高。

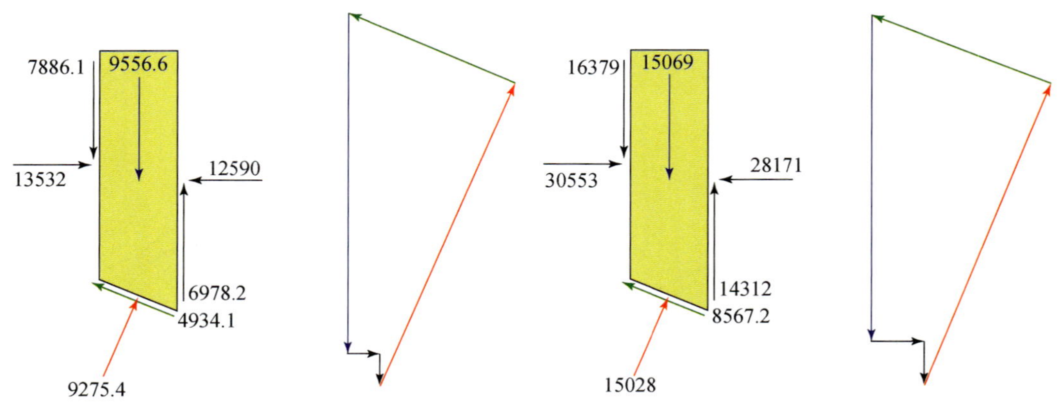

图 8-32　第二次稳定后典型潜在失稳堆积区块（海拔 2200m）稳定状态与失稳状态受力分析（单位：kN）

图 8-33 和图 8-34 显示了典型潜在失稳堆积区块（海拔 4000m）失稳前后和第二次稳定后典型潜在失稳堆积区块（海拔 2200m）失稳前后的滑动面抗剪强度分析，从图中可以看出第一次和第二次稳定后失稳前后滑动面的抗剪强度出现下降，但是绝对值差异较大，第一次失稳前抗剪强度峰值为 1100kPa，第二次稳定后再失稳抗剪强度峰值为 375kPa，这反映出第一次失稳后，即使初步形成了再稳定状态，整条沟里的冰碛物松散体的抗剪强度相比之前出现大幅度下降。

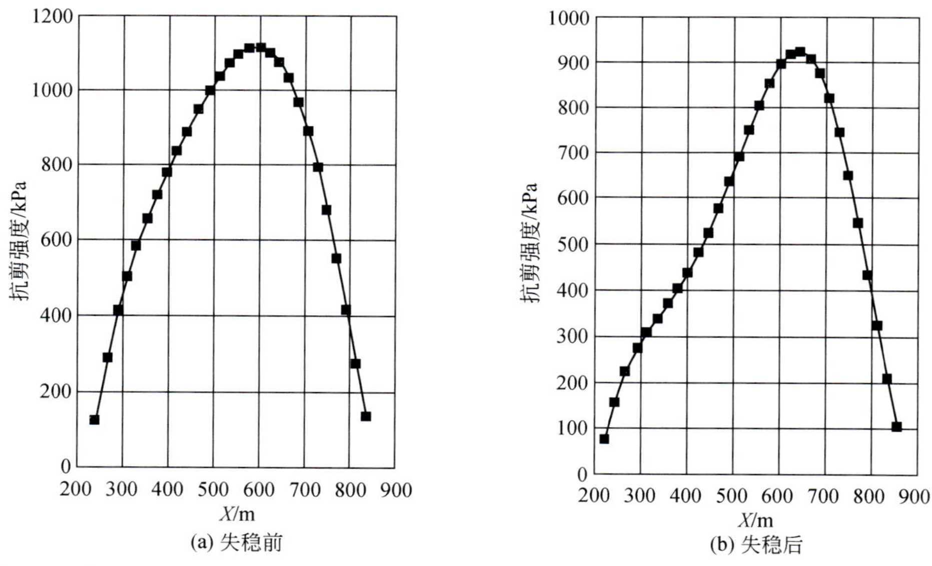

图 8-33　典型潜在失稳堆积区块（海拔 4000m）失稳前后滑动面抗剪强度分析（单位：kPa）

夏季融雪降雨汇流工况选择山坡极限饱水状态做稳态渗流模拟分析，对于稳态渗流，只有岩石应力以及渗透系数之间的耦合关系，与水压力无关。渗透系数取值依据室内试验和毛昶熙的《堤防工程手册》（中国水利水电出版社，2009 年出版）中各类岩土渗透系数

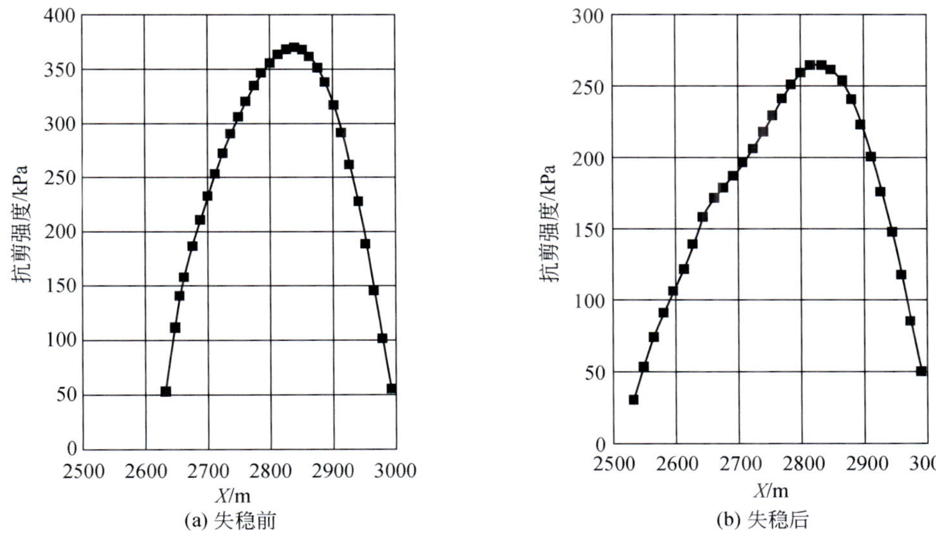

图 8-34　第二次稳定后典型潜在失稳堆积区块（海拔 2200m）失稳前后滑动面抗剪强度分析（单位：kPa）

经验值表。

图 8-35 和图 8-36 显示了同一周期范围不同失稳时机下冰川泥石流孔隙水压力分布图和渗流速度矢量图，通过该图可以看出在第一次失稳后，松散土达到二次稳定，一些细颗粒充填于大块石之中，使得松散冰碛物具有一定堵水功能，所以在孔隙水压力大幅度降低的情况下，浅表层冰碛物淤积层渗流速率和流量相比原始状态大幅度增加，说明了独库公路在夏季融雪和降雨条件下，整个千米级冰川泥石流的地下水活动范围集中在浅表层 30m 以内，到 6～8 月就出现地表汇流。

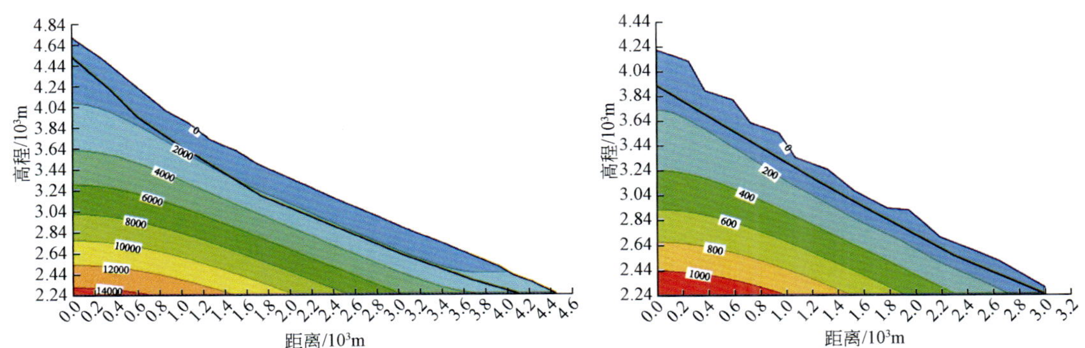

图 8-35　不同失稳时机下冰川泥石流孔隙水压力分布图

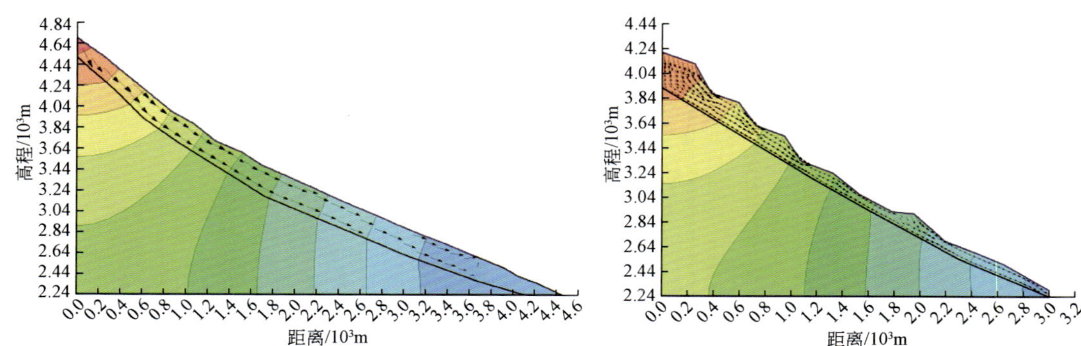

图 8-36　不同失稳时机下冰川泥石流孔隙水渗流速度矢量图

第9章　高寒地区地质灾害防控措施

高寒地区地质灾害的发生、发展及危害与特定的地质地理环境有关，也与人类不合理的经济活动关系十分密切。地质灾害的防治工程是根据当地地质灾害的发生条件、基本性质、发展趋势和治理需要等，从全局的角度分别采取切实可行的、相互关联的防治手段。

对于冰川泥石流的防治，一般在泥石流沟防治前期应采用一些力所能及的工程措施，如抗拔桩、格构墙、锚杆锚索、喷射混凝土、排水沟等，稳定边坡，促进林木生长；治理后期则应以生物措施为主，这样既可延长工程措施的使用年限，也相应地提高了工程设计标准。只有生物措施和工程措施相结合，才能即迅速又长期地控制泥石流。

岩质滑坡主要有破碎岩体滑坡、层状岩体滑坡和块状岩体滑坡三大类型，层状岩体滑坡又分为顺层岩体滑坡和切层岩体滑坡，如图9-1所示。岩质滑坡的类型一般由岩体结构特征所控制。防治时，需从岩体结构特征、滑动面（带）位置及成因性质等入手，辨别岩质滑坡的类型，分析岩质滑坡的发生条件、滑动破坏模式及主要诱发因素，确定岩质滑坡的防治对策。

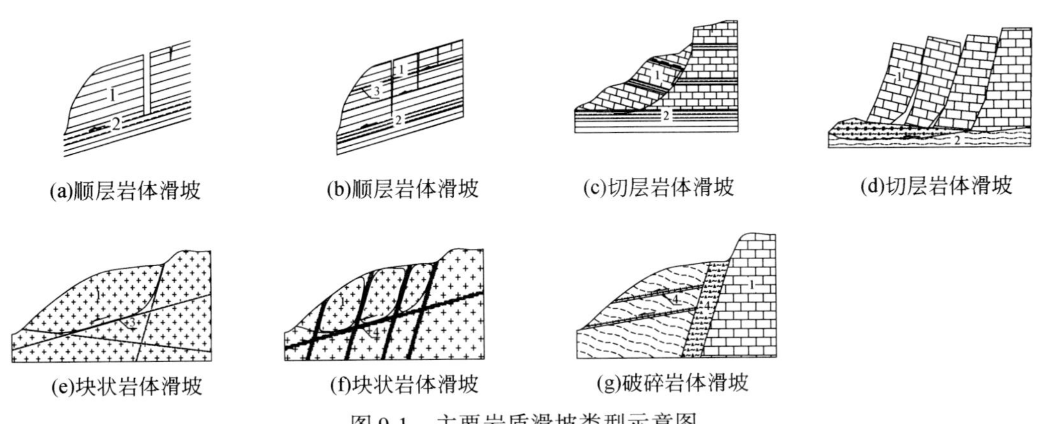

图9-1　主要岩质滑坡类型示意图

1. 基岩；2. 软层；3. 节理；4. 断层

总之，无论是工程措施还是生物措施，防治都离不开地质灾害形成的基本条件，即控制水量，减少松散固体物质和改善陡峭的地形。制定具体的治理方案时，除了结合自身特点和发展规律、流域特征、当地经济条件外，不同类型的防治措施都有自身的优势，把各种措施结合起来，选择合理的防治措施。

9.1　高寒山区地质灾害公路保通措施

天山褶皱构造活跃复杂，山脉宽度一般为250～350km，山脊平均高度为4000m，拦截了大量水汽，是南北疆气候的分水岭。随着全球气候变暖，天山地区冰川退缩加剧，融水量增大，地质灾害频率随着冰川融水径流的增加而增多。

天山公路的滑坡、冰川泥石流规模大，松散固体物质补给及水动力条件相对集中，滑坡、泥石流和崩塌等地质灾害现象与日俱增，对可能发生地质灾害地区的整治有三个途径，一是终止或减轻各种形成因素的作用；二是改变边坡内部力学特征，增大强度使变形终止；三是直接阻止起动发生。为有效服务天山公路保通，通过勘查以及监测冰川泥石流和滑坡发现，在滑体失稳前的形成、流通、堆积区内，借助相应的治理措施（如抗滑桩、格构墙、锚杆锚索、喷射混凝土、排水沟等）（杨发相等，2006；戎斌斌，2010；张婷，2015），同时辅以其他措施（如生物绿化措施、预警预报系统等），可以控制泥石流和滑坡的发生和危害，下面介绍独库公路防灾保通措施经验。

1）抗滑桩

抗滑桩是穿过滑体深入滑床中，用锚入滑床下、桩前后的弹性抗力来平衡滑坡推力的一种桩柱，以多根抗滑桩组成的桩群共同支撑滑体的下滑力阻止其滑动。这就是抗滑桩稳定滑坡的原理。抗滑桩治滑坡具有破坏山体少，适用条件广泛，施工安全、方便、工期短、省工、省料等优点，还利于机械化施工，在国内重要工程的滑坡防治中已广为应用。

按抗滑桩的施工方法可分为锤入桩、钻孔桩和挖孔桩 3 类，因为施工机具和条件限制，锤入桩只适宜浅层土质滑坡的防治（滑动面在土层内）。钻孔桩的适用性较广，但也存在不足之处，受孔径限制，软弱的土质滑坡易从桩间蠕动滑移，由于使用清水钻进，过多的水可灌入滑动面，产生不利影响，有的受地形环境条件限制，无法施钻，为克服这些弱点，长时间以来广泛应用挖孔桩。

在滑坡治理及边坡工程中，针对不同的地质条件，采用不同类型的抗滑桩进行加固（图 9-2）。

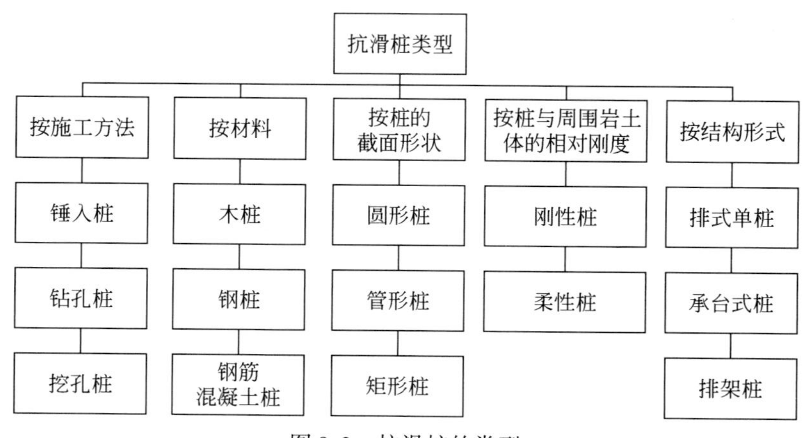

图 9-2　抗滑桩的类型

抗滑桩主要应用于千米级泥石流局部斜坡部分或主沟两侧边坡的治理与加固，可以用来防止泥石流的发生和进一步扩大。其中悬臂抗滑桩可用于一般斜坡的治理与加固，当悬臂抗滑桩设计弯矩过大，或桩顶位移超过容许位移时，可采用锚拉桩或多排桩；采用悬臂抗滑桩、锚拉桩对滑坡进行分段阻滑时，每段宜以单排布置为主；对于冰碛物滑体厚度较薄、推力较小的滑坡，当不宜进行大截面抗滑桩开挖施工时，可选择微型桩。

常用的抗滑桩类型按受力方式分为悬臂抗滑桩、锚拉桩、微型组合抗滑桩群和多排桩。按截面形态可分为矩形桩、管形桩和圆形桩。

抗滑桩采用人工挖孔桩，具有施工简便，无须特殊机械设备的特点，主要施工内容为基坑开挖及护壁，钢筋笼制作安装，灌注桩体混凝土等。松散层内桩孔开挖过程中应及时进行钢筋混凝土护壁，每开挖1m，及时浇筑一节护壁，每圈护壁的纵向钢筋在底部多预留300mm，与下一圈护壁的纵筋搭接，设计采用C25混凝土。

按设计要求捆扎焊接钢筋笼，用机械（吊车）吊装于基坑内，采用搅拌机制拌混凝土，使用溜槽和串筒输送混凝土至井下，进行桩体浇筑。若滑体土中包含地下水并且不好排降时，可以采用机械钻孔成型。用机械钻孔时要注意在滑体后缘利用水钻可能诱发冰碛物坡体滑动。

2）格构墙与格栅坝工程

格构锚固是利用浆砌块石、现浇钢筋混凝土或预制预应力混凝土进行坡面防护并利用锚杆或锚索固定的一种新型滑坡综合防护措施。格构护坡最初主要是用毛石、卵石或预制的空心砖在人工开挖的软质边坡面上，按正方形或菱形干砌或浆砌形成骨架，格构中间种草，以减少地表水对坡面的冲刷，减少水土流失，从而达到护坡和保护环境的目的。这种结构的特点是施工时不需要大型机械，不必开挖扰动边坡，施工安全快速，与植被恢复相结合可美化环境。

格构锚固的护坡材料一般为浆砌块石、现浇钢筋混凝土或预制预应力混凝土，锚固材料有锚杆、锚管或预应力锚索。一般可根据滑坡结构特征，选定不同的护坡加固材料。

浆砌块石格构锚固是采用浆砌块石格构护坡，锚杆固定，起到固定表层的作用。适用于整体稳定性较好、前缘坡度较小的边坡。浆砌块石格构的形式一般采用方形、菱形、人字形或弧形。

现浇钢筋混凝土格构锚固采用现浇钢筋混凝土格构梁护坡，锚杆（管）或锚索穿过滑带来阻滑。现浇钢筋混凝土格构梁的特点是布置机动灵活，与坡面密贴，对基础变形的协调能力强，能较好地适应地形变化，与浆砌块石相比整体刚度有很大的提高。现浇钢筋混凝土格构梁的结构形式一般采用方形、菱形、人字形或弧形等。

当锚固需要的力很大时，为避免钢筋混凝土格构梁被拉裂而造成刚度降低，近年来开始采用预制预应力混凝土格构梁。预制的预应力混凝土构件，与穿过滑带的预应力锚索组合应用抗滑即为预制预应力混凝土（prestressed concrete，PC）格构锚固措施。PC格构锚固集整体加固与柔性支撑于一体，适于整体稳定性差、下滑推力过大的松散堆积层滑坡前缘的支挡加固，主要有十字形、半正方形、正方形和一字形框架。当采用十字形框架坡面表层地基承载力不足时，则使用半正方形框架；而当采用半正方形框架坡面表层地基承载力仍然不足时，则采用正方形框架。另外，具有崩塌性强的地质条件和坡度，担心十字形框架会出现抽心以及在坡面表层地基承载力不足，使用十字形框架预应力衰减严重时，也适合使用正方形框架。

框架锚固是一种利用框架护坡、预应力锚索补强的加固措施。框架是将预先在工厂加工组装好的矩形钢筋笼按矩形或菱形布置于边坡上，然后在钢筋笼上喷射混凝土形成。框架的构件是在工厂中生产出来并预先组装好箍筋的折叠式框架，运送到现场打开即可使用。另外，构件能任意变形，自重较轻，方便作业，而且所有的框架都是连续的，抵抗岩体变形破坏的能力增强，因此，该方法在现场施工的性能构造和强度上都具有显著的优越性。框架加固是一种经济、快速的护坡加固方法。

独库公路沿线格构墙（框架梁）技术适用于独库公路沿线小型冰川泥石流或者坡度相对缓的泥石流滑体（表 9-1）。

表 9-1　天山公路 G217 线格构墙路段一览表

序号	桩号	浆砌块石上护坡/m				水泥混凝土护坡下护坡/m			
		左	材料	右	材料	左	材料	右	材料
1	K570+580—K570+830	—	—	—	—	250	水泥混凝土	—	—
2	K584+000—K585	29	浆砌块石	—	—	—	—	—	—
3	K585+000—K586	113	浆砌块石	—	—	—	—	—	—
4	K587+000—K588	—	—	28	浆砌块石	—	—	—	—
5	K588+000—K589	—	—	66	浆砌块石	—	—	—	—
6	K589+000—K590	180	浆砌块石	—	—	—	—	—	—
7	K630+000—K632	—	—	—	—	—	—	110	砼
8	K634+000—K635	—	—	—	—	—	—	360	砼
9	K635+000—K636	—	—	—	—	—	—	250	砼
10	K669+000—K670	70	U 型浆砌片石	—	—	—	—	—	—

格构墙（框架梁）技术具有布置灵活、形式多样、截面调整方便、与坡面密贴、可随坡就势等显著优点。格构分为砌体结构和钢筋混凝土结构，它的截面尺寸以及横向与纵向间距应根据受力计算确定，满足强度和整体稳定性要求。格构（框架梁）构造形式有 4 种：矩形格构、菱形格构、弧形格构、人字形格构（图 9-3）。

格构墙的具体工艺流程如下所示。

（1）格构施工前应人工在坡面上开挖槽模，格构嵌入冰碛物流体或坡面 200mm。

（2）格构钢筋网在坡面上现场编制，节点、交接处应焊接或绑扎牢固。

（3）格构浇筑前，必须将锚杆固定在钢筋网上，施工时还应注意交点处砼的浇筑，钢筋密集，应仔细振捣密实，保证质量。

（4）格构锚梁强度应满足设计要求，外观上平顺、美观，无蜂窝麻面（图 9-4、图 9-5）。

施工前需对格构内坡面进行客土处理（客土 20cm），并保证坡面平顺，验收合格后再种植草皮。在铺设过程中草皮应以竹钉固定在坡面上，防止草皮脱落，绿化后坡面应平整、密实、湿润，并且要求草皮与格构面齐平。铺种草皮后，应加强养护管理，定期施肥、除杂草、浇水、修剪以及补种，直至草皮成长覆盖整个种植区域（图 9-6），设置绿化作业区域警示标志，注意垃圾，有污染必须及时清理干净。

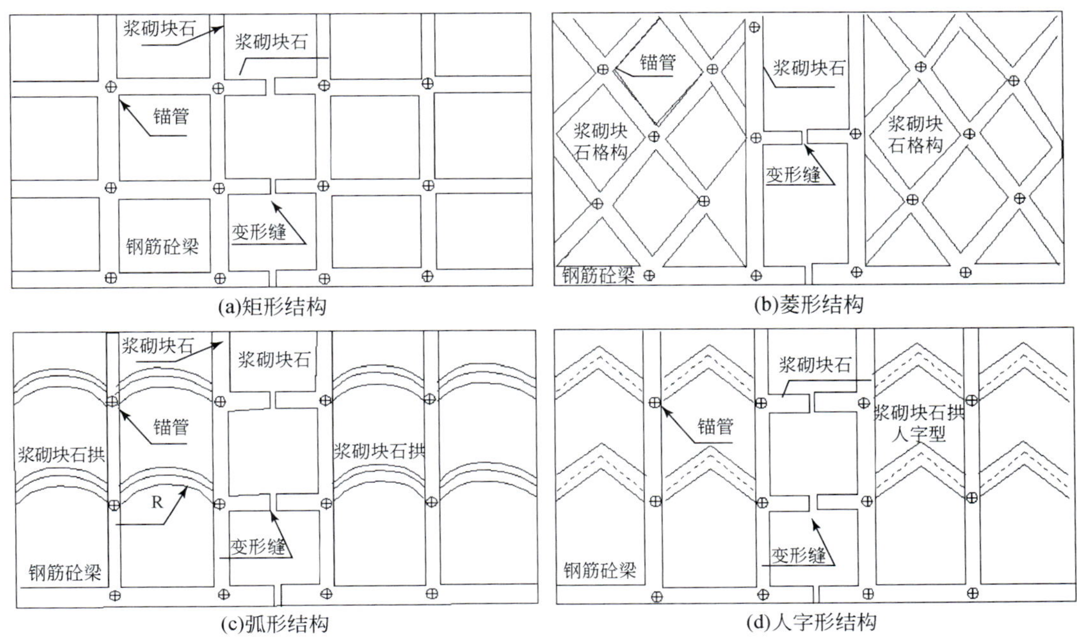

(a)矩形结构　(b)菱形结构

(c)弧形结构　(d)人字形结构

图 9-3　格构（框架梁）构造形式

图 9-4　菱形砼框架梁（格构）

图 9-5　拱形砼框架梁（格构）

为确保独库公路夏季通车顺畅，需要及时维修混凝土框架梁、进行填土。铁丝网框架损坏部分需进行更换铁丝，填补石头；对有条件绿化的方格网在资金允许的情况下进行培土绿化。

格栅坝工程以混凝土、钢筋混凝土、浆砌石、型钢等为材料，将坝体做成横向或竖向格栅，或做成平面、立体网格，或做成整体格架结构的透水型拦沙坝，称为格栅拦沙坝。格栅坝不仅能拦蓄大量的泥沙、石块，而且能起到调节泥沙的效果，因此，也有人称此类坝为泥沙调节坝。

与实体坝比较，格栅坝受力条件好，拦沙及排水效果突出；大部分构件可由工厂预制后

图 9-6 独库公路客土喷播

装配，既缩短了工期，又保证了工程质量，节省材料，节约投资，有利于坝体维护管理。此类坝具备的“拦大”（漂石、巨石等）“排小”（挟沙水流及砾石等）功能（图 9-7），能达到调节拦排冰碛物颗粒比例的目的，这是实体重力拦沙坝不可能达到的。

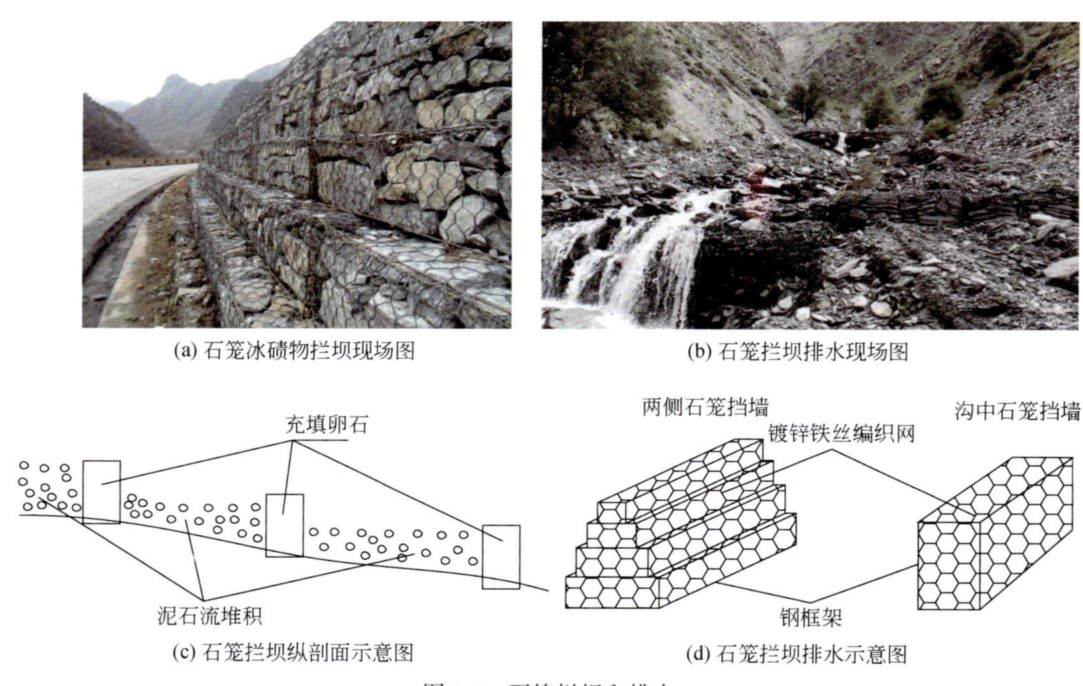

(a) 石笼冰碛物拦坝现场图 (b) 石笼拦坝排水现场图

(c) 石笼拦坝纵剖面示意图 (d) 石笼拦坝排水示意图

图 9-7 石笼拦坝和排水

格栅坝主要实用于水及冰碛物易于分离的水石流、稀性泥石流，以及黏性泥石流与洪水交错出现的沟谷。对含粗颗粒较多的频发性黏性泥石流及拦稳滑坡体的效果较差，但当沟谷较宽时，由于格栅坝有透水功能，拦沙库内的地下水位被降低，同样具备较好的效果。

按格栅坝的结构与构造，格栅坝可分为两大类，一类为在实体圬工重力坝体上开过流切口或布设过流格栅而形成的切口坝、缝隙坝、梁式格栅坝、梳齿坝、耙式坝及筛子坝等；另一类为由相应杆件材料（钢管、型钢、锚索）组成的格子坝、网格坝及桩林等。若按使用材料和受力状况，格栅坝又可分为刚性及柔性两类格栅坝。

刚性格栅坝使用的建筑材料主要为浆砌石、混凝土、钢筋混凝土及型钢管材等，具有整体性较好的刚性结构坝；柔性格栅坝则主要为钢索及其相应的钢材配件，是具有较大柔性变形的临时性坝体。在具体设计中，应结合当地的实际情况，对制定的多种技术方案进行综合技术经济比较，择优选择坝型及结构。

3）锚固技术

天山山脉基岩以变质岩、岩浆岩为主，分布有片麻岩、花岗岩等。锚杆是一种安设在岩土层深处的受拉杆件，它一端与工程建筑物相连，另一端锚固在基岩层，对其施加预应力，以承受土压力、水压力等其他荷载所产生的拉力，防止结构变形，从而维持支挡结构物的稳定，加固岩体的强度，改善岩体的应力状态，提高岩体的稳定性，在独库公路该方法主要适用于结合冰碛物格构梁加固或者山体加固。

与完全依靠自身的强度或重力而使结构物保持稳定的传统支护方法相比，岩土锚固技术具有鲜明的特点：

（1）岩土锚固技术能在地层开挖后，迅速提供支护抗力，有利于保护地层的固有强度，阻止地层的进一步扰动，从而有效地控制地层变形的发展，提高施工过程的安全性。

（2）岩土锚固技术能够提高地层中软弱结构面和潜在滑移面的抗剪强度，改善地层岩土体的应力状态以及其他的力学性能，使其向有利于稳定的方向转化。

（3）岩土锚固能将结构物和地层紧密地连在一起，充分调动岩土体自身的强度和自稳能力，使之与结构物形成共同的工作体系，从而能够显著地节约工程造价，提高经济效益。

（4）锚杆的作用部位、方向、结构参数、布设密度及施作时间等都可以根据需要方便地设定和调整，从而能以最小的支护抗力达到最佳的稳定效果。

（5）岩土锚固技术应用的灵活性与施工的快速性使其对于预防和整治边坡、加固和抢修出现病害的结构物具有独特的功效，有利于确保工程的安全。

由此可见，岩土锚固技术是解决岩土工程中稳定问题较为经济有效的方法之一，其已在边坡治理、深基坑支护、围岩加固、坝体抗倾覆、冲击区抗浮、结构物加压稳定等各类工程中得到了广泛的应用。

岩土锚固技术中使用的主要技术构件之一就是锚杆。锚杆一般由外锚头、拉杆（索）和内锚段三大部分组成，沿轴线方向可分为自由段和锚固段，其中自由段一般处于需要加固的岩层中，而锚固段则处于稳定岩层中以提供抗力。对于一般的锚杆来说，锚杆的承载能力与其锚固段的性质相关程度更大，而锚杆的变形量则主要受其自由段的影响。普通锚杆的构造如图 9-8 所示。按不同的分类标准，锚杆有多种分类方式，见表 9-2。

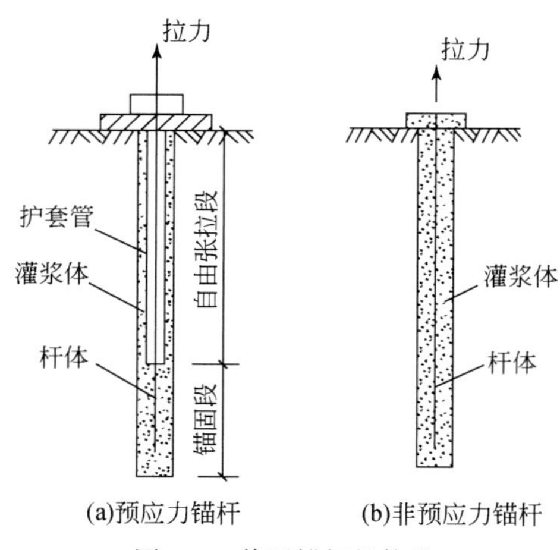

(a)预应力锚杆　　(b)非预应力锚杆

图 9-8　普通锚杆的构造

表 9-2　锚杆的分类

<table>
<tr><td rowspan="12">锚杆分类</td><td rowspan="5">受力状态</td><td>拉力型锚杆</td></tr>
<tr><td>压力型锚杆</td></tr>
<tr><td>拉力分散型锚杆</td></tr>
<tr><td>压力分散型锚杆</td></tr>
<tr><td>拉压分散型锚杆</td></tr>
<tr><td rowspan="2">应用对象</td><td>岩石锚杆</td></tr>
<tr><td>土层锚杆</td></tr>
<tr><td rowspan="2">是否预先施加应力</td><td>预应力锚杆</td></tr>
<tr><td>非预应力锚杆</td></tr>
<tr><td rowspan="3">锚固形态</td><td>圆柱形锚杆</td></tr>
<tr><td>端部扩大头形锚杆</td></tr>
<tr><td>连续球形锚杆</td></tr>
</table>

预应力锚固是近年发展起来的边坡加固的一种新型工程措施，它具有施工设计简便省时、省料等优点。对岩质陡坡和危岩的加固，滑移面埋深浅的岩质滑坡加固效果尤佳，也可用于强风化岩质陡边坡加固喷锚护壁。按锚固所用的钢材分为预应力锚杆锚固和预应力锚索锚固。锚固的目的是增强滑动面或松动岩体破裂面上的正压力从而增大滑移面上的抗滑力，或使松动岩体与稳定岩体间恢复紧密结合从而阻止其继续变形。

施工工艺流程：确定锚杆孔位→开挖清理地基面→搭设工作平台→安放钻机→钻进成孔及制作锚杆→清孔→安放锚杆→浇注砂浆→封头（刘春等，2005；陈宁生等，2013）。

锚杆与锚索在千米级冰川泥石流灾害的防治工程中主要用于格栅坝、重力坝等拦挡工程中。这些支挡措施的使用必须具备抗滑功能和抗倾覆功能，如果仅仅是利用支墩自身的重量来实现防治泥石流，效果不是很显著。所以将锚杆、锚索技术投入到格栅坝与重力坝中，不仅可以减少支墩的使用数量及占地面积，还可以使坝体更坚固、更好地在泥石流防治工程中实现它的功能以及作用。在边坡工程中，当潜在的滑体沿剪切滑动面的下滑力超过抗滑力时，将会出现沿剪切面的滑移和破坏。为了保持边坡的稳定，在许多情况下单纯采用削坡或挡墙往往是不经济或难以实现的，这时可采用锚杆（索）加固边坡，能提供足够的抗滑力，有效阻止坡体位移。

4）喷射混凝土

喷射混凝土技术又称为喷浆技术，对于山体坡度小于 80°的陡峭边坡，当边坡整体稳定性良好时，为防止坡面碎石、软土坍塌陷落，最简单的做法就是在坡面采用喷射混凝土技术，其具有重量轻、防风化和施工操作简单等优点。例如，在 G217 线 K593+230—K593+480 段山体采用喷射细石混凝土的方式进行防护见表 9-3，该路段碎落严重，小雨弱风就会诱发碎落，严重时一天内连续发生多次零散的碎落。喷浆技术施工工艺流程包括清理坡面 、排水孔成孔、喷射砼、养护，如图 9-9 和图 9-10 所示。

表 9-3 G217 山体喷浆路段一览表

序号	桩号	长度/m	形式
1	K581+590—k581+630	40	湿喷法
2	k578+480—k578+520	40	湿喷法
3	K593+300—K593+400	100	湿喷法

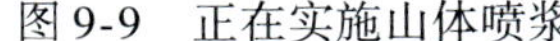
图 9-9 正在实施山体喷浆

图 9-10 实施山体喷浆后效果显著

5）排水沟

设立排水沟属于防护工程中的一种措施，如图 9-11 所示，其目的在于控制水动力条件，减少固体物质补给来源，从而防止泥石流发生或者减小泥石流规模。排水沟一般设在形成区，可以直接隔离上游水土或者将水直接排导到安全地区。

Ⅰ. 外围修截水沟

平面布置外围截水沟应设置在变形体或老滑体后缘裂缝 5m 以外的稳定斜坡面上。平面上依地形而定，多呈人字形展布。沟底比降无特殊规定，以顺利排除、拦截地表水为原则，如果变形体上的斜坡面太大，地表径流的流速也较大时，应加设排水沟。

截水沟若建在基岩上，可不进行铺砌，但对沟底和外侧壁的裂缝应勾缝抹浆，防止水流下渗。如建在松散土石上，应进行铺砌，先砌沟壁，后砌沟底，以增加坚固性，迎水面

(a) 坡脚排水

(b) 边坡侧缘排水

图 9-11 K600 排水沟相关设施

沟壁（内侧壁）应设泄水孔，以排除土石中的水为目的，并嵌入坡内。

Ⅱ. 变形体内建排水沟

斜坡变形体内的排水沟除充分利用自然沟谷排水外，应设置必要的人工排水沟。人工排水沟一般设置在呈槽形的纵向谷地中间，平面多呈树枝状，主沟与滑动方向一致，支沟与主滑方向斜交成 30°～45°的交角。

Ⅲ. 修排水隧洞

排水隧洞用于拦截和排除深部地下水降低地下水位于滑动面以下。按平面布设和功用可分为以下二种。

（1）横向拦截排水隧洞，主要修在变形体后缘可能滑动面以下，与地下水流方向近于垂直。其目的是截排变形体后山和变形体后部深层的地下水。工程结构和设计施工与铁道隧洞工程规范相同，只需在洞顶和两侧上半部留足够的泄水孔即可。此类工程投资大，施工难度也大，多数边坡无法设置进出口，所以一般的滑坡防治很少应用。

（2）纵向排水疏干隧洞，建在变形体（或老滑坡）内与主滑方向一致，主要用于降低变形体内的地下水位，整个洞体置于可能滑动面以下。为扩大疏干范围，可在洞顶渗井两侧设置分支排水隧洞和仰斜排水孔。

Ⅳ. 修排水孔

排水孔是通过用钻孔排除可能滑动面附近的地下水。按钻孔布置的不同分为垂直排水孔和仰斜排水孔两种。

（1）垂直孔排水，若滑移面不透水层隔板以下有一强透水层，并且此强透水层具有向沟谷排水的功能，就可采用在变形体上打垂直钻孔群的方式，打穿滑动面下伏隔水底板深入强透水层中，将变形体内的地下水排入强透水层达到降低变形体内地下水位的目的。

（2）仰斜孔排水，是用近于水平的钻孔群把地下水引出，达到疏干边坡地下水的目的。若变形斜坡为岩质陡边坡，节理裂隙较发育，有砂岩类透水层，用此种方法最好。投资少、造价低、见效快、省力、省物、施工简便，若仰斜孔排水与垂直孔（砂井）排水结合进行效果更佳。

V. 支撑盲沟排水

所谓支撑盲沟是在沟内堆砌坚硬片石，与一般排水沟相区别，这种沟有一定的强度和很好的透水性能。它具有支撑边坡岩土体滑动和疏干地下水的功能。支撑盲沟适宜滑面埋深 10m 以内的小型滑坡的防治，布置在地下水露头和局部坍滑处，平面呈树枝状，主沟与主滑方向平行，支沟与主滑方向呈 30°～45°的夹角，支沟还可延伸到滑坡后部外围，起到拦截地表水的作用，盲沟需深入滑坡以下稳定于岩土中 0.5m，否则起不到抗滑支撑作用。支撑盲沟与带纵向盲沟的挡墙配合使用效果更佳。

6）挡土墙技术

挡土墙是用来支撑场地（地基）小型冰碛物滑体或山坡土体、防止填土或土体变形失稳的一种构造物。按照墙体材料，挡土墙可分为石砌挡土墙、混凝土挡土墙、钢筋混凝土挡土墙、钢板挡土墙等。

悬臂式挡土墙是由立臂、墙趾板和墙踵板三部分组成，为便于施工，立臂内侧（即墙背）做成竖直面，外侧即墙面可做成 1：0.02～1：0.05 的斜坡，具体坡度值将根据立臂的强度和刚度要求确定［图 9-12（a）］。当挡土墙墙高不大时，立臂可做成等厚度。墙顶的最小厚度通常采用 20cm，当墙较高时宜在立臂下部将截面加厚。墙趾板和墙踵板一般水平设置。通常做成变厚度，底面水平，顶面则自与立臂连接处向两侧倾斜。当墙身受抗滑稳定控制时，多采用凸榫基础。墙踵板长度由墙身抗滑稳定验算确定，并具有一定的刚度。靠近立臂处厚度般取为墙高的 1/12～1/10，且不应小于 30cm。墙趾板的长度应根据全墙的倾覆稳定、基底应力（即地基承载力）和偏心距等条件来确定，其厚度与墙踵板相同。为提高挡土墙抗滑稳定的能力，底板可设置凸榫，凸榫的厚度除了满足混凝土的直剪和抗弯的要求以外，为了便于施工，还不应小于 30cm。

扶壁式挡土墙由立壁、墙趾板、墙踵板和扶壁组成［图 9-12（b）］。通常其还设置凸榫，墙趾板和凸榫的构造与悬臂式挡土墙相同。墙面板通常为等厚的竖直板，与扶壁和墙趾板固结相连。对于其厚度，低墙决定于板的最小厚度，高墙则根据配筋要求确定。墙面板的最小厚度与悬臂式挡土墙相同。墙踵板与扶壁的连接为固结，与墙面板的连接考虑铰接较为合适，其厚度的确定方式与悬臂式挡土墙相同。扶壁为固结于墙趾板的 T 形变截面悬臂梁，墙面板可视为扶壁的翼缘板，扶壁的经济间距与混凝土、钢筋、模板和劳动力的相对价格有关，应根据试算确定，一般为墙高的 1/3～1/2，其厚度取决于扶壁背面配筋的要求，通常为两扶壁间距的 1/8～1/6，但不得小于 30cm。扶壁两端墙面板悬出端的长度，根据悬臂端的固端弯矩与中间跨固端弯矩相等的原则确定，通常采用两扶壁间净距的 0.41 倍。

加筋挡土墙由一层或多层水平加筋材料（或称拉筋）与填土交替铺设而形成的一种复合土（图 9-13）。在土中加入加筋材料可以提高土体的抗剪强度，增加土体工程的稳定性。加筋挡土墙通过埋入拉筋把土体分成若干子区，通过摩擦作用把各子区土的侧向土压力通过加筋材料传递给土体，防止土体产生滑裂，从而稳定土体。由于拉筋层上土压力以及外荷载作用，土体将产生侧向膨胀，若在土体中安置拉筋，因拉筋的弹性模量比土体大得多，相对来说，拉筋变形比土体的侧向变形小得多，土体与拉筋之间将产生阻止土体侧向变形的摩擦力，在拉筋中产生拉力，并将拉力传至深层稳定土体中。拉筋与土颗粒相互作

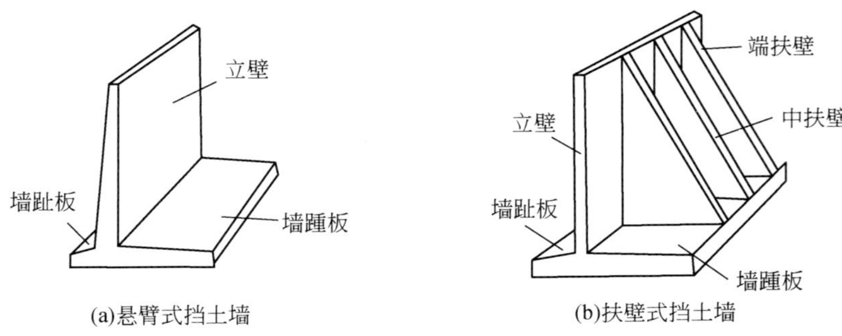

(a)悬臂式挡土墙　(b)扶壁式挡土墙

图 9-12　挡土墙

用改善了土体的抗剪性能，使土体保持稳定。其具有施工简便、加筋土结构是柔性结构、工程造价较低、抗地震和造型美观等特点。

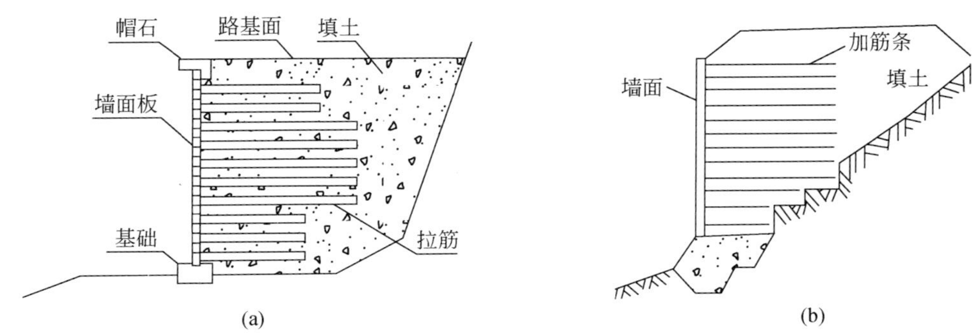

(a)　(b)

图 9-13　加筋挡土墙

重力式挡土墙是指依靠墙身自重来维持挡土墙稳定性的挡墙形式，重力式挡土墙是传统的结构形式，也是目前最常用的一种挡土墙。重力式挡土墙多用浆砌片（块）石砌筑，缺乏石料的地区有时可用混凝土预制块作为砌体，也可直接用混凝土浇筑，一般不配钢筋或只在局部范围配置少量钢筋。这种挡土墙形式简单，施工方便，可就地取材，适应性强，因而应用广泛。重力式挡土墙依靠自身重力来维持平衡和稳定，因此墙身断面大，圬工数量也大，在软弱地基上修建时往往受到承载力的限制。如果墙过高，材料耗费将会增多，因而也不一定经济。当地基较好，墙高不大且当地又有石料时，一般优先选用重力式挡土墙。如图 9-14（a）所示，为典型的石砌重力式挡土墙；图 9-14（b）显示了当边坡高度较低时，坡脚可用石笼进行压挡。

重力式挡土墙一般由以下几部分组成：

（1）墙身靠填土（或山体）一侧称为墙背。

（2）墙身大部分外露的一侧称为墙面（或墙胸）。

（3）墙身的顶面部分称为墙顶。

（4）墙的底面部分称为墙底。

（5）墙背与墙底的交线称为墙踵。

（6）墙面与墙底的交线称为墙趾

(a) 石砌重力式挡土墙

(b) 石笼防护

图 9-14　独库公路（小型泥石流防护）

（7）墙背与竖直面的夹角称为墙背倾角。

（8）墙踵到墙顶的垂直距离称为墙高，用 H 表示。

另外，重力式挡墙还有护栏、排水、伸缩缝、沉降缝等部分。

重力式挡土墙中，当墙背只有单一坡度时，称为直线形墙背；若有多个坡度，则称为折线形墙背。直线形墙背可做成俯斜、仰斜、垂直三种墙背。向外侧倾斜时称为俯斜，墙背向填土一侧倾斜时称为仰斜，墙背垂直时称为垂直。折线形墙背有凸形折线墙背和衡重式墙背两种。

挡土墙结构设计必须保证挡土墙有足够的强度承受岩土侧压力，同时注意挡土墙后设置排水层，挡土墙体内设置排水孔（管），可将挡土墙后的地下水及时疏通，减小或消除静水压力作用（王伟和王桂芹，2006；陈宁生等，2010）。

7）抗滑式挡墙

抗滑挡墙是目前滑坡防治工程使用最广泛的一种抗滑建筑物，它靠自己的重量所产生抗滑力，支挡滑坡的剩余下滑力按照建筑材料和结构形式的不同，可分为抗滑片石垛、抗滑片石竹笼（含铁丝笼）、浆砌石抗滑挡墙、混凝土或钢筋混凝土抗滑挡墙、空心抗滑挡墙（明硐）和沉井式抗滑挡墙等。

空心抗滑挡墙（明洞）是当铁路、公路和灌溉渠道的内边坡高陡，且有大量中、小型滑坡崩塌群，基础为坚硬的基岩时可选用的保护工程。明洞能有效地保护路、渠正常运行，还可阻止中小型滑坡发生，但明洞特殊的结构特征在滑坡较大推力的作用下，墙与拱图的连接部位容易产生应力集中、变形，所以明洞不适合推力较大的滑坡的防治。加上明洞工程设计和施工技术要求较高，造价投资较大，因此一般滑坡的防治不宜选用，除非其他工程都不能应用时，可考虑明洞抗滑措施。

沉井式抗滑挡墙是为避免普通抗滑挡墙大开挖的缺陷，在 21 世纪以来发展起来的。即在滑坡前缘（或前部），且滑动面埋深不大（一般 15m 以内），布置间隔一定距离的方形或圆形沉井，沉井内用浆砌片石和混凝土填实，基础深入滑动面以下 1.0 ~ 1.5m。它仍然利用本身巨大重力来阻止滑坡的向下滑动，所以把它归入重力式抗滑挡墙内。沉井式抗滑挡墙设计简单，施工简便、安全，与同类型抗滑挡墙相比，投资也不会增大，适用于有明显蠕动变形的滑坡的防治。由于不需要大开挖，所以不会引起滑坡或变形体整体滑移。

8）防护网

在容易产生山体滑坡、垮塌的山区等地，被动防护网和主动防护网都具有不可取代的重要作用。被动防护网是在公路边立一道钢丝绳网和菱形网复合防护层，如图 9-15 和 9-16 所示，如有跌落的石头将被防护网挡住，保护下面的汽车等，对所防护的区域形成面防护，从而阻止崩塌岩石土体的下坠，起到防护作用。这种方式应用于坡度小的山崖防护。主动防护网是菱形网紧贴山体，将松散的石头压在山体上，不让石头跌落。这种方式应用于悬崖防护，以限制坡面岩石土体的风化剥落或破坏以及围岩崩塌，起加固作用，如图 9-17 所示。

图 9-15　G217 安装被动防护网

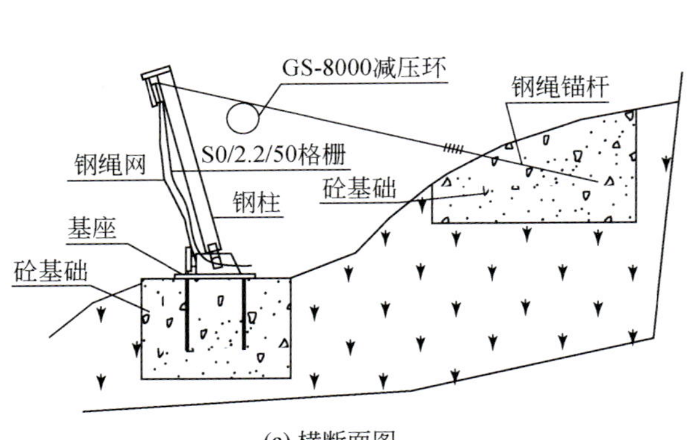

(a) 横断面图

(b) 现场效果图

图 9-16　被动防护网横断面图与现场效果图

9）土钉墙

土钉墙是在岩土体中设置钢筋土钉（图 9-18），通过钢筋等高强度长条材料对原位岩土体进行加固，从而提高原位岩土靠土钉拉力维持边坡稳定的挡土结体的“视凝聚力”及其强度，使被加固土体形成了性质与原来大为不同的复合材料的“视重力式挡土墙”，用以提高整个边坡的稳定性。按施工方法，土钉可分为钻孔注浆型土钉、打入型土钉和射入型土钉，其中钻孔注浆型土钉为最常用的类型。

土钉墙适用于一般地区土质及破碎软弱岩质路堑地段，在地下水较发育或边坡土质松

图 9-17　独库公路主动防护网施工及灾害保护效果

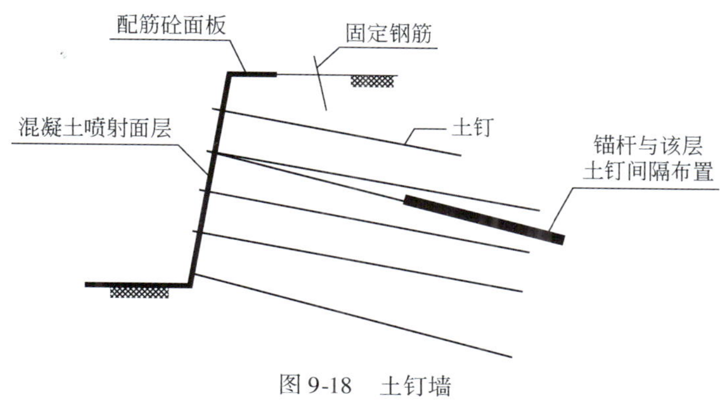

图 9-18　土钉墙

散时，一般不宜采用土钉墙。土钉墙结合了锚杆挡墙与加筋土挡墙的优点：施工的及时性，结构轻巧、有柔性，可靠度高，施工机具轻便简单、灵活，所需场地小，工人劳动强度低，材料用量小，自身成本费用较低。

10）防石走廊遮挡

独库公路冻融破坏严重，导致岩石掉块滚落频发，为道路保通抢通提供了障碍。独库公路采用遮挡措施，即遮挡斜坡上部的塌方物。这种措施常用于中、小型塌方或人工边坡塌方的防治，通常采用修建明洞、棚洞的方式。G217 线 K616+200—K616+472.4 段采用防石走廊遮挡如图 9-19 所示。

为防止防石走廊顶部长期流水、渗水，造成顶面、墙体腐蚀，水泥路面长期湿滑，严重影响行车安全，建议日常修复墙体裂缝、损坏等；定期检查及清理排水设施。为延长走廊的使用寿命，提高走廊安全性，对防石走廊顶面进行防水处治，使得路面日常保洁；注意防水避免路面湿滑，可采用适当防滑措施来保证路面抗滑性能。

11）清除危岩

崩塌发生之前的岩体称为危岩。所谓危岩是指已有拉裂变形的陡坡或陡崖。危岩上有的岩块已出现松动，称为危岩松动体。陡坡上的拉裂变形和岩块的松动变形都是危岩的主要特征。危岩一出现，考虑的首要工程措施是清除危岩体，因为这是治本的办法。其他工

图 9-19　G217 线 616+200—K616+474. 2 段防石棚洞

程措施都不能解除危岩的存在，只是把崩塌发生的时间往后推迟而已，所以凡有条件的都应采取削方、清除危岩体。

当清除危岩的措施不宜实施时，可考虑加固危岩的措施。危岩加固的措施除预应力锚杆（索）加固外，还可使用危岩支撑工程。危岩的形成除边坡过陡外，还因危岩脚为软弱地层，或风化成（含人工开挖）倒 V 形地形，支撑的目的是将倒 V 形体上部地层顶住（支撑），不再继续变形。

12）生物治理（绿化）

恢复植被和合理耕牧等改善绿化的方法也是千米级冰川泥石流防治的一项生物措施。一般采用乔、灌、草等植物进行科学地配置营造，充分发挥其滞留降水，保持水土，调节径流等功能，从而达到预防和制止泥石流发生或减小泥石流规模，减轻其危害程度的目的（阙云和王成华，2006；李宾和裴向军，2012；杨志全等，2013；丘旭富和陈若仁，2006）。生物措施一般需要在泥石流沟的全流域实施，采取植树、种草，封山育林；改坡地为梯地，坚持大于 25°的坡地退耕还林；开挖山坡截水沟、分洪沟等措施，控制水土流失，恢复生态平衡，对宜林荒坡更需采取此种措施。但要正确地解决好农、林、牧之间的矛盾，如果管理不善，很难收到预期的效果。

林业（工程）技术措施是生物治理的主要技术措施。林业（工程）技术措施实际分两部分，一是现有森林的保护（封山育林）和管理，使其永续利用；二是荒山荒坡造林，也就是水土保持林的营造。

农业工程在泥石流防治生物治理中，也是很重要的一个系统。在泥石流发生的流域内，因耕作方式不合理带来的危害是土地资源减少而使泥石流形成和活动的固体物质增多，坡面迁流加大，造成农业生态和农业生态经济破坏与损失。因此，需要改变顺坡耕作的方式，坡地改成梯地，这样可以保持水土，改变小地形环境会增加土层的厚度，提高土壤渗透和蓄水的能力，从而减少和削弱地表径流。

该方案适用于以面蚀为主、水土流失严重，且有部分坡面冲沟形成的坡面泥石流流域，同时适用于量大面宽的农田和林区泥石流防治，主要优点在于投资少、效益高、风险小、防治作用持续时间长、使用范围广和促进生态平衡。当然其劣势在于周期长、见效慢，管护工作烦琐等。尽管如此，用生物治理的措施不失为泥石流治本的优先选择。

13）交通工程辅助措施

广角镜：提高山路安全性。山区公路坡陡弯急，沿线多处不通视弯道，给行车造成较大安全隐患。为提高公路安全性，给沿线 60 多处急弯处增设广角镜，大大提高山区公路安全性，如图 9-20（a）所示。

(a) 广角镜

(b) 彩色震荡标线

图 9-20　独库公路交通工程辅助措施

预成型彩色震荡标线：独库公路坡陡弯急，且多处弯道不通视，给该路段行车带来很大的安全隐患。为提高山区公路安全性，在急弯处配合广角镜增设预成型彩色震荡标线，安全警示效果良好，如图 9-20（b）所示。

14）预警预报系统

对线状交通干线和点状重要工程、基础设施以及城镇居民点影响较大的灾害泥石流进行监测、预警预报，是有效的防御措施，也是必然措施。

泥石流科学预警即基于泥石流起动机理的警报，主要是通过设立传感器感受暴雨泥石流幅频信号，再通过先进的传输手段建立预警系统。国内外众多学者和研究机构对泥石流形成的基本条件和激发因素进行了系统研究，提出了泥石流发生的判别依据，开展了泥石流监测，并建立了泥石流的判别模式。泥石流监测和警报仪器在泥石流防灾减灾中发挥了重要作用，仪器可分为接触式警报仪器和非接触式警报仪器。

（1）接触式警报仪器。在泥石流沟道内布设应力、应变和位移等传感器，传感器自动感应沟道内各处的应力、应变及位移变化，根据各物理量的变化判断泥石流是否发生，并估计其规模。主要的接触式警报仪器有钢索监测器、压力式泥位计、冲击力监测器等。

（2）非接触式警报仪器。非接触式警报仪器通过仪器在不接触泥石流体的情况下获得泥石流的影像、声音、振动、泥位等信息，判断泥石流是否发生，并估计其规模，主要有摄像机、超声波（激光）泥位报警仪、地声警报器、次声警报器等。

以新疆 G217 天山公路为例，该路段途径山区，由于山上冰雪及冻土融化，会形成两条泥石流沟，当泥石流地灾发生时会对山下公路形成冲击，给公路正常运行造成安全隐患和影响。为保证公路安全运营，一旦泥石流地灾发生时，公路管理养护方能第一时间发现，及时采取措施处理，把泥石流地灾对公路正常运营造成的影响降到最低，作者参与设计并建立了相对完善的、智能化的泥石流监测预警预报系统，该安全监测系统是于泥石流沟内布置自动监测仪器设备，通过智能传感器自动化测量、北斗卫星通信及计算机技术实现对泥石流沟安全进行全天候自动监测、监控、分析和报警的系统。

9.2 高寒山区地质灾害公路抢通措施

巍峨的天山山脉，把新疆分割成南北两个部分。独库公路的建成通车，使新疆初步形成了一个以天山为轴的纵横交错、四通八达的公路网，缩短了南北疆的行程距离近600km，对于开发天山资源、通畅经济区域之间的物资交流，促进南北疆沟通和繁荣，改善各族人民的物质文化生活、维护边疆稳定，巩固国防，都具有十分重要的现实意义。

受制于冰川泥石流和滑坡的丰富物源、强劲融雪降雨的水动力条件和高陡地形条件，独库公路在后续几十年的运营中仍会经常受地质灾害困扰。地质灾害失稳后的治理的基本依据主要是在工程设计和施工中设置并完善排水系统，避免地表水入渗；同时对已有塌陷坑进行填堵处理，防止地表水注入。

地质灾害发生之后，对于县级减灾部门最要紧的是及时查清灾害情况，采取适当的抢护措施，并尽快上报省、地减灾主管部门，以便及早做出抢险减灾决策，调拨救灾款项与物资，采取补救措施把灾害损失减少到最低限度。为了满足县级减灾工作的需要，在此提出以下山洪、泥石流、滑坡灾害快速调查与评估的简易方法。

普查区划。进行山地灾害普查及危险区划工作，做到预防工作心中有数。在普查时对灾害易发区，采取群众报灾点与专业技术队伍实地调查相结合的方法，确定预防的重点地段，在此基础上进行比较排队，对威胁大、危害重的点段，尽快落实预防措施，并发动危险区内的群众预防灾害发生。

沟道清障。在可能发生滑坡的地方，做好沟道清障及汛前汛后的检查工作，发现在度汛中有害的障碍要及时采取措施。对沟道的障碍，特别是对山洪排泄有影响、可能造成灾害发生的沟道，本着谁设障谁清除的原则，由当地政府和有关部门发动群众清除障碍，保证汛期沟道畅通，并及时堵塞地表裂缝，防止地表水浸入诱发滑坡。

未治先管。对山地灾害易发区的危险点段或坡体，采取未治先管的办法，封山育林、水田改旱地、坡地改梯田，改善山地生态环境，同时防止人为因素的破坏，当地政府制定行政措施发动群众共管人命关天的事。

责任落实。对威胁危害严重的泥石流沟、滑坡体及危险点段，要尽快设置好预防观察点，落实责任专人负责，并与群众预防结合，对征兆严重的险情，要立即报告当地政府，当机立断采取措施，组织安排好群众的撤离疏散工作，减轻灾害损失。

搞好气象、水文的预测预报。汛期雨季气象、水文部门要加强预测预报及时传递雨情、水情和汛情，为抗灾抢险抢护决策提供正确的科学依据。特别要吸取历史教训，为广大群众抗灾抢护赢得时间，对山洪、泥石流、滑坡易发的雨情、水情和汛情要加密监测次数，并及时预报报告各级防汛指挥部门。

对危险点段的观测实行专人观测与群测结合的办法，要研究考虑易掌握的土办法，预防是个系统工程，包括观测、通信、报警撤离等方面，都与群众有着非常密切的关系。

依据现场勘察掌握的基本信息，结合应急救援抢险救灾和抢通保通工作的总体要求，因地、因时研究制定出科学合理、切实可行、应急高效的总体方案，以此为基本原则指导后续抢险抢通工作。

1）堆积物阻塞道路的抢通

单向清理是使用挖装、运等机械，从受阻道路一侧展开清理作业恢复通行的班（组）作业行动。通常适用于作业面小、只能从一侧组织抢通作业的道路受阻情况。其主要完成挖土、装土、运输、卸土、路面清理等作业，确保道路快速恢复通行，人员车辆安全通过。

对向清理是使用推挖、装、运等机械，从受阻道路两侧同时展开清理作业恢复通行的班（组）作业行动。通常适用于堆积体大，能从两侧同时展开抢通作业的情况。其主要完成挖土、装土、运输、卸土、路面清理等作业，确保道路快速恢复通行，人员车辆安全通过。

逐层清理是使用挖、装、运等机械，从堆积物顶部开始逐层降坡作恢复通行的班（组）作业行动。通常适用于堆积物落差大、堵塞路段长的情况。

急造道路是采用挖、装、推等多种机械，从堆积体外缘开挖或另辟便道绕行的方式抢通道路的班（组）作业行动，通常适用于堆积物体体积大、不易清理或路基完全损毁的情况。其主要完成挖土、推土、填土等作业，快速提升道路应力，确保抢险救灾人员车辆安全通过。

道路拓宽是当道路出现纵向沉陷开裂，沉陷部分稳定性不能满足通行时，采用路基土石方机械挖除部分上边坡，对道路进行拓宽，直至满足通行要求。通常适用于边坡稳定、具备拓宽作业的情况。其主要完成挖土、推土、整平、维护等作业，快速提升道路应急通行能力，确保抢救灾人员车辆能安全通过堆积物阻塞道路的抢通现场如图9-21所示。

图9-21 堆积物阻塞道路的抢通

通道开挖是当阻塞物方量巨大，长度几百米至几公里时，针对阻塞采用“先打通重机路，后多点分段作业”的方法，即采用挖掘机和装载机配合编组，多个工作面同时作业，挖出一条重型机械可在阻塞土体上通过的通道，纵坡一般为30°～40°，而后再进一步削顶形成缓坡供其他轮式车辆通行，纵向坡度一般为15°～20°。待大规模抢险救灾物资设施通过或者生命抢救的黄金时间过后，再考虑清挖剩余阻塞物，恢复道路原路面。其主要完成挖土、运土、整平、维护等作业，快速提升道路应急通行能力，确保抢险救灾人员车辆安全通过。

2）机械抢通

区域进行抢险施工时，必采取预防岩石坍落的安全措施。应事先排除山坡上悬留的单个危岩，当地面坡度陡于1：1.5时，应先清除掉山坡上的较大孤石。在清危排险过程中，严禁使用大爆破施工，以免再次引起山体崩塌及次生灾害。

处置道路上的山体崩塌物时，必须设置安全观察员，一旦发现险情，立即发出撤离避让警告。当阻塞工程量较小且清挖后不会再一次引发下滑坍塌时，可采用推土机、挖掘机、装载机、空压机、凿岩机、破碎锤和自卸车等土石方工程机械车辆对崩塌物进行全部清除，以尽快抢通道路。当崩塌严重，道路完全被掩埋，且清挖后可能会进一步引发山体大量下滑坍塌时，可先在崩塌体上开辟出临时通道，以解决交通问题，之后再进一步详细勘察分析崩塌路段山体稳定情况，在有针对性地对山坡进行加固处治后，再逐步清除坍塌物，恢复交通。当崩塌物总量不大，但单个岩石巨大时，可采取避绕通过，机械推移清排或破碎分解清除等措施进行处理。当不具备避绕、推移、破碎条件时，可采取在巨石周围及适当范围内回填土石，修筑适宜机械车辆通过的坡道，让抢险救灾人员、机械及车辆从巨石及阻塞物上临时通行。

独库公路修建完成后主要由奎屯公路管理局独山子分局负责养护，这些公路人作为天山公路守护者，他们几十年如一日为天山公路的保通抢通贡献了自己的芳华。

2012年7月29日，G217线K627+750—K628段出现连续的暴雨从而引发塌方，导致公路被掩埋，阻断交通。经测量塌方数量为2万m^3。独山子分局领导迅速组织抢险人员赶到现场，并对现场进行仔细勘察，随后积极组织人员进行交通疏导，出动装载机，先开辟出一条车道，保证间断性通车。在此次K627+750—628段塌方清理过程中抢险人员吃饭时发生二次塌方，公路再次被阻断，现场抢通如图9-22所示。经过养护人员十几小时的清理，7月30日傍晚路面完全恢复畅通。此次清理工作共出动装载机一台，抢险人员20人，车辆3辆，共计清理塌方2万余方。

图9-22　K627+750处山体崩塌与K636泥石流机械正在抢通

3）排导工程

独库公路的泥石流排导工程是利用已有的天然沟道或者人工开挖及填筑形成的一种开敞式过流建筑物。其主要功能是将失稳后形成的冰碛物泥石流顺畅地排入下游非危险区，以控制泥石流对下游流通区和堆积区的淤埋和冲击作用，因此排导工程主要设置在泥石流沟的流通段及堆积区。泥石流排导工程能够调节流路，限制漫流，改善沟槽纵坡，调整过流断面，控制泥石流流速和输沙能力，属永久性工程，主要类型有排导槽、渡槽、明硐等（崔纲和黄勇，2016）。

以排导槽（表 9-4）为例，排导槽自上而下由进口段、急流段和出口段三部分组成（图 9-23），排导槽各部分的作用与功能不同，故对其平面布置的要求也就不一样。排导槽的总体布置应根据防护区范围及沟道等有利地形，力求达到线路顺直、长度较短、纵坡大，排泄顺畅、安全，被占土地少，工程投资节省，便于施工和运行管理。排导槽一般沿沟道布设，必要时也可沿扇形地的一侧布设（置）或走扇脊及扇间凹地，还应与现有工程及沟道的防治规划保持一致。为了尽快将泥石流排走，应尽可能选择较大的设计纵坡。

表 9-4　排导槽的类型

分类标准	形状	排导部位	挖填方式和建筑材料
类型	直线形排导槽	向中间排排导槽	挖填排导槽
	曲线形排导槽	向下游排排导槽	三合土排导槽
	喇叭形排导槽	向上游排排导槽	浆砌块石排导槽
	扩散形排导槽	横向排导槽	—

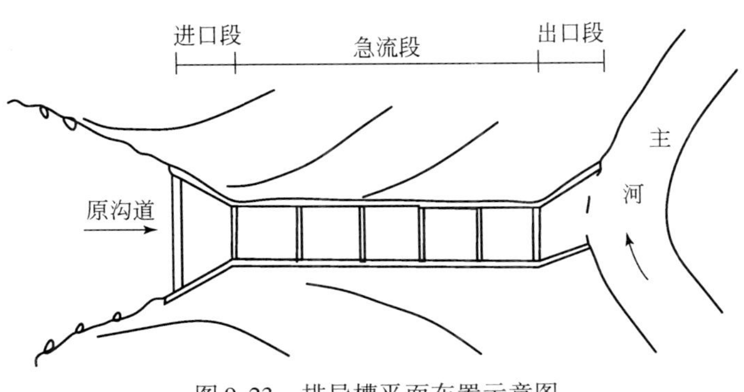

图 9-23　排导槽平面布置示意图

独库公路 G217 的泥石流排导槽的主要作用是通过人工渠槽控制泥石流流路，并将其引离被保护的建筑物或地区。泥石流排导工程有结构简单、施工及维护方便、造价低廉、效益明显等优点。但是排导工程仅仅是一种应急措施，它既不能控制泥石流的形成，又不能削减排入主河的泥石流体数量，仅能暂时消除或减轻灾害。其主要适用于中上游修建工程难度大或效果不明显，而下游受害对象分布较集中的泥石流流域。

4）跨越工程

跨越工程是指修建涵洞、桥梁，从泥石流沟上方跨越通过，让泥石流在其下方排泄，用以避防泥石流的工程（图9-24）。

图9-24　新疆公路桥梁工程跨越泥石流沟

其中以涵洞为例，泥石流涵洞是保障公路或铁路跨越沟或河或山谷等平顺安全连接的主要带状物。在公路工程建设中，于泥石流通过公路的地方，让泥石流通过路面下方修筑的过路涵洞以后再翻转到地面上来，其形状有管形、箱型以及拱形。常用砖、石、混凝土和钢筋混凝土等材料筑成。

涵洞通常有洞身、洞口建筑两大部分组成。洞身由若干管节组成，是涵洞的主体，主要作用是承受活载压力和土压力并将其传递到路基，因此洞深要求坚固和稳定；端墙和翼墙位于入口和出口及两侧，起挡土和导流作用，同时还可以保护路堤边坡不受水流冲刷。洞口建筑结构接洞身及路基边坡，洞口分为进水口和出水口两个基本部分。涵洞与路线相交，可分为正交和斜交两种，根据实际选择正交还是斜交，当涵洞纵轴与路线轴线不垂直时，称为涵洞与路线斜交，涵洞标准图上所列常用斜交角为75°、60°和45°。

涵洞具有满足排泄洪水能力，顺利快捷地排泄洪水；有足够的整体强度和稳定性，保证在设计荷载的作用下，构件不产生位移和变形；有较高的可靠性和耐久性，保证在自然环境中，长期完好，不发生破损，其类型见表9-5。

表9-5　涵洞的类型

分类标准	建筑材料	构造形式	填土情况	水利性能
类型	砖涵	圆管涵	明涵	无压力式涵洞
	钢筋混凝土涵	箱涵	暗涵	半压力式涵洞
	混凝土涵	盖板涵	—	压力式涵洞
	石涵	拱涵	—	—

在冰川泥石流区进行桥涵布置和设计，不能单纯从经济造价角度来考虑布置涵洞或小桥，需要根据地形地貌、水文地质、水力环境、泥石流沟分布、泥石流规模及施工养护等协同考虑。因此，在桥涵布置和优化设计前，有必要调查和分析泥石流区已建涵洞毁损状况和特征。

泥石流地区涵洞的选择应主要考虑到地形、泥石流特征和涵洞水力条件，当河沟地处陡峭山谷或冲积堆，漂流物多，有泥石流运动，宣泄的设计流量较大且设计流量大于 $20m^3/s$ 时，宜采用盖板涵。泥石流地区必须考虑合适的进出口形式和涵洞铺底，因此必须加固基础或涵底铺砌，保证进出口、基底及附加路基不被水毁。当路堤高度超过 6m 时，泥石流流量较大，选用钢筋混凝土盖板涵较为经济。

涵洞施工工艺流程：基坑开挖→筑基础砼→箱底浇筑→涵身浇筑→盖板现浇→涵背两侧的填筑。

涵洞平面布置如图 9-25 所示，纵、横断面分别如图 9-26 和图 9-27 所示。

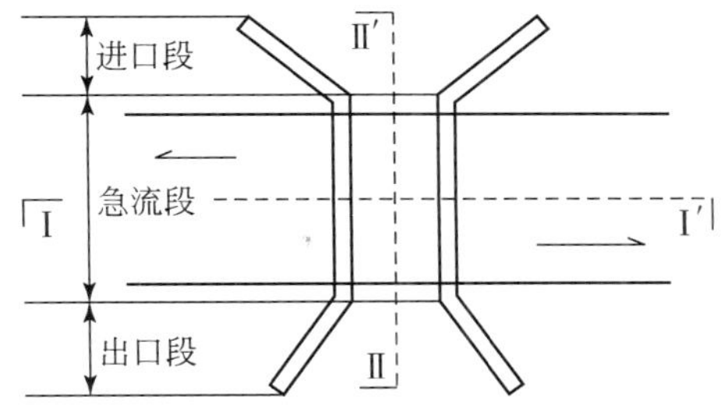

图 9-25　涵洞平面布置图

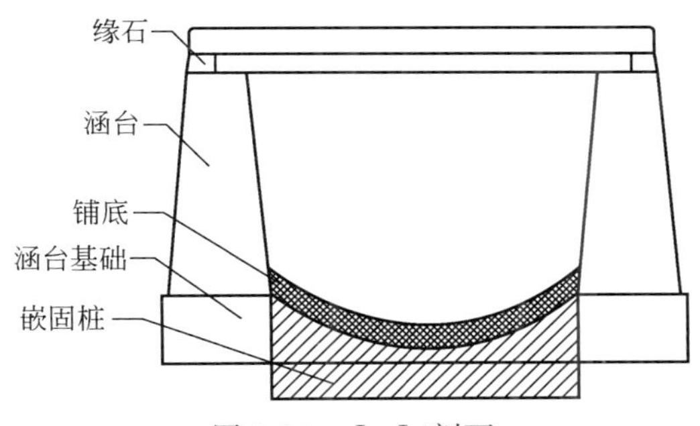

图 9-26　Ⅰ-Ⅰ′剖面

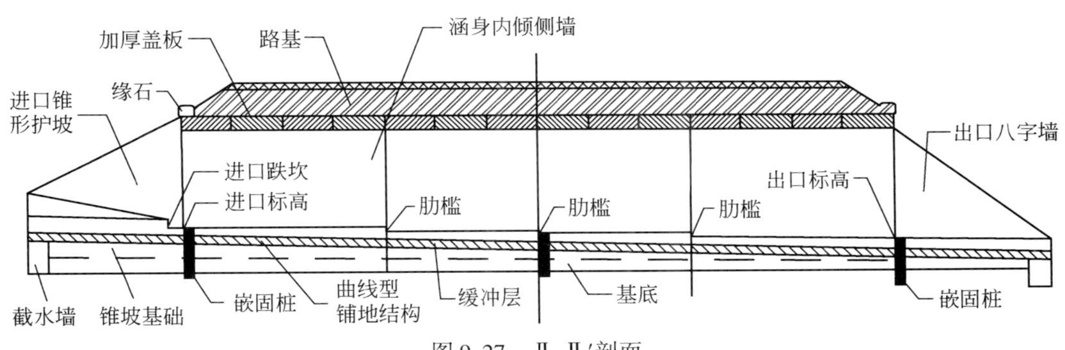

图 9-27　Ⅱ-Ⅱ′剖面

5）穿过工程

穿过工程指修建隧道、明洞和渡槽（图 9-28），是从泥石流沟下方固结较好的冰碛物中通过，而让冰碛物从其上方排泄的泥石流治理措施。

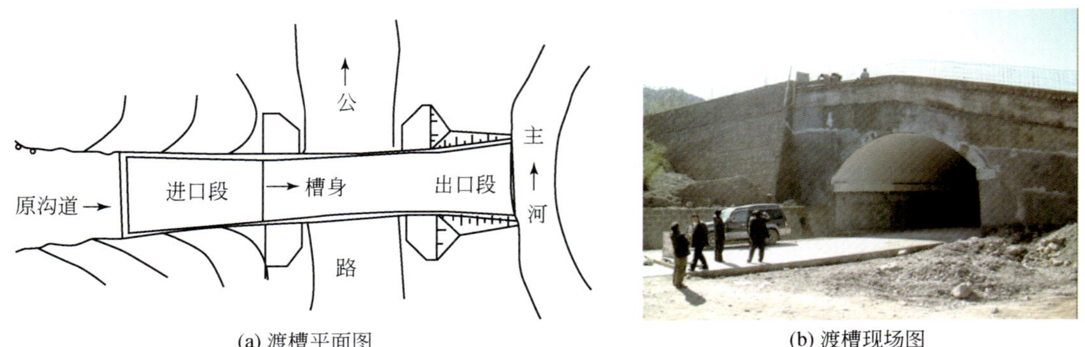

(a) 渡槽平面图　　(b) 渡槽现场图

图 9-28　泥石流渡槽平面布置

渡槽由进出口段、槽身、支承结构和基础等部分组成。

（1）进出口段包括进出口渐变段、与两岸渠道连接的槽台、挡土墙等，其作用是使槽内水流与渠道水流平顺衔接，减小水头损失并防止冲刷。

（2）槽身主要起输水作用，对于梁式、拱上结构为排架式的拱式渡槽，槽身还起纵向梁的作用。槽身横断面形式有矩形、梯形、U 形、半椭圆形和抛物线形等，常用矩形与 U 形。横断面的形式与尺寸主要根据水力计算、材料、施工方法及支承结构形式等条件选定，也有的渡槽将槽身与支承结构结合为一体。

（3）支承结构的作用是将支承结构以上的荷载通过它传给基础，再传至地基。按支承结构形式的不同，可将渡槽分为梁式、拱式、梁型桁架式与桁架拱（或梁）式以及斜拉式等。梁式渡槽的支承结构有重力式槽墩、钢筋混凝土排架及桩柱式排架等。拱式渡槽的支承结构由墩台、主拱圈及拱上结构组成。槽身荷载通过拱上结构传给主拱圈，再由主拱圈传给墩台。根据拱上结构形式的不同，拱式渡槽又可分为实腹式及空腹式两类。桁架拱式渡槽按结构特征和槽身在桁架拱上位置的不同，可分为上承式、下承式、中承式和复拱式四种。斜拉式渡槽支承结构由塔架与塔墩（或承台）组成，并由固定在塔架上的斜拉索悬吊槽身。

（4）基础为渡槽下部结构，其作用是将渡槽全部重量传给地基。

以隧道为例，泥石流隧道是指采用隧道使公路从泥石流堆积体内横向穿越的防治工程结构，建成后泥石流体从泥石流隧道顶部宣泄，确保公路交通运输的有序进行，该技术对于公路穿越大型及特大型的泥石流沉积区是非常有效的。

泥石流隧道在泥石流堆积体中的位置如图 9-29 所示，纵、横断面分别如图 9-30 和图 9-31 所示。隧道内路面坡降沿纵断面中间高两端低，沿横断面两侧低中间高。实施泥石流隧道必须准确地确定后期泥石流体的最大切割深度（一般按二十年一遇的泥石流重现期确定）。

隧道开挖方法分为明挖法和暗挖法。明挖法多用于浅埋隧道或城市铁路隧道，而山岭铁路隧道多用暗挖法。按开挖断面大小、位置分类，还有分部开挖法和全断面开挖法。在

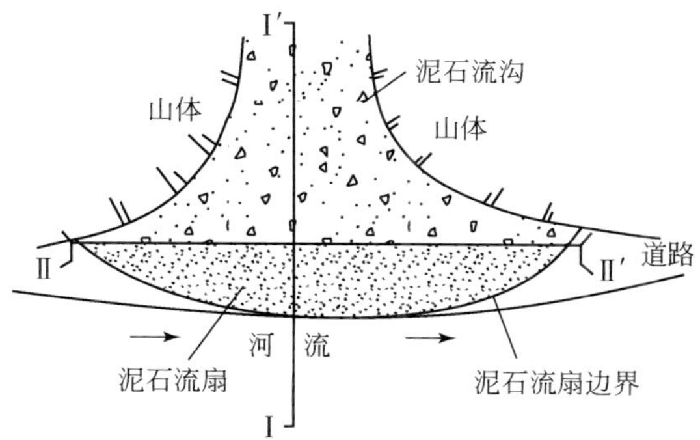

图 9-29　泥石流隧道平面图

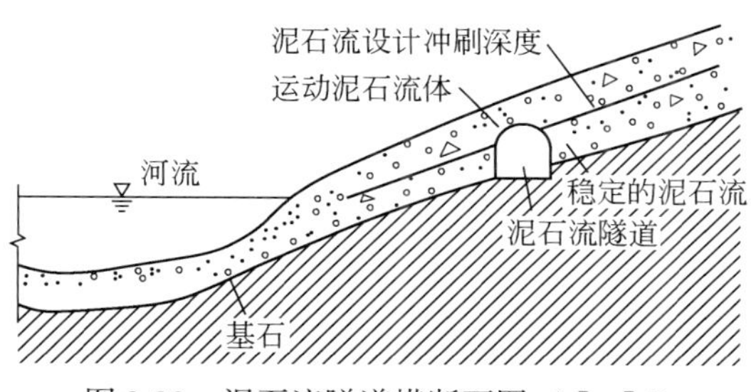

图 9-30　泥石流隧道横断面图（Ⅰ-Ⅰ′）

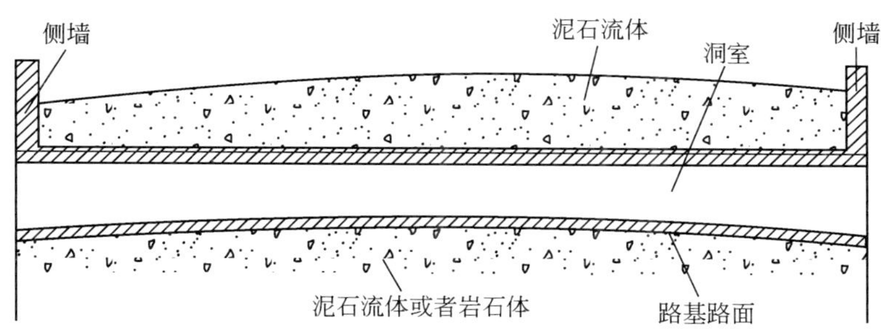

图 9-31　泥石流隧道纵断面图（Ⅱ-Ⅱ′）

石质岩层中采用钻爆法最为广泛，钻爆法是用全断面开挖法或分部开挖法等将隧道开挖成型的施工方法，采用掘进机直接开挖也逐渐推广，在松软地质中采用盾构法开挖较多。

设计中应注意以下几个关键问题。

（1）洞口位置：具体要求请参考《公路隧道设计规范》（JTG D70—2014），但是洞门应控制泥石流体在洞口段的侧向流动。

（2）洞身位置：泥石流隧道外侧应置于江河的岸坡再造带内侧。

（3）泥石流隧道结构：应加强结构整体性，提高洞顶圬工强度及耐磨性，加强排水，减小动水压力，防止渗水，在泥石流隧道内侧宜设置泄水孔、纵横向排水盲沟，或修建与洞身平行的泄水洞，必要时可设仰拱。

泥石流隧道材料可以为圬工及钢筋混凝土，为确保结构的稳定性，圬工宜采取混凝土现浇，承受偏压及荷载较大时可选用钢筋混凝土修建。

6）雪崩处置

独库公路穿越崇山峻岭的天山，地处大陆性冰川气候区，在哈希勒根达坂附近存在现代冰川，具有典型的高寒、高海拔、高烈度地域特征，由于海拔较高，气温低、生长季节短等原因，独库公路 K659—K673、K696—K710 段冬季积雪和雪崩经常阻断山区公路，图 9-32 为雪崩救援现场。

图 9-32　雪崩救援现场

雪崩按发生季节可分为冬季雪崩和春季雪崩。①冬季雪崩一般发生在当年的 12 月和次年的 2 月之间。形成冬季雪崩的主要原因是一次性的连续降雪和冬季期间的多次累计降雪，致使山体坡面积雪达到一定的厚度，在重力、声波和其他外在的因素影响下，坡面积雪沿山体下滑而形成崩塌。冬季雪崩的特点是其与天气气温无关，下滑主要原因是坡面积雪厚度超过临界厚度，造成道路封闭。②春季雪崩根据天气气温的变化快慢一般发生在 3～5 月，形成春季雪崩的主要原因是整个冬季降雪厚度的累积和天气气温回升。由于气温回升，雪崩体与地表的接触处形成介质水而使雪崩体产生滑动。春季雪崩的滑动分为主动滑动和被动滑动。山体下部雪体的运动是由上部雪体的冲击带动运动。雪崩会造成道路堵塞，交通中断，堆积在路面的雪高达数米。

7）岩体滑坡治理工程措施

浅层、中层滑坡路段。对于滑动较小的浅层、中层滑坡，可区分路堤滑坡和路堑滑坡进行紧急处治修复，对于路堤局部滑坡，可首先清除垮塌部位的土石方，在坡脚处修砌片石或用麻袋、沙袋进行填土反压，路面底板悬空处可搭设钢管桩或混凝土支撑墩进行应急加固处理，条件不允许时也可用木桩代替，并按照原有路堤坡形进行砂砾石回填处理。抢通期间，过往车辆应尽量从相对稳定的内侧路基通行。抢通期结束后，可在路堤坡脚处修筑路堤挡土墙或桩板墙等永久性支挡工程。

厚层滑坡路段。对于滑体规模较大的厚层滑坡，由于整个路基常常被堆积体掩埋，且滑体在降雨和余震作用下可能进一步失稳，坡面密布的松散堆积体和危岩都会对抢通车辆和人员产生较大威胁。对于此类滑坡，可在滑体后缘通过削坡减载的方法放缓边坡，减小滑坡的下滑力，并使用木槽、水平钻孔排除或拦截滑体内部的水分，条件许可时可采用微型钢管桩群进行紧急支护，使抢通车辆能顺利从滑体前缘通过。

巨厚层滑坡路段。对于清方量巨大，施工时间不允许和施工难度较大的巨厚层滑坡路段，应首先考虑调整路线的平曲线和纵曲线，并通过清除局部坍塌体、回填塌陷部位或向内小幅度开挖路基的方式尽快形成单车道便道实现通行。

顺层岩体滑坡治理，应以截排主滑动面（带）含水层中地下水与在滑坡前部设置抗滑支挡工程相结合，并在滑体中无软岩夹层与互层的厚度范围内采取减载的辅助措施。截排主滑动面（带）含水层中地下水时，应根据地下水补给来源确定截排水对象及工程设置部位。当层面较缓，以软岩层顶面的层间含水错动带或软化揉皱层为滑动面（带）时，应以截排补给软岩顶层的地下水为主；当厚层软岩下伏的破碎硬质岩含承压水时，应以排除软岩层之下的承压水为主。层面产状较陡、主滑动面（带）岩土抗剪强度低于滑床倾角的岩体滑坡，宜在滑坡前部设置抗滑支挡工程，恢复山体支撑。必要时，可采取平行主滑动面（带）的削方减载作为辅助措施。

切层岩体滑坡治理，应以滑坡前部增加抗力为主，地表排水措施为辅。根据坡体结构内含可生成滑动面（带）的软弱结构面或顺坡断层等分布情况，在不致引发上层滑坡或后级滑坡时，可采取减载措施。岩层产状平缓或反倾、岩性软弱或下伏软弱岩层的软质岩滑坡以及错落性滑坡，宜采取对滑坡体中上部进行减载、对坡脚软岩进行支挡加固，以及截排水相结合的综合措施。当不具备削方减载时，可采取在滑坡前部设置抗滑支挡工程为主的治理对策。

块状岩体滑坡整治，受结构面控制或由构造核组成的块状岩体滑坡，应在加固坡体中的软弱面和破碎带的基础上，结合滑坡体上部削方减载、坡脚设置抗滑支挡工程，以及坡体排水等工程措施进行综合治理。坡体上含眼球状结构体的岩体滑坡，可采取以预应力锚固为主，削方减载或仰斜排水孔排水为辅的治理措施。多次岩浆岩侵入的岩体滑坡，可采取截排地下水与抗滑支挡、锚固工程相结合的工程措施。在不致形成后级滑坡与坍塌时，可进行削方减载。

8）坚持产学研结合

独库公路地处天山中段，为南北走势，北起“石油之城”独山子，南至龟兹古域库车，途经乌苏、尼勒克、新源、和静等市县；翻越哈希勒根、玉希莫勒盖、拉尔墩、铁力买提四个冰达板；其复杂的地质地貌、冻融破坏、降雨降雪和冰碛物导致沿线灾害成因机制和类型复杂多变，本次冻土融沉观测段如图 9-33 所示，因此作者还指导独山子公路管理局专门成立首席科学家工作室，对抢通保通过程出现的问题如地质灾害致灾机制、冻土不均匀沉降等开展前瞻性的研究。

图 9-33　K655 冻土融沉观测段

焚膏继晷，兀兀穷年，公路工程科技人员守护着灾害频发的天山，保障着独库公路畅通无阻，利民出行。他们凌雪傲霜、战泥斗石，凝聚“天山戈路虹”与“天山精神”力量，值得礼赞。保畅独库公路，是道路工程地质防灾减灾的技术高地，本书为作者在公路冰川泥石流致灾机制诊断探索的路上做出的阶段性的总结和提炼，希望能在实际冰川公路防灾减灾和科研中给后来者一点参考。

参考文献

艾力·斯木吐拉，巴寅亮，将松强 . 2005. 新疆高等级公路沿线灾害性天气及其分布 . 长安大学学报（自然科学版），25（4）：59-61.

白永健，郑万模，邓国仕，等 . 2011. 四川丹巴甲居滑坡动态变形过程三维系统监测及数值模拟分析 . 岩石力学与工程学报，(05)：974-981.

蔡明娟，包卫星，林达明 . 2015. 基于卫星遥感图像的新疆复杂地质条件下公路边坡危险性评估研究 . 公路交通科技（应用技术版），(2)：83-84.

曹闽 . 2008. GPS 技术在边坡监测中的应用及其分析 . 江西测绘，(2)：30-32.

常鸣 . 2014. 基于遥感及数值模拟的强震区泥石流定量风险评价研究 . 成都理工大学博士学位论文 .

陈爱莲，朱博勤，吴艳华，等 . 2010. 汶川大地震重灾区道路震害航空遥感评估 . 自然灾害学报，19（4）：152-157.

陈宁生，陈瑞 . 2002. 培龙沟泥石流及其堵江可能性探讨 . 山地学报，20（6）：738-742.

陈宁生，邓明枫，胡桂胜，等 . 2010. 地震影响下西南干旱山区泥石流危险性特征与防治对策 . 工程科学与技术，42（s1）：1-6.

陈宁生，周海波，卢阳，等 . 2013. 西南山区泥石流防治工程效益浅析 . 成都理工大学学报（自然科学版），40（1）：50-58.

陈显春，董正威，盛国俊 . 2011. 山区公路岩质边坡冻融破坏机理及对策研究 . 筑路机械与施工机械化，28（2）：53-56.

陈玉超 . 2006. 冻融环境下岩土边坡稳定性研究初探 . 西安科技大学硕士学位论文 .

陈育民，徐鼎平 . 2013. FLAC/FLAC3D 基础与工程实例 . 北京：中国水利水电出版社 .

陈志波，简文彬 . 2005. 位移监测在边坡治理工程中的应用 . 岩土力学，26（s1）：306-310.

程彬，卢靖 . 2010. 基于 GeoStudio 的边坡渗流场与应力场耦合分析 . 山西建筑，36（3）：146-147.

褚胜名 . 2012. 沟谷型泥石流形成的风化因子研究——以汶川地震区为例 . 成都理工大学成都理工大学 .

崔纲，黄勇 . 2016. 新疆山区公路边坡崩塌灾害防治技术研究 . 公路交通科技（应用技术版），(3).

崔鹏，林勇明，蒋忠信 . 2007. 山区道路泥石流滑坡活动特征与分布规律 . 公路，(6)：77-82

戴自航，徐祥 . 2012. 边坡抗滑桩设计计算的三维有限元法 . 岩石力学与工程学报，31（12）：2572-2578.

邓辉 . 2007. 高精度卫星遥感技术在地质灾害调查与评价中的应用 . 成都理工大学博士学位论文，

邓建辉，李焯芬，葛修润 . 2001. 岩石边坡松动区与位移反分析 . 岩石力学与工程学报，20（2）：171-174.

邓卫东 . 2004. 路堤稳定安全系数取值探讨 . 中国公路学报，(4)：11-16.

邓文彬 . 2014. 天山公路病害区域划分及临界雨量研究 . 地理空间信息，(4)：4-6.

范青松，汤翠莲，陈于，等 . 2006. GPS 与 InSAR 技术在滑坡监测中的应用研究 . 测绘科学，9（5）：60-62.

高幼龙，张俊义，薛星桥，等 . 2004. 实时监测技术在地质灾害防治中的应用——以巫山县地质灾害实时监测预警示范站为例 . 巫山：2004 地质灾害调查与监测技术方法现场研讨会 .

高志勇 . 2010. 暴雨诱发的地质灾害遥感监测与评估——以三峡库区重庆主城段崩塌灾害为例 . 西南大学硕士学位论文 .

葛琪，李京子，武鹤，等 . 2017. 基于有限差分法的季冻区公路土质路堑边坡稳定性分析 . 黑龙江工程学院学报，31（1）：12-14，18.

谷德振 . 1979. 岩体工程地质力学基础 . 北京：科学出版社 .

桂蕾，殷坤龙，翟月 . 2011. 基于 FLAC3D 模拟和强度折减法的滑坡稳定性计算 . 安全与环境工程，18

(6)：9-14.

郭晋 . 2011. 北斗与 GPS 导航定位系统对比分析研究 . 科技资讯，(28)：60-61.

郭玲鹏，李兰海，徐俊荣，等 . 2012. 天山巩乃斯河谷积雪深度及季节冻土温度对气温变化的响应 . 资源科学，34 (4)：636-643.

过静珺，李冬航，周百胜，等 . 2006. 四川雅安滑坡自动化远程监测系统示范工程 . 测绘通报，(4)：54-57.

韩汝才，傅鹤林 . 2004. 国内外崩滑、泥石流监测整治技术现状综述 . 西部探矿工程，(9)：206-207.

韩添丁，叶柏生，焦克勤 . 2002. 天山天格尔山南北坡气温变化特征研究 . 冰川冻土，24 (5)：567-570.

韩用顺，崔鹏，刘洪江，等 . 2008. 泥石流灾害风险评价方法及其应用研究 . 中国安全科学学报，18 (12)：140-147.

郝斌 . 2006. 基于北斗卫星的野外移动定位环境监测技术研究 . 南京航空航天大学硕士学位论文 .

何朝阳，巨能攀，黄健 . 2014. 地质灾害监测数据集成系统设计及实现 . 工程地质学报，22 (3)：405-411.

何鹍 . 2013. 道路参数监测预警系统中的数据传输技术研究 . 吉林大学博士学位论文 .

何刘，吴光，赵志明 . 2014. 坡面形态对边坡动力变形破坏影响的模型试验研究 . 岩土力学，(1)：111-117.

贺续文，刘忠，廖彪，等 . 2011. 基于离散元法的节理岩体边坡稳定性分析 . 岩土力学，32 (7)：2199-2204.

黄珂 . 2013. 阿尔泰山富蕴断裂带构造地貌与晚第四纪滑动速率研究 . 中国地质大学（北京）硕士学位论文 .

江开超 . 2006. 北斗二代系统中精密测距码捕获技术研究与实现 . 西南交通大学硕士学位论文 .

李宾，裴向军 . 2012. 国道 217 线天山公路溜砂坡病害形成机制分析及防治对策 . 路基工程，(2)：174-177.

李典庆，肖特，曹子君，等 . 2016. 基于极限平衡法和有限元法的边坡协同式可靠度分析 . 岩土工程学报，38 (6)：1004-1013.

李光耀，许模，李远宁 . 2008. GPS 位移监测系统在三峡库区某滑坡监测中的应用 . 四川水利，(4)：10-12.

李海燕 . 2014. 天山山区暴雨过程的多尺度综合分析及动力诊断 . 兰州大学硕士学位论文 .

李磊 . 2007. 极限平衡法与 DDA 法在岩石高边坡稳定性分析中的应用研究 . 中南大学硕士学位论文 .

李世海，刘天苹，刘晓宇 . 2009. 论滑坡稳定性分析方法 . 岩石力学与工程学报，28 (a2)：3309-3324.

李颖 . 2012. 基于北斗卫星通信的铁路防灾监测系统的抗干扰性能分析及相关电路技术研究 . 北京交通大学硕士学位论文 .

李志中，赵长英 . 1998. 川藏公路中段地质灾害现象的航空遥感研究 . 国土资源遥感，37 (3)：19-23.

林达明，尚彦军，孙福军，等 . 2011. 岩体强度估算方法研究及应用 . 岩土力学，(3)：837-842.

林青，曾军，张涛，等 . 2013. 新疆富蕴地震断裂带植被恢复对土壤古菌群落的影响 . 生态学报，33 (2)：454-463.

蔺新望，张亚峰，王星，等 . 2015. 新疆富蕴地区前寒武纪地层的物质组成及其构造变形特征 . 中国地质调查，2 (6)：42-52.

刘波，黄卫 . 2014. 基于极限平衡理论的边坡稳定性分析方法对比研究 . 工业建筑，(s1)：715-721.

刘传正，李铁锋，温铭生，等 . 2004. 三峡库区地质灾害空间评价预警研究 . 水文地质工程地质，(4)：9-19.

刘春，姜德义，黄卫东，等 . 2005. 万梁高速公路大荒田滑坡整治技术 . 中外公路，(6)：53 -55.

刘丰 . 2014. 基于 FLAC3D 数值模拟求解边坡安全系数 . 山东工业技术，(23)：151.

刘耕年，熊黑钢. 1994. 天山高山冰缘环境的融冻泥流作用. 地理学报，(4)：363-370.
刘建民，陈柏林，董树文，等. 2009. 新疆富蕴可可托海—二台断裂带中假玄武玻璃及其围岩的年代学研究. 地质论评，55 (4)：581-589.
刘亚岚，张勇，任玉环，等. 2008. 汶川地震公路损毁遥感监测评估与信息集成. 遥感学报，12 (6)：933-941.
刘义高. 2015. 高原冻融环境公路边坡稳定性分析. 公路工程，(5)：56-59.
刘治平，伍岳庆，姚宇，等. 2014. GIS 二三维一体化空间信息管理与应用. 计算机应用，34 (z1)：186-188.
龙万学，谭勇鸿，林剑. 2009. 基于 GIS 的贵州省地质灾害危险性评价. 地理空间信息，7 (6)：24-27.
龙万学，何文勇，唐凡，等. 2012. 公路地质灾害面线点多层次综合预报体系结构. 自然灾害学报，(6)：150-155.
卢斌莹，陈正江，白延平，等. 2008. 高速公路地质灾害遥感调查方法——以陕西省为例. 干旱区地理，31 (6)：946-950.
卢坤林，朱大勇. 2014. 坡面形态对边坡稳定性影响的理论与试验研究. 岩石力学与工程学报，33 (1)：35-42.
马东涛，张金山，王蒙，等. 2004. 新藏公路新疆段多年冻土特征及其灾害初探. 山地学报，22 (5)：554-561.
马永志，戴妙林，刘利敏，等. 2013. 岩体边坡形态对安全系数的影响. 水电能源科学，(11)：148-151.
孟京京. 2014. 岩质边坡稳定性的离散元分析及其应用. 中南大学硕士学位论文.
倪绍祥. 1996. 可视化与 GIS. 地图，(1)：36-38.
牛宝茹，马贺平，吕录仕，等. 2000. 川藏公路海竹段地质灾害的遥感分析. 地球信息科学，(4)：29-31.
庞恒茂. 2013. 边坡监测中多源信息融合技术研究. 沈阳航空航天大学硕士学位论文.
彭文斌. 2008. FLAC 3D 实用教程. 北京：机械工业出版社.
彭文祥，赵明华，袁海平，等. 2006. 基于拉格朗日差分法的全长注浆锚杆支护参数优化. 中南大学学报（自然科学版），37 (5)：1002-1007.
蒲红铮，韩添丁，成鹏，等. 2015. 天山南北坡流域气温时空变化特征. 高原气象，34 (3)：753-761.
乔国文，王运生，储飞，等. 2015. 冻融风化边坡岩体破坏机理研究. 工程地质学报，23 (3)：469-476.
丘旭富，陈若仁. 2006. 高速公路边坡防护几何形态与绿化、环保综合效应技术的应用. 湖南交通科技，32 (3)：70-72.
屈永平，唐川，刘洋，等. 2015. 西藏林芝地区冰川降雨型泥石流调查分析. 岩石力学与工程学报，(s2)：4013-4022.
阙云，王成华. 2006. 溜砂坡工程固砂机理简析. 水土保持通报，26 (6)：44-47.
任玉环，刘亚岚，魏成阶，等. 2009. 汶川地震道路震害高分辨率遥感信息提取方法探讨. 遥感技术与应用，24 (1)：52-56.
任玉环，刘亚岚，张勇，等. 2013a. 基于灾后遥感影像特征的公路灾害检测方法. 自然灾害学报，22 (6)：33-40.
任玉环，许清，刘萌萌，等. 2013b. 四川省芦山“4·20”7.0 级地震公路灾情遥感监测评估. 遥感技术与应用，28 (4)：549-555.
戎斌斌. 2010. 边坡抗滑桩空间优化布置与安全监测. 浙江大学硕士学位论文.
沈军，李莹甄，汪一鹏，等. 2003. 阿尔泰山活动断裂. 地学前缘，10 (z1)：132-141.
苏堆田，侯克鹏，朱国辉. 2003. 边坡稳定性分析中极限平衡法、三维有限元法和离散元法的联合应用研究. 湖南有色金属，19 (6)：48-51.

苏凤环，崔鹏，韩用顺，等 . 2009. 基于遥感技术的都汶公路地震次生山地灾害分布规律分析 . 地质科技情报，28（2）：29-32.

苏利军 . 2012. 基于极限平衡法和有限元法的土质边坡稳定分析研究 . 西华大学硕士学位论文 .

孙才奇，李川川，陈艺鑫，等 . 2013. 天山冰缘环境活动层冻融过程定位观测研究 . 冰川冻土，35（2）：272-279.

唐红梅，陈洪凯 . 2004. 公路泥石流研究综述（Ⅰ）. 重庆交通学院学报，（4）：37-43.

童立强，郭兆成 . 2013. 典型滑坡遥感影像特征研究 . 国土资源遥感，25（1）：86-92.

王加龙 . 2011. 冻融作用对边坡稳定性的影响浅析 . 北方交通，（3）：1-3.

王建刚，胡修棉 . 2008. 砂岩副矿物的物源区分析新进展 . 地质论评，54（5）：670-678.

王立文 . 2012. 基于 FLAC3D 的公路边坡分级柔性支护数值模拟研究 . 兰州理工大学硕士学位论文 .

王丽黎 . 2016. 冻融循环作用对土体边坡稳定性的影响研究 . 长安大学硕士学位论文 .

王利，张勤，范丽红，等 . 2015. 北斗/GPS 融合静态相对定位用于高精度地面沉降监测的试验与结果分析 . 工程地质学报，23（1）：119-125.

王龙飞 . 2014. 国产卫星数据在地质灾害遥感调查中的应用研究 . 中国地质大学（北京）硕士学位论文 .

王鲁男，晏鄂川，李兴明，等 . 2015. 沟谷空间特征与斜坡灾害发育关联性分析 . 中国地质灾害与防治学报，26（2）：97-102.

王蕊颖 . 2014. 芝瑞镇空沟泥石流危险性评价和运动特征模拟 . 吉林大学硕士学位论文 .

王思敬，杨志法，刘竹华 . 1984. 地下工程岩体稳定分析 . 北京：科学出版社 .

王思敬 . 1990. 坝基岩体工程地质力学分析 . 北京：科学出版社 .

王伟，王桂芹 . 2006. 浅谈防护与支挡结构物的分类和作用 . 黑龙江交通科技，29（10）：18.

王秀琴，卢新玉，王金风 . 2013. 不同积雪深度下地面温度与雪面温度的相关 . 气象科技，41（6）：1068-1072.

王学鹏 . 2015. 滑坡体稳定分析的极限平衡法与有限元法对比研究——以三溪乡场镇滑坡为例 . 昆明理工大学硕士学位论文 .

王振武，吕小华，韩晓辉 . 2018. 基于四叉树分割的地形 LOD 技术综述 . 计算机科学，45（4）：34-45.

王治华 . 2003. 青藏公路和铁路沿线的滑坡研究 . 现代地质，17（4）：355-362.

王治华 . 2012. 滑坡遥感 . 北京：科学出版社 .

卫通 . 2003. 国内首次应用“北斗一号”卫星的雨量监测速报系统建成 . 中国水利，（15）：76.

吴应祥，刘东升，宋强辉，等 . 2013. 基于有限元强度折减法的边坡动力稳定性可靠性分析 . 岩土力学，34（7）：2084-2090.

伍琪琳 . 2011. 边坡变形监测数据的小波降噪和粗糙惩罚平滑 . 浙江大学硕士学位论文 .

肖进 . 2009. 重大滑坡灾害应急处置理论与实践 . 成都理工大学博士学位论文 .

谢东升，李旭祥 . 2004. 可视化技术及其在环境科学中的应用 . 新疆环境保护，26（1）：25-29.

徐凯，王赟，周桂云，等 . 2014. 基于 GeoStudio 软件的边坡稳定分析 . 山西建筑，（25）：108-109.

徐芹芹，季建清，孙东霞，等 . 2015. 新疆阿尔泰青河—富蕴地区晚新生代隆升—剥露过程——来自磷灰石裂变径迹的证据 . 地质通报，34（5）：834-844.

许斌，何秀凤，桑文刚，等 . 2005. GPS 一机多天线技术在小湾电站边坡监测中的应用 . 水电自动化与大坝监测，29（3）：64-67.

杨发相，岳健，韩志强 . 2006. 新疆公路自然灾害及对策 . 山地学报，24（4）：424-430.

杨青，史玉光，袁玉江，等 . 2006. 基于 DEM 的天山山区气温和降水序列推算方法研究 . 冰川冻土，28（3）：337-342.

杨新龙 . 2009. 新疆阿拉尔至和田沙漠公路病害分析及防治对策 . 公路交通科技（应用技术版），（12）：28-32.

杨岩岩，刘连友. 2014. 无定河流域沟谷密度特征及其影响因素分析. 干旱区资源与环境，28（3）：79-85.

杨志全，朱颖彦，廖丽萍，等. 2013. 中巴公路沿线溜石坡. 地质科技情报，32（6）：174-180.

于生飞，陈征宙，张明瑞，等. 2012. 基于区间不确定分析方法的边坡稳定性分析. 工程地质学报，20（2）：228-233.

于友斌. 2015. 新疆公路自然灾害评价系统构建. 北方交通，（2）：123-125.

宇林军，孙丹峰，李红. 2009. 基于紧密型二三维结合的 GIS 构架与系统实现. 地理与地理信息科学，25（5）：17-20.

袁润. 2014. 基于 GPS 技术的公路边坡安全远程多源监测系统设计. 武汉工程大学硕士学位论文.

张春波. 2014. 基于有限元分析方法的山区高速公路路侧护栏设计. 长安大学硕士学位论文.

张佳华，王长耀. 2003. 区域归一化植被指数（NDVI）对植被光合作用响应的研究. 干旱区资源与环境，17（1）：91-95.

张磊，舒继森，彭竹，等. 2008. 基于极限平衡理论的边坡稳定评价方法. 矿业安全与环保，35（6）：62-63.

张立芸，唐亚，杨欣. 2014. 1969–2012 年长江源各拉丹冬地区主要冰川整体和局部变化及其对气候变化的响应. 干旱区地理，37（2）：212-221.

张敏江，郑欣桐. 2011. 基于极限平衡理论的边坡动力稳定性数值分析. 沈阳建筑大学学报（自然科学版），27（3）：490-494.

张明华. 2006. 西藏墨脱公路断裂构造遥感分析及信息提取. 国土资源遥感，（1）：56-60.

张婷. 2015. 新疆天山公路地质灾害危险性评价研究. 重庆交通大学硕士学位论文.

张晓光. 2008. 天山公路南段环境工程地质研究. 成都理工大学硕士学位论文.

张亚峰，蔺新望，郭岐明，等. 2013. 新疆富蕴地区中泥盆统阿勒泰组喀腊曼哲火山岩地球化学特征及构造环境研究. 西北地质，46（4）：66-80.

张志增，高永涛，张晓平. 2006. 边坡岩体力学参数反分析方法. 北京科技大学学报，28（12）：1106-1110.

赵洪宝. 2012. 坡脚扰动对工作帮整体稳定性的影响. 金属矿山，41（4）：47-50.

赵杰. 2006. 边坡稳定有限元分析方法中若干应用问题研究. 大连理工大学博士学位论文.

赵俊荣，晋绿生，杨景辉，等. 2008. T213 预报产品对新疆天山北坡带中部大降水解释检验分析. 安徽农业科学，36（7）：2834-2835.

赵立冬. 2007. 天山公路边坡岩体质量分级研究. 成都理工大学硕士学位论文.

赵培培，张明军，王圣杰，等. 2015. 1960–2012 年中国天山山区极端气温的变化特征. 水土保持研究，22（6）：190-197.

赵英时. 2003. 遥感应用分析原理与方法. 北京：科学出版社.

郑颖人，赵尚毅，时卫民，等. 2001. 边坡稳定分析的一些进展. 地下空间，21（4）：262-271.

周林丽. 2010. 基于 GPS 的黄土边坡变形监测应用研究. 兰州理工大学硕士学位论文.

周平根. 2004. 滑坡监测的指标体系与技术方法. 地质力学学报，10（1）：19-26.

周世良，王义山，魏建锋，等. 2010. 基于有限差分法的边坡稳定影响因素分析. 重庆交通大学学报（自然科学版），29（5）：737-740.

朱红春，汤国安，吴良超，等. 2012. 基于地貌结构与汇水特征的沟谷节点提取与分析——以陕北黄土高原为例. 水科学进展，23（1）：7-13.

朱永辉，白征东，过静珺，等. 2010. 基于北斗一号的地质灾害自动监测系统. 测绘通报，（2）：5-7.

朱永辉. 2010. 基于北斗卫星的地质灾害实时监测系统研究与应用. 清华大学硕士学位论文.

庄建琦，崔鹏，葛永刚，等. 2009. 5·12 汶川地震崩塌滑坡分布特征及影响因子评价——以都江堰至汶川公路沿线为例．地质科技情报，28（2）：16-22.

Barton N R. 2007. Rock Quality, Seismic Velocity, Attenuation and Anisotropy. London: Taylor and Francis.

Bishop W A. 1955. The use of the slip circle in the stability analysis of slopes. Géotechnique, 5（1）: 7-17.

Fellenius W. 1927. Earth static calculations with friction and cohesion and use of circular sliding surfaces. Berlin: Emst.

Furuya G, Sassa K, Hiura H, et al. 1999. Mechanism of creep movement caused by landslide activity and underground erosion in crystalline schist, Shikoku Island, southwestern Japan. Engineering Geology, 53: 311-325.

Gili J A, Corominas J, Rius J. 2000. Using Global Positioning System techniques in landslide monitoring. Engineering Geology, 55: 167-192.

Hoek E, Brown E T. 1980. Empirical strength criterion for rock masses. Journal of the Geotechnical Engineering Division, ASCE 106（GT9）: 1013-1035.

Janbu N. 1957. Earth pressure and bearing capacity calculations by generalized procedure of slices. Proceedings of the fourth international conference on soil mechanics and foundation engineering.

Lindstrom P, Koller D, Ribarsky W, et al. 1996. Real-time, continuous level of detail rendering of height fields. New York: Conference on Computer Graphics and Interactive Techniques.

Metternicht G, Hurni L, Gogu R. 2005. Remote sensing of landslides: An analysis of the potential contribution to geo-spatial systems for hazard assessment in mountainous environments. Remote Sensing of Environment, 98（2）: 284-303.

Morgenstern R N, Price E V. 1965. The analysis of the stability of general slip surfaces. 15（1）: 79-93.

Oñate E, Rojek J. 2004. Combination of discrete element and finite element methods for dynamic analysis of geomechanics problems. Computer Methods in Applied Mechanics and Engineering, 193（27-29）: 3087-3128.

Pradhan B, Yousse A M. 2010. Manifestation of remote sensing data and GIS on landslide hazard analysis using spatial-based statistical models. Arabian Journal of Geosciences, 3（3）: 319-326.

Russo G. 2009. A new rational method for calculating the GSI. Tunnelling and Underground Space Technology, 24（1）: 103-111.

Sarma K S. 1973. Stability analysis of embankments and slopes. Géotechnique, 23（3）: 423-433.

Titov V V, Synolakis C E. 1998. Numerical modeling of tidal wave runup. Journal of Waterway Port Coastal & Ocean Engineering, 124（4）: 157-171.

Varnes D J. 1978. Slope Movement Types and Processes. Washington D C: Transportation and Road Research Board.

Williamson M P. 1985. Finite-element analysis. Computer-Aided Engineering Journal, 2（2）: 66-69.

Wu X, Wang X G, Duan Q W, et al. 2008. Numerical modeling about developing high of water flowing fractured zone. Journal of China Coal Society, 33（6）: 609-612.

Xu P H, Chen J P, Huang R Q, et al. 2004. Analyses of 3D numerical simulation of toppling deformation mechanism of Jiefanggou left slope in Jingping Step 1 hydropower station. Coal Geology & Exploration, 32（4）: 40-43.

Yuan R M, Xu X W, Chen G H, et al. 2010. Ejection Landslide at Northern Terminus of Beichuan Rupture Triggered by the 2008 Mw7. 9 Wenchuan Earthquake. Bulletin of the Seismological Society of America, 100（5B）: 2689-2699.

Zhang W J, Lin J Y, Peng J, et al. 2010. Estimating Wenchuan Earthquake induced landslides based on remote sensing. International Journal of Remote Sensing, 31（13）: 3495- 3508.

附录 A　富蕴北斗系统监测施工过程

A1　土建设备准备

(a)挖掘机地表孤石处理

(b)太阳能支架加工

(c)钢筋笼加工制作

(d)混凝土人工搅拌

(e)土建砖墙搬运

(f)水泥人工上山

图 A1　土建设备准备

A2　设备安装施工

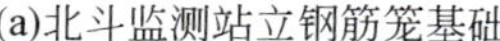

(a)北斗监测站立钢筋笼基础

(b)北斗监测站

(c)裂缝计槽山上施工

(d)现场数据处理中心基建

(e)雨量计供电系统施工

(f)机房供电系统及防盗系统

图 A2　设备安装施工

A3　现场数据统计与监测系统

1. 主要监测设备

表 A3-1　北斗地表位移监测设备

设备名称	型号及规格	单位	数量
北斗接收机	VNet	台	6
北斗天线	AT-1200	个	6
北斗天线电缆	AG-5	个	6
网络适配器	RJ-45	根	6
交叉网线	NC-1A	个	6
直连网线	NC-2B	根	6
玻璃纤维天线保护罩	HD-BHZ	个	6
强制对中底盘	HD-DZP	个	6
天线连接螺栓	HD-LJS	个	6
天线保护罩连接环	HD-LJH	个	6
螺纹弯型不锈钢条	HD-BXG	个	6
北斗解析软件	—	套	1
控制机箱	—	个	6

表 A3-2　深部位移监测设备

设备名称	型号及规格	单位	数量
导轮式固定测斜仪	FS-GGC01	支	7
数据采集系统 V1.0	FS-D16	台	1
固定式测斜仪专用不锈钢连接管	—	米	180
固定式测斜仪顶部管口固定装置	—	套	13
Φ6 螺纹丝杠连接器	—	个	100
不锈钢螺母	—	个	200
综合管理软件	—	套	1

表 A3-3　雨量监测

设备名称	型号及规格	单位	数量
雨量计	SRY-1	套	1

表 A3-4　系统通信

设备名称	型号及规格	单位	数量
GPRS 无线模块	FS-DTU	台	1
RS485 集线器	UT-5204	台	14

表 A3-5　系统通信

设备名称	型号及规格	单位	数量
避雷针	LKX-L500	根	10
垂直接地体（镀锌角铁）	—	根	20
水平接地体（镀锌扁铁）	—	根	10
接地引线（镀锌扁铁）	—	根	10
天线馈线防雷器	ST75F	根	10
RS485 信号防雷器	SR-E12V/4S	根	9

表 A3-6　系统供电

设备名称	型号及规格	单位	数量
太阳能电池板（不含支架）	ZD-70P 18V 70W	块	3
太阳能电池板（不含支架）	ZD-130P 18V 130W	块	15
太阳能电池板（不含支架）	ZD-160P 18V 160W	块	8
太阳能蓄电池	BP12-80 12V80AH	只	3
太阳能蓄电池	BP12-120 12V120AH	只	20
太阳能蓄电池	BP12-120 12V120AH	只	12
太阳能控制器	LS1024 12V10A	台	3
太阳能控制器	CM3024 12V30A	台	5
太阳能控制器	CM5024 12V50A	台	2

其他辅助材料：北斗系统安装的墩子、太阳能板安装的支架、电缆线、PVC 管、防水土工布、水泥、沙、降阻剂等。

(a)土工设备数据处理中心

(b)地质露头粒度测试统计

(c)现场岩块数据测试

(d)雨量计及供电系统

(e)数据处理设备系统

图 A3　现场数据测量

2. 监测标准

根据以往类似工程经验、专家咨询意见及相关参考资料，该边坡可参考下述监测预警标准。

（1）累计位移量和累计沉降量小于 50mm；

（2）待研究的个体本构模型；

（3）预警分级标准见表 A3-7。

表 A3-7　监测预警标准

项目＼等级	安全级	预警级	危险级	高危险级
地表沉降	<1mm/d	连续两次≥1mm/d	连续两次≥3mm/d	连续两次≥5mm/d
水平位移	<1mm/d	≥1mm/d	≥3mm/d	≥5mm/d
外观	无变化	无变化	坡面局部有裂缝发展	产生严重裂缝

注：安全级，表示该高边坡处于安全稳定状态；预警级，应引起施工单位和业主单位的注意；危险级，进一步提高监测频率，并通知业主单位；高危险级，表示该高边坡随时可能发生失稳破坏，建议停止施工，加固处稳定后再进一步施工。

3. 监测频率

动态实时监测，监测频率可根据实际情况设置，可以实现以“秒”为单位进行数据采集。

附录 B　天山泥石流在线预警系统施工过程

B1　设备安装施工

(a)一体化超声波泥水位监测站

(b)一体化雨量监测站

(c)一体化智能裂缝监测站

(d)一体化（泥石流）次声监测站

图 B1　设备安装施工

B2 现场数据统计与监测系统

1）泥石流监测系统主要配置

表 B2-1 泥石流监测系统主要配置

序号	主要配置	备注
1	一体化超声波泥水位监测站	3 套
2	一体化智能土壤含水率监测站	2 套（3 台传感器/套）
3	一体化裂缝监测系统	6 套
4	一体化多点位移计监测系统	8 套
5	北斗接收机地表位移监测系统	3 套
6	GPRS/北斗数据传输系统	数据通信
7	传感器数据采集系统	数据采集分析
8	地质滑坡综合监测预警系统软件	综合展示软件
9	其他配套	控制中心

2）监测系统统计与运行

（1）数据入库与查询实现。

通过 GPS/北斗传感器回传的数据，实时存入数据库，与结算结果实现无缝对接。数据存入数据库，科研人员可按照时间、坐标、仪器类型、仪器编号、框选监测点等形式查询监测数据，查询结果可排序，可导出成 Excel 或 Word 文件格式。

（2）数据输出实现。

系统导出原始数据（包括某一时段的原始数据或者导出监测值处于某一范围的原始数据）后，以报表形式输出 Excel、Word 文件格式的数据，包括日报表、周报表、月报表、年报表，报表内容分别是相应时间段的变形增加量。

（3）监测预警实现。

简单预警方式，通过在系统中加入最常规的超限报警，超出某一限值（变形速度或位移超限的预警方式）后，以闪光、鸣叫等形式来提示管理者。

综合预警方式，监测数据中包含着时间和位移等信息，系统拟基于 Verhulst 模型以加速度最大值作为预报判据，直接从监测点图标进入对该监测点进行报警模型、阈值设置的界面。

（4）数据显示实现。

监测的单体边坡有降雨量和位移两种监测数据，可以显示降雨量或者位移与时间的曲线，也可以分别以这两种数据为 x 和 y 绘制曲线，如以横坐标为降雨量，纵坐标为位移值绘制曲线图。如果监测点布置较密，可以根据各个监测点的值进行渲染，给出等值线云图，此图直接贴在三维地形上，直观显示变形大小。

（5）报警设计。

通过试验和理论分析，根据预警指标报警设计为红橙黄三个级别，不同的级别要给不同职务的人报警，不同级别可以选择不同的报警模型，即使同一模型也能设置不同的报警值。设置短信内容，内容里有关变形量的东西，能随着测量值的真实情况来自动变化。这些内容最终发送给 GPRS 模块，进行实时报警处理。